Lluís Llach

Die Frauen von La Principal

Roman

Aus dem Katalanischen von Petra Zickmann

Insel Verlag

Die Originalausgabe erschien 2014 unter dem Titel
Les dones de la Principal
bei Editorial Empúries, Barcelona.

Erste Auflage 2016
© der deutschen Ausgabe Insel Verlag Berlin 2016
© Lluís Llach, 2014
© Licence given by Grup Editorial 62, S. L. U., Editorial Empúries
Satz: Satz-Offizin Hümmer GmbH, Waldbüttelbrunn
Druck: Friedrich Pustet, Regensburg
Printed in Germany
ISBN 978-3-458-17672-5

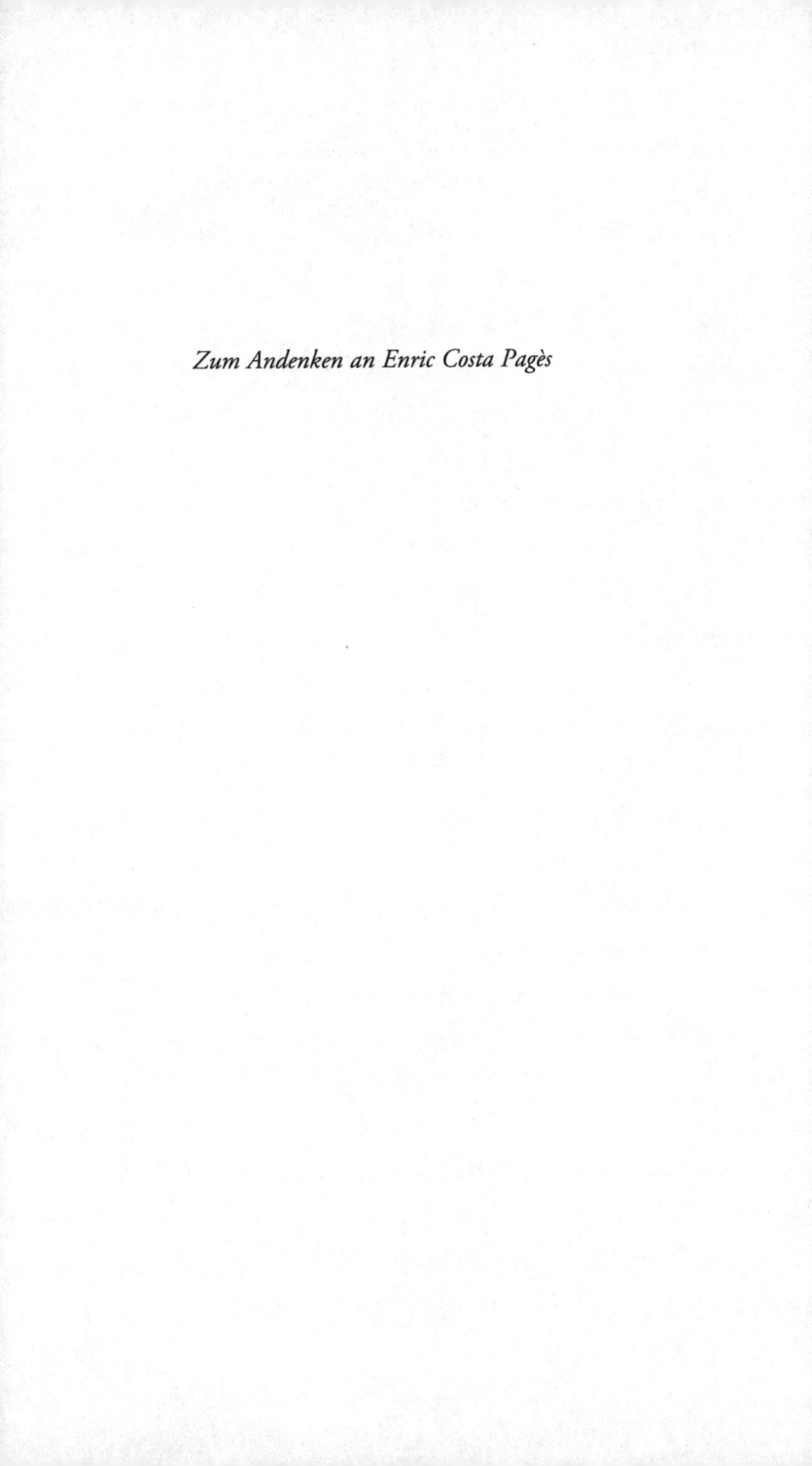

Zum Andenken an Enric Costa Pagès

ERSTER TEIL

I

IM SCHAUKELSTUHL

Donnerstag, 7. November 1940

Úrsula stieg in den ersten Stock hinauf, wie immer, wenn sie allein im Haus war. Sie setzte sich in Senyor Andreus Schaukelstuhl, rief sich sein Bild ins Gedächtnis und sagte: »Mögest du in Frieden ruhen.«

Und wie immer schweifte ihr Blick dann über Möbel und Zierrat in dem vornehmen Salon. Viel zu viel Kram, dachte sie bei sich. Seit der große Flügel dort stand, fand sie das Zimmer überfüllt. Sie würde den Federwedel auch mal mit raufbringen müssen, im Licht der großen Fenster verriet der Staub auf der lackierten Oberfläche, dass sie schon seit drei Tagen nicht mehr saubergemacht hatte. In Wahrheit taugte sie nur noch zum Staubwischen. Doch die vielen Jahre im Dienst der Familie und die Zuneigung, die Maria ihr entgegenbrachte, hatten ihr zu dem einen oder anderen Privileg verholfen. Und so war sie von der Pflicht entbunden, zusammen mit allen anderen Dienstboten und Arbeitern der Principal an diesem Morgen die Senyora zur Messe im Mas Gran, dem Haupthaus des Anwesens, zu begleiten.

Sooft man sie für eine Weile allein ließ, ging sie hinauf in die Gemächer der Herrschaft zu Andreus Schaukelstuhl. Behutsam ließ sie sich darin nieder und schob sich ein Kissen hinter den Kopf. Von diesem Sessel aus betrachtete sie die Einrichtung, als hätte sie sie noch nie gesehen, und jedes Mal blieb ihr Blick an irgendeinem Gegenstand hängen, der sie im Geist zurücktrug in die Erinnerung und weiter bis an die Schwelle der Träume.

Doch kaum hatte sie die richtige Sitzposition gefunden, bemerkte sie in der Ritze der angelehnten Tür einen Schimmer. Er kam aus der Bibliothek. Ach, Maria hatte wohl wieder mal vergessen, das Licht auszuschalten. »Die Kleine verkriecht sich in letzter Zeit viel zu lange da drin«, murmelte sie und stand auf. Sie ging hinüber und löschte die Lampe über dem Lesetisch, auf dem sich Dokumente, mit Notizen übersäte Skizzen von Lageplänen und Bücher voller Zahlen häuften. Sie wusste nicht, womit die Kleine beschäftigt war, aber irgendetwas brütete sie aus. Eine große Sache, denn sie hatte allen auf der Principal streng verboten, das Zimmer zu betreten. Allein Úrsula war es gestattet, die Teppiche zu klopfen, den Boden zu wischen und die Möbel abzustauben, nachdem sie bei Gott und ihrer Mutter hatte schwören müssen, kein Stück Papier anzurühren und alles zu lassen, wo es war.

Murrend kehrte sie zum Schaukelstuhl zurück. Sitzmöbel, die das Ungleichgewicht zur Tugend erhoben, waren mit Vorsicht zu genießen, sowohl beim Hinsetzen als auch beim Aufstehen, besonders in einem Alter, in dem die Kraft in den Armen und überall sonst nachließ. Noch während sie es sich erneut bequem machte, um ihr Ritual wieder aufzunehmen, war ihr plötzlich, als hätte jemand leise an die Haustür geklopft. Bestimmt eines der Dorfkinder mit seinen Streichen, das war sowieso egal. Und sie hatte keine Lust, sich noch mal zu erheben. Beim Betreten der Bibliothek hatte sie daran denken müssen, wie die Alte – das war der Spitzname von Maria Roderich gewesen, der Mutter der jetzigen Senyora – damals dieses prächtige Lesezimmer zu Ehren ihres Gatten Narcís Magí eingerichtet hatte. Oh ja, herrliche Zeiten waren das …

DIE ALTE UND DIE PRINCIPAL
TRÄUMERISCHE ERINNERUNG

Kein Zweifel, die Frau besaß Durchsetzungsvermögen und stand dem Gut vor wie ein Kasernenchef, aber den Spitznamen »die Alte« hatte man ihr schon mit knapp zwanzig Jahren verpasst, zu einer Zeit, als die Reblaus die Abadia verwüstete und sie fast den gesamten Besitz der Roderichs in Pous erbte. Die Leitung der Principal, des Weinkellers, der Ländereien und sämtlicher Geschäfte, war keine leichte Aufgabe für eine im letzten Drittel des neunzehnten Jahrhunderts geborene Frau. Wenn sie aber obendrein so vermögend war, dass sie den Neid der gesamten Region auf sich zog und einen Status genoss, der in ihrer von Männern dominierten Umgebung dumpfe Eifersucht schürte, waren die Schwierigkeiten unermesslich.

In Pous war man einhellig der Meinung, diesem Verstoß gegen die Konventionen sei nur durch eine ordentliche Ehe abzuhelfen, weil im reichsten Haus des Dorfes nun mal ein gestandener Mann das Regiment führen müsse. Doch als Maria Roderich zu heiraten beschloss, war ihr Auserwählter ebenso reich wie frei von irdischen Machtgelüsten. Maria heiratete gewiss aus Liebe, aber die Schlaueren unter den Dörflern sahen zwei weitere Vorzüge: Zum einen vergrößerte sie auf diese Weise ihr Vermögen, und zum anderen behielt sie auf der Principal die Zügel in der Hand.

Narcís Magís Eltern gehörten zu den wohlhabendsten Kaufleuten von Rius, waren jedoch bei einem Schiffsunglück auf der Rückreise aus London ums Leben gekommen. Ihr einziger Sohn, der nur ihnen zu Gefallen Jura studiert und kurz zuvor seinen Abschluss gemacht hatte, war mit einem Mal Erbe eines immensen Landgutes. Bedauerlicherweise hatte er mit diesem Vermögen nicht auch den Ehrgeiz geerbt, es zu vermehren oder auch nur gescheit zu verwalten, so die Kritik der erlauchten Mitglieder des Unternehmerzirkels von Rius. Denn Narcís nutzte seinen Stand als sorgenfreier Erbe, indem er sich fortan dem privilegierten Leben widmete wie einem Beruf. Manche könnten nun meinen, eine solche Persönlichkeit als Faulpelz, Hallodri oder Tagedieb bezeichnen zu dürfen. Doch weit gefehlt.

Narcís verschaffte sich einen groben Überblick über sein Vermögen und erkannte, dass er bei guter Planung und deren strikter Einhaltung so viele Jahre von der Rendite würde leben können, wie der liebe Gott ihm gewähren mochte. Er überlegte es sich nicht zweimal und nutzte die Gelegenheit, endlich das Leben zu führen, das er sich erträumt hatte, seit er sich widerwillig an der Universität von Barcelona eingeschrieben hatte: Er ging spazieren, las, besuchte Konzerte, schrieb, dachte nach, reiste …, nach Ansicht vieler Leute lauter nutzlose Tätigkeiten.

Doch dieser junge Mann machte das Nichtstun zu seinem Tagewerk, und wenn er sich auch anfangs gebärdete wie ein übereifriger Lehrling, entwickelte er sich mit der Zeit doch zu einem feinsinnigen Lebenskünstler.

Er war ein sonderbarer Bursche, erinnerte sich Úrsula schläfrig, mit Verhaltensweisen, die gegen die guten Sitten verstießen. Beispielsweise wollte er nach seiner Hochzeit mit Maria Roderich nicht in Rius bleiben, sondern kehrte der Stadt – zur Verblüffung der Mitglieder des Unternehmerzirkels – den Rücken und zog nach Pous, einem kleinen Dorf, halb versteckt in einem tiefen Tal und, gesellschaftlich gesehen, Ödland. Ein anderes Beispiel: Seit seiner Ankunft auf der Principal schien er bemüht, den Pulsschlag des Hauses nicht zu verändern. Vielmehr passte er sich diskret an, als wollte er den von Maria geregelten Gang der Dinge nicht stören. Er erhob keinen Anspruch darauf, die Finanzen zu überwachen, er mischte sich nicht in ihre vielfältigen geschäftlichen Aktivitäten ein. Von seiner mangelnden Begabung einmal abgesehen, ahnte er wohl auch, dass seine Frau das niemals zugelassen hätte. Maria verwaltete die großen Gewinne und die Konflikte der Principal mit einem Sinn für Autorität, der ihm völlig abging. Ihn faszinierte es, mit welcher Entschiedenheit seine Gattin sich Achtung verschaffte, und das zu Zeiten, zu denen es gar nicht gern gesehen war, wenn eine Frau über irgendetwas oder irgendjemanden das Sagen hatte.

Tatsächlich empfand Maria Roderich eine tiefe Liebe für diesen sensiblen Mann, der so anders war als alle anderen und sie selbst. Wenn sie sich morgens im Spiegel betrachtete, fand sie nicht eine einzige der Tugenden, die sie an Narcís liebte. Doch in ihrer Verschiedenartigkeit waren sie wie Zahnräder, die, wenn sie nicht passten, zu blutigen Verletzungen führen konnten, wenn sie richtig ineinandergriffen, allerdings die Maschine mit eigentümlicher Präzision am Laufen hielten. Und auch wenn manch einer es für ein Wunder halten mochte, funktionierte die Maschine während der zehn Jahre ihres Zusammenlebens reibungslos.

Von all den Männern, die die Alte umschwärmt und um ihr Geld oder ihre Liebe gebuhlt hatten, war Narcís der Einzige, dem es gelang, Eigenschaften in ihr zu wecken, die sie nie zuvor besessen hatte: Neu-

gierde und Wissensdurst. Er war ein gebildeter, seltsamer Mann, der ihr auf Augenhöhe begegnete, immer interessante Themen anschnitt oder zu Fragen, die Ehemänner sonst niemals mit ihren Frauen besprachen, ihre Meinung hören wollte. Zum ersten Mal in ihrem Leben fühlte sie die Notwendigkeit, über ihre Fragen länger nachzudenken als über ihre Antworten. Und wenn, was häufig vorkam, ihre Gedanken oder Sichtweisen nicht übereinstimmten oder gar völlig gegensätzlich waren, sah er darin vor allem die Herausforderung, nach der Ursache zu suchen und die Differenzen auszuloten, jedoch stets in der Absicht, diese zu verringern, zu überbrücken oder, wenn das nicht möglich war, zumindest zu verstehen.

Diese Eigenschaften, die keiner ihrer früheren Verehrer auch nur ansatzweise vorzuweisen hatte, erstaunten und verzückten sie. Maria Roderich bekannte sich zu ihrer Dickköpfigkeit und der Unerschütterlichkeit ihrer religiösen Überzeugungen und brüstete sich, in fast allem konservativ und altmodisch zu sein. Aber Narcís und seine Art, die Dinge zu betrachten, regten sie zum Nachdenken an, was gelegentlich dazu führte, dass sie von unantastbar geglaubten Meinungen abrückte oder diese immerhin in Zweifel zog, ohne etwas dabei zu finden. Ganz im Gegenteil, sie freute sich darüber. Wie wenn sie als kleines Mädchen Bänder und Papier von einem Päckchen entfernt hatte, gespannt auf das neue Geschenk.

Auch entbehrte Narcís allem Anschein nach der nötigen Leidenschaft, um seiner Frau volle Befriedigung zu verschaffen, und obgleich dieser Aspekt Maria am Anfang ihrer Beziehung Sorgen bereitete, lernte sie doch bald, das fehlende Feuer zu schätzen und als unerlässlichen Preis für sein Wissen, seine Bildung und Feinfühligkeit zu begreifen. Und so fand sie sich mit einem Eheleben ab, in dem zwar ihr Körper zu kurz kam, ihr Kopf dafür umso mehr profitierte.

Die meiste Zeit des Tages gingen sie getrennte Wege, er in seine Reflexionen versunken und sie mit allem beschäftigt, was innerhalb und außerhalb der Principal anfallen mochte. Und in den Stunden zu zweit genossen sie ihr Zusammensein, als entdeckten sie einander jedes Mal neu, als schöpften sie aus ihrem wechselseitigen Bemühen um die Seele des anderen immer wieder Kraft. Weil er in diesen Momenten einen

Willen bewundern konnte, über den er niemals verfügen würde, und sie das berauschende Licht neuer Horizonte wahrnahm, zu denen nur ihr Gatte sie zu führen vermochte.

Auf diese Weise verbreiteten sie eine Atmosphäre solcher Eintracht, dass niemand sich erinnern konnte, in all den Jahren ihres Zusammenlebens einen bösen Blick oder ein scharfes Wort bemerkt zu haben. Im Umfeld der Alten galt dies als das reinste Wunder, und das Personal genoss die Harmonie wie die Ruhe vor dem Sturm.

Diese ganze Entwicklung wurde von einem wesentlichen Element begleitet, einer Art Symbol ihrer Einigkeit: dem großen Flügel, den Narcís aus Rius mitgebracht hatte. Er stand mitten im Wohnzimmer der Principal, und jeden Abend ließ sich Narcís auf dem dazu passenden Klavierhocker nieder, drehte den Sitz je nach seiner Gemütslage höher oder tiefer und spielte eine Weile. Die Alte saß unterdessen im Schaukelstuhl ihres Vaters, nah bei ihrem Mann, aber mit dem Rücken zu ihm, entweder um ihre Tränen vor ihm zu verbergen oder weil sie die Mechanik nicht sehen wollte, die das musikalische Wunder bewirkte. Dann lehnte sie den Kopf zurück, schloss die Augen und verharrte vollkommen reglos. Nur ein leises Lächeln um ihre Lippen verriet das Glücksgefühl, das sie durchströmte. Narcís mochte kein Virtuose sein, doch er besaß ein Gespür für Ausdruck, und wenn er über die Tasten strich, war ihm, als liebkoste er die empfindlichsten, geheimsten Stellen seiner Frau.

Von Kindern, dieser unabdingbaren ehelichen Pflicht, war zwischen ihnen kaum je die Rede. Nur einmal deutete die Alte an, sie hätte gern ein kleines Mädchen, kam jedoch nicht wieder darauf zurück, denn wann immer sie im Gespräch die Mysterien des Ehebettes erwähnte, wich Narcís dem Thema aus. Das Zusammenspiel unbekannter Zufälle führte trotz allem dazu, dass es Narcís gelang, seine Frau zu schwängern, als diese längst alle Hoffnung aufgegeben hatte. Maria konnte sich mit dem Gedanken erst gar nicht recht anfreunden. Und die bösen Zungen im Dorf auch nicht. Bald kursierten die Namen jener kernigen Jungs aus Pous, die an dem Phänomen angeblich beteiligt gewesen sein sollten.

Maria Roderichs Fruchtblase platzte ohne jede Vorankündigung, und fast im selben Augenblick setzten mit höllischen Schmerzen die Wehen ein. Ihre gellenden, kläglichen Schreie ließen das ganze Haus vom Weinkeller bis zum Dachboden erbeben. Als die Bediensteten sahen, dass das Ereignis keinen Aufschub mehr duldete, trafen sie schleunigst die nötigen Vorbereitungen, und zwei Mägde eilten ins Dorf, um Presentaciò zu holen, die einzige Hebamme in Pous. Zugleich schickte Senyor Narcís den Vorarbeiter Raül zum Telegrafenamt, damit er Doktor Lluch in Rius benachrichtigte und dieser sich sofort auf den Weg machte.

Die beiden Dienstmädchen waren darauf eingestellt, durchs halbe Dorf rennen zu müssen, da Presentaciò bekanntermaßen nie zu Hause war, wenn man sie dringend brauchte. Unterdessen setzte Rosa, die Köchin, Töpfe auf den Herd, damit ausreichend heißes Wasser zum Waschen und Saubermachen zur Verfügung stand. Daneben stellte sie einen kleineren Topf für den Tee aus Zitronenverbene, von der man glaubte, sie lindere die Krämpfe der Gebärenden, und noch einen weiteren für einen Thymianaufguss, falls an zarter Stelle eine Wunde zu versorgen wäre.

Bei Rosa in der Küche war auch Úrsula; die schiefe Stirnfalte besonders scharf ausgeprägt, schnitt sie Baumwolllappen zurecht und stapelte sie ordentlich auf einem Tischchen. Sie würden zum Abtrocknen und Reinigen dienen. Oder als heiße Umschläge für die Nierengegend, um Maria das Pressen zu erleichtern. Die feinsten Gewebe tat sie zur Seite, sie sollten als erste Windel für das Neugeborene verwendet werden, bevor es in die Spitzen gekleidet würde, die ebenfalls schon bereitlagen.

Doch die Geburt ließ sich weder von der Ungeduld der Wartenden noch von der Fahrzeit des Arztes beeinflussen, und in den zwei Stunden, die dieser für die hundertsiebenundzwanzig Kurven zwischen Rius und Pous brauchte, sah sich Presentaciò gezwungen, die Sache allein in die Hand zu nehmen. Nachdem sie verstohlen ein ganzes Glas Melissengeist gekippt hatte, um ihre Nerven zu beruhigen, fühlte sie sich gewappnet, begann, Anweisungen zu erteilen, und versetzte das ganze Haus in Aufruhr, indem sie die Frauen zwischen Küche, Bad und Schlafzimmer hin und her scheuchte.

Auch Senyor Narcís, den niemand davon abbringen konnte, seiner Frau beizustehen, hielt sich im Zimmer auf und sah zu, wie Töpfe hereingetragen und Mulltücher gebracht wurden, die den Raum dann blutbefleckt wieder verließen, hörte Ratschläge, Schreie, Stöhnen ... und las in den Gesichtern immer schlimmere Befürchtungen. Fünf Minuten nachdem Doktor Lluch aus Rius eingetroffen war, erschien das runzlige Körperchen, über und über von Blut und Schleim bedeckt, ein winziges Mädchen, das die Alte nicht sehen konnte, weil ihr der Schmerz zusammen mit dem Blutverlust schließlich die Besinnung geraubt hatten.

Auf Wunsch des Vaters wurde das Kind nach der Mutter benannt und wenige Tage später, in viel kleinerem Rahmen als den Pousern lieb gewesen wäre, auf den Namen Maria Blanca Basilissa Magí i Roderich getauft.

Man schrieb das Jahr 1910, und mit diesem unerwarteten Schatz in der Familie schien alles perfekt. Doch das Schicksal trifft seine Entscheidungen oft willkürlich, und vier Monate nach der Geburt seiner Tochter erkrankte Narcís an der Stelle in seiner Brust, an der seine nobelsten Gefühle entsprangen. Die namhaftesten Ärzte von Rius und Barcelona begannen mit ihrer Behandlung, bis sie eingestehen mussten, dass es keine gab. Narcís, der über seinen Zustand genau informiert zu werden wünschte, zog es angesichts der schlechten Prognose vor, auf die Principal zurückzukehren und dort in Ruhe zu sterben. Sechs Wochen später bat er seine Frau, ihn nackt auszuziehen, und ergab sich still dem Nichts, ohne einen Seufzer; als sänke er in einen friedlichen Traum, schmiegte er sich in die Arme seiner Liebsten, bis sein Herzschlag verstummte.

Die Alte war tief erschüttert. Gewiss hatte sie in Narcís nicht den erträumten Märchenprinzen gehabt und auch keinen Liebhaber, der ihre Sinne betört hätte, aber er war ihr ein Gefährte von seltener und feiner Art gewesen. Nach seinem Tod mutmaßte Úrsula, wie viele andere auch, sie würde sich wieder einen Ehemann suchen oder wenigstens einen Mann, mit dem im Bett etwas anzufangen wäre, doch das tat die Alte nicht. Ihre Gefühle verbarg sie fortan, doch tief unter der spröden äußeren Schale bewahrte sie ihrem Gatten ein stets liebendes An-

denken. Nach außen jedoch zeigte sie nur noch Stacheln, die Blüten blieben fortan für immer verborgen.

Narcís hinterließ ihr ein beachtliches Vermögen, Wertgegenstände, Geld und Ländereien, auch Gemälde, Skulpturen und, neben dem Klavier, jede Menge Kostbarkeiten, mit denen er im Lauf der Jahre das Haus angefüllt hatte, wie um sie als erlesene Zeugnisse seines Aufenthaltes dort zurückzulassen. Doch der Großteil seines Vermächtnisses waren Bücher, Schränke voller Bücher, Schubladen voller Bücher, auf Tischen gestapelte Bücher; in jedem Winkel des Hauses, wo dieser Mann länger als drei Minuten gesessen hatte, lagen Bücher. So viele, dass die Alte sie alle in einem Zimmer neben dem eleganten Salon zusammentrug und eine Bibliothek einrichtete, die, präsidiert von einem Porträt des Verstorbenen, jeden Besucher mit Bewunderung und Respekt erfüllte, während sie der Principal zugleich den ehrwürdigen Glanz von Kultur und Intellekt verlieh.

Der Bestattungszeremonie wohnte die Witwe von einem Podium aus bei, das links vom Altar im Presbyterium aufgestellt war, einem exklusiv den Roderichs vorbehaltenen Platz. Anwesende berichteten, sie habe mit ungeheurer Inbrunst gebetet, die Augen gen Himmel gerichtet und das Kind an die Brust gepresst, als flehte sie Gott an, den Blick auf sie zu senken. So mancher argwöhnte, mit der Kraft ihrer Fürbitten und der Zartheit des Säuglings wolle sie den Herrgott sicherlich ihrem Mann gegenüber gnädig stimmen. Tatsächlich hegte die Witwe den Verdacht, dass ihr Narcís, falls das Fundament ihres Glaubens wirklich die Wahrheit war, die er immer bestritten hatte, längst in der Hölle schmoren musste. Und darüber war sie, selbst wenn Gott grundsätzlich recht hatte, ehrlich entrüstet.

Während die Monotonie der Totenmesse Maria einlullte und ihre Befürchtungen dämpfte, hing sie Gedanken über die Vergänglichkeit des Menschenlebens nach, sei es als letzte Huldigung für ihren Narcís, sei es, um sich von der Langeweile dieses feierlichen Hochamtes abzulenken. Ihr Korsett schnürte sie so ein, dass sie kaum Luft bekam. Sie hatte ausgiebig gefrühstückt und litt jetzt unter Blähungen. Zum Glück war das Podium weit genug von der Kirchengemeinde entfernt, und so konnte sie sich ungeniert Erleichterung verschaffen, machte sich *jedoch Vorhaltungen, weil sie in letzter Zeit stark zugenommen hatte. Und dort oben im Presbyterium und in diesem feierlichen Augenblick schwor sie sich, Enthaltsamkeit zu üben, um nicht zu einem schlaffen Fettwanst zu werden.*

Sie wiederholte diesen Schwur, bis sie einhundertdreiundzwanzig Kilogramm wog. Sie sagte, sie esse wenig, es seien die Nerven, und sogar die Köchin, die unablässig ihren Appetit stillte, bestätigte dies. Der Speck jedenfalls fuhr fort, die letzten Kurven ihres Körpers mit immer neuen Wülsten auszupolstern. Es waren die Nerven. Der Herrin widersprach man nicht, und der Alten von der Principal schon gar nicht.

Rosa, die Köchin, starb zwei Jahre nach der Geburt der Kleinen. Weil sie es kommen sah und mit dem neuen Laster der Herrin vertraut war, empfahl sie der Alten eine Kollegin namens Neus, eine etwa dreißigjährige Frau, die einen kleinen Sohn hatte, im sechsten Monat schwanger war und für keines der Kinder einen Vater vorweisen konnte. Die Alte hätte sie in diesem Zustand niemals genommen, doch der jungen Frau eilte ein guter Ruf voraus, eine Woche auf Probe überzeugte die Alte endgültig, und so stellte sie sie ein, auch wenn sie eigentlich gar keine Köchin brauchte, weil sie ja schon allein von den Nerven immer dicker wurde.

Ihr extremes Übergewicht führte zu Schmerzen, als deren Ursache die Ärzte in Barcelona eine Deformation der Wirbelsäule feststellten und Maria nahelegten, sich zu mäßigen, da sie sich andernfalls bald nicht mehr bewegen könnte und die Schmerzen zur Qual würden. Leider erlaubten ihr weder die Nerven noch Neus abzunehmen, und ein paar Jahre später erfüllte sich die Prognose. Noch bevor sie ihren endgültigen Umfang erreicht hatte, wurde es zu beschwerlich, mit diesem Leib ihr rühriges Leben beizubehalten. Andererseits empfand sie jeden Tag, den sie einsam zu Hause verbrachte, als Vorboten einer freudlosen Zukunft. Deshalb und auch, um es sich nicht mit Neus zu verderben, bestellte sie einen Tragsessel, eine bescheidene Replik der Sänfte auf einem der vatikanischen Bildchen, die sie in ihrer Nachttischschublade aufbewahrte. Damit würde sie auf den Schultern von vier Trägern überallhin gelangen, ohne ihre Fresslust zügeln zu müssen.

Während der Anfertigung dieses Stuhls, mit der Ramon, der beste

Tischler des Dorfes, beauftragt wurde, nahm die erwartungsvolle Spannung der Pouser stetig zu. Abends nach der Feldarbeit beeilten sich die Männer, nach Hause zu kommen, um sich ein wenig frisch zu machen, mit ihren sonntäglich gekleideten Frauen zur Schreinerei zu pilgern und der Entstehung der »Sedia« zuzusehen, wie der Volksmund das Vehikel bereits getauft hatte.

Die Warteschlangen bedurften bald einer gewissen Organisation, um die Besuche der Werkstatt reibungsloser und zügiger zu gestalten. Anfangs fand Ramon es ganz in Ordnung, weil ihn diese filigrane Arbeit ins Zentrum der kleinen Dorfwelt rückte und er sich endlich gebührend gewürdigt sah. Bis die Schaulust überhandnahm und er die Tür schließen und von innen verriegeln musste, um die nötige Ruhe für seine schöpferische Arbeit zu haben. Natürlich hatte das wilde Spekulationen zur Folge. Am meisten verbreitete sich die der beiden frommen Schwestern des Apothekers, die fanden, wenn die Alte sich eine Sänfte bauen ließ wie die des Papstes von Rom, sei das eine Beleidigung der höheren Mächte, die schon dafür sorgen würden, dass der Sessel die Werkstatt des Tischlers niemals verließ. Auf jeden Fall sprach man während der Ausführung dieses ungewöhnlichen Auftrags in Pous von nichts anderem.

An dem Tag, an dem das Möbelstück von der Schreinerei zum Tor der Principal gebracht werden sollte, formierte sich spontan etwas, das eher einer Prozession glich als der Auslieferung einer Bestellung. Ungeachtet der Proteste Ramons, der Angst hatte, sein Werk könnte Schaden nehmen, hievte sich eine Gruppe von Dorfbewohnern feixend das Ding auf die Schultern. Die Alte, über die allgemeine Erwartung in Kenntnis gesetzt, nahm sich Zeit, ihre Speckmassen in Schale zu werfen, und trat mit feierlicher Miene vor die Tür.

Es entstand eine spannungsgeladene Stille. Sie beäugte den Stuhl von allen Seiten und von oben bis unten, bis sie schließlich zur großen Erleichterung der Menge vier ihrer Arbeiter benannte, die sie als Opfer ausersehen hatte. Sie hieß sie, die Sänfte hochzuheben und versuchsweise durch die engsten Gassen des Dorfes zu tragen, und damit die Last der Wirklichkeit entspräche, befahl sie Úrsula und Neus aufzusteigen, weil ein Probelauf ohne »ein bisschen« Gewicht nicht vertrauenswürdig sei.

Und so setzte sich der Zug in Bewegung, angeführt von den schwankenden Trägern, die erst mal üben mussten, das Gerät im Gleichgewicht zu halten, was noch dazu ziemlich schmerzhaft war, weil Ramon vergessen hatte, die Tragestangen mit einem Polster zu versehen. Und obenauf, zum Gespött aller, Úrsula und Neus.

Bei der Steigung zur Kirche hörte man die Träger schon keuchen, vor allem die beiden hinteren, die mit so etwas nicht gerechnet hatten und angestrengt versuchten, den Hohn der Zuschauer zu überhören und das Zittern ihrer Beine zu überspielen. Danach bogen sie um die rechte Ecke des Gotteshauses, wo es drei schwerpassierbare Gassen gab, vor allem die zweite, in der es sofort um eine Haarnadelkurve ging, gefolgt von einem sehr steilen Anstieg und einer spitzen Häuserecke, an der selbst die erfahrensten Maulesel mit ihren Packtaschen hängenblieben. Bei ihren Manövern entgingen sie mehrmals nur knapp einem Unfall, auf den die Schaulustigen insgeheim lauerten. Doch alles in allem fiel der Probelauf zur allseitigen Zufriedenheit aus, und die Sedia kehrte, noch immer mit den beiden mittlerweile wachsbleichen Frauen auf dem Hochsitz, ohne eine Schramme zur Principal zurück.

Die Alte empfing sie auf der Straße vor dem Tor, und nachdem man ihr Bericht erstattet hatte, suchte sie Stoff und ein paar Kissen heraus und befahl mit lauter Stimme, damit jeder sie hörte, bis zum nächsten Sonntag die nötigen Vorbereitungen zu treffen: Sie beabsichtige, die Messe in der Kapelle des Mas Gran zu besuchen.

Die Nachricht sprach sich in Windeseile herum, und am folgenden Sonntag kam es in Pous zu einem absonderlichen Umzug mit der Sänfte an der Spitze, die Träger umweht von den Darmwinden der Alten, gefolgt vom Gesinde der Principal, umtobt von sämtlichen Kindern, und zum Schluss die Dorfbewohner, die sich das originelle Schauspiel freilich nicht entgehen lassen wollten, wobei die einen entzückt waren und die anderen zu allen Teufeln um einen Stolperstein flehten, weil sie am liebsten gesehen hätten, wie alles durcheinanderpurzelte. Doch bekanntlich wird die Bedeutung eines Ereignisses ja durch das Ausmaß der Aufmerksamkeit bestimmt. Und somit war die Einweihung der Sedia ein voller Erfolg und lieferte Gesprächsstoff für Jahre.

2
DER BESUCH

Donnerstag, 7. November 1940

Úrsula, die selbst im Halbschlaf scharfe Ohren hatte, war, als hätte sie schon wieder den Türklopfer gehört, immer hartnäckiger drangen die Schläge durch ihre Benommenheit. Um sich zu vergewissern, blinzelte sie durch einen Lidspalt, als könnte sie, wenn sie die Augen öffnete, auch deutlicher hören. In ihrem Alter und in diesem verschlafenen Zustand war das Aufstehen aus dem Schaukelstuhl nicht so einfach und erforderte Achtsamkeit: Zuerst neigte sie den Oberkörper, um die Sitzfläche nach vorn zu kippen, wobei sie aufpassen musste, sich gut mit den Beinen abzustützen, denn tat sie es mit den Armen, bestand die Gefahr, dass der Stuhl nach hinten wegrutschte. Und während immer wieder der Türklopfer ertönte, ging sie beunruhigt die dreifach gewundene Treppe hinunter in den Eingangsbereich.

Im Gegenlicht konnte sie den Mann in der Tür nicht genau sehen, aber sie hörte ihn sagen:

»Ich klopfe schon eine ganze Weile.«

Was bildete der sich ein, so mit ihr zu reden? Diesem Dämlack war wohl nicht klar, dass sie La Principal repräsentierte. Gutgekleidet war er, wie ein Städter, darum hielt sie sich vorsichtshalber zurück und warf ihm nicht an den Kopf, was ihr auf der Zunge lag, sondern erwiderte nach kurzem Nachdenken:

»Das ist La Principal, wissen Sie, das größte Haus im Dorf, und da muss man schon kräftig klopfen, um sich bemerkbar zu machen. Außerdem war ich beim Wäschewaschen im Hof, und das ist ganz auf der anderen Seite. Gut, was kann ich für Sie tun?«

»Ich möchte Senyora Maria Magí sprechen.«

Was Sie nicht sagen, dachte Úrsula.

»Die ist gerade nicht da. Kommen Sie ein andermal wieder, und wenn sie dann da ist, wird sie Ihnen selbst sagen, ob sie Sie empfangen kann.«

Der Mann sah sie fest an und betonte jedes Wort, als er langsam sagte:

»Passen Sie mal auf, gute Frau, ich bin Inspektor Lluís Recader vom Hauptkommissariat in Rius, und Sie sollten wissen, dass ich nicht anfrage, ob Senyora Magí mich empfangen kann oder nicht. Wenn sie zu Hause ist, wird sie mich empfangen müssen.«

Während er sprach, hielt er ihr eine halboffene Brieftasche vors Gesicht, um sich auszuweisen, doch Úrsulas müde Augen vermochten im schwachen Licht nichts zu entziffern.

Die Worte des Mannes ließen sie aufhorchen. Was wollte ein Polizeiinspektor auf der Principal? Normalerweise statteten die Beamten der Guardia civil, wenn sie auf ihrer Streife vorbeikamen, der Senyora einen Höflichkeitsbesuch ab. Erst tranken sie in der Küche ein Glas Wein, und dann pflegte die Senyora sie für ein Weilchen in die obere Etage einzuladen. Sie erkundigten sich, ob die Senyora irgendetwas brauche oder ob es in Pous etwas Neues gebe, und das war alles. Noch nie hatte ein Polizist in Zivil und erst recht kein Inspektor des Hauptkommissariats von Rius sie zu sprechen verlangt. Während Úrsula diese Gedanken zu ordnen versuchte, hörte sie ihn fragen:

»Und Sie, wer sind Sie?«

»Úrsula.«

»Ach ja, von Ihnen hat man mir schon erzählt.«

Die schiefe Falte auf Úrsulas Stirn vertiefte sich, aber sie sagte nichts.

»Wann wird Senyora Magí denn zurück sein?«

»Sie ist im Mas Gran.«

»Na schön, Senyora Úrsula, dann lassen Sie mich bitte rein, ich werde warten, bis sie wiederkommt.«

»Tut mir leid, aber zum Mas Gran ist es eine gute Stunde Weg, und sie hat das gesamte Personal mitgenommen, das heißt, sie wird erst am späten Nachmittag wieder hier sein. Und ich bin ganz allein …, und darum …«

»Und darum werden Sie mit einem Polizeiinspektor im Haus vollkommen sicher sein. So kann ich Ihnen ja vorab schon mal ein paar Fragen stellen, und Sie könnten mir derweil etwas zu essen geben. Ich bin heute sehr früh in Rius aufgebrochen, und die vielen Kurven haben mich hungrig gemacht. Was halten Sie davon?«

»Oje, Herr Inspektor, da bringen Sie mich aber in Verlegenheit, ich weiß nicht recht, ob ich das tun sollte, besser gesagt, ob ich das überhaupt darf …«

Der Polizist blickte sie durchdringend an. Die Frau konnte von Glück sagen, dass sie so alt war.

»Aber natürlich sollten Sie, Senyora Úrsula, natürlich dürfen Sie.«

Sein Blick wurde härter, und er kam zwei Schritte näher. Úrsula begriff, wie ernst es ihm war. Sie wich zur Seite und roch ein süßliches Kölnischwasser, als der Mann an ihr vorbei ins Haus trat. Obwohl sie nach all den Jahren kaum noch etwas schrecken konnte, war sie unsicher und verwirrt. Sie lehnte die Tür an und führte ihn in die Küche.

Sie gingen an der Treppe vorbei bis zum anderen Ende der Eingangshalle, wo Úrsula ihm die Tür zu einem großen, gediegen möblierten Raum öffnete.

»Das Speisezimmer des Hauses?«

»Nein, das ist oben, es wird aber nur genutzt, wenn hoher Besuch kommt. Die Senyora isst lieber hier, im Esszimmer der Bediensteten. Sie sagt, das ist praktischer.«

Der Inspektor ließ den Blick durch den enormen Raum schweifen und nahm im Geist Maß. Sie hatten das Erdgeschoss in gerader Linie durchschritten und vom Haustor aus schätzungsweise vierzig Meter zurückgelegt.

»Erstaunlich, von außen sieht das Haus so riesig gar nicht aus.«

»Das größte der Gemeinde«, entgegnete sie stolz, »wenn Sie den ersten Stock sehen würden …«

»Da kommen wir auch noch hin, Senyora Úrsula, immer langsam. Und wohin geht es da?« Er wies auf die vier Türen zu beiden Seiten des Saales.

»Das ist mein Zimmer, dieses ist das von Neus und Caterina. In dem da schläft Llorenç, und das andere steht leer, falls mal jemand von außerhalb hier eine Arbeit zu erledigen hat, die länger als einen Tag in Anspruch nimmt, und manchmal schläft da auch meine Tochter, wenn sie mich besuchen kommt …«

»Ach, Sie haben eine Tochter?«

»Ja, Senyor.«

Durch die letzte Tür links betraten sie die Küche. Úrsula atmete auf, dies war ihr Reich.

»Und wie heißt sie?«, fragte der Polizist.

»Úrsula.«

»Ah ja …« Er verkniff sich das Grinsen nicht. Ein Inspektor brauchte sich fast nie etwas zu verkneifen. »Und wer ist Llorenç?«

»Der Sohn von Neus.«

»Wie alt ist er?«

»Genau so alt wie die Senyora, sie sind ein Jahrgang.«

»Nämlich?«

»Dreißig, wenn ich mich nicht irre.«

»Und er ist der einzige Mann im Haus?«

»Der hier auch schläft, ja.«

»Aber auf diesem Gut arbeiten doch noch mehr …«

»Auf dem Gut arbeiten mehr Knechte und Mägde, aber nur wir vier haben die Erlaubnis, hier zu übernachten. Alle anderen müssen die Principal verlassen, bevor abends das Tor geschlossen wird.«

Úrsula war es nicht gewohnt, so ausgefragt zu werden, nicht einmal von der Senyora, und der Ton, in dem sie dem Inspektor das Wort abgeschnitten hatte, erschien ihr selbst unpassend. Auch der Inspektor hatte diesen Eindruck, und eine andere Person hätte er möglicherweise in ihre Schranken gewiesen, doch dieser Alten gegenüber spielte er gern den Nachsichtigen.

»Darf ich mich setzen?«

»Oh, Verzeihung, Herr Inspektor, Ihre Fragerei bringt mich ganz durcheinander. Nehmen Sie Platz, bitte, nehmen Sie Platz. Worauf hätten Sie denn Appetit? Ich habe Ziegenmilch, Brot, etwas Hartwurst, oder wenn Sie vielleicht Lust auf ein Glas Hauswein haben … Was immer Sie mögen.«

Der Inspektor beschloss, sich mit einem Happen zu begnügen. Eigentlich hatte er gar keinen Hunger, eher eine flaue Leere im Magen von den vielen Kurven, die sein Opel von Rius hierher hatte nehmen müssen.

»Danke, Senyora Úrsula, ich denke, ich werde mich mit einem Glas Milch und einem Stück Brot begnügen. Bestimmt ist die Wurst in diesem Haus exzellent, aber jetzt möchte ich keine.«

Der Inspektor setzte sich auf den einfachen Rohrstuhl, den ihm die Frau gewiesen hatte, und sah sich um. Eine Küche von solchen Ausmaßen hatte er noch nie gesehen, nicht einmal in den reichsten Häusern von Rius, in denen er hatte herumschnüffeln dürfen. Ihm fiel die lange Reihe von Feuerstellen und Ziegelöfen auf, die drei Viertel der Wand einnahm. Dort stand auch ein moderner, offenbar nagelneuer Sparherd mit goldfarbenen Ornamenten, und am Ende befand sich einer dieser offenen Kamine, unter denen die gesamte Belegschaft Platz gefunden hätte. Der Inspektor stellte sich diese Küche bei Hochbetrieb vor. An den anderen Wänden gab es Spülbecken, Wassergefäße, Türen, durch die man vermutlich in Speisekammern gelangte, eine Tür zum Gemüsegarten und mitten im Raum der alte, riesige Tisch, an dem er saß. Der Inspektor konnte nicht umhin zu bemerken:

»Ziemlich groß, diese Küche, um eine einzige Dame zu versorgen.«

»Könnte man meinen, aber das Personal muss ja auch essen.« Das war keine gute Antwort, um den Frieden zu wahren, dachte Úrsula und verbesserte sich sofort: »Außerdem hat diese Küche schon ganz andere Zeiten erlebt. Als ich ins Haus kam, waren allein die Roderichs zu siebt, und sie hatten eine Menge Bedienstete. Da konnte man eine solche Küche gut gebrauchen, das können Sie mir glauben! Jetzt wird sie nur noch zu seltenen Gelegenheiten richtig genutzt.«

Während der Inspektor ihr zuhörte, griff er in seine linke Jackentasche und zog ein schwarzes Notizbuch hervor. Auf dem Umschlag war ein weißes Rechteck mit einigen handschriftlichen Wörtern, zwei Zeilen akkurater Buchstaben in zwei unterschiedlichen Blautönen. Der Polizist holte auch einen Bleistift heraus und legte ihn daneben.

»Senyora Úrsula, was Sie mir da erzählen, interessiert mich sehr, denn das bedeutet ja, dass Sie schon hier waren, als noch Senyora Roderich, die Mutter der heutigen Herrin, das Sagen hatte.«

»Aber ja! Ich war ihre Milchamme. Ihre und die aller ihrer Brüder.«

»Tatsächlich? Das heißt, Sie kannten auch die Generation davor. Die Zeit von Senyor …«

»Senyor Andreu Roderich«, sagte Úrsula, und in ihrer Stimme schwang nicht nur Stolz. »Und ob ich den kannte. Ich war vierzehn, als ich hierherkam, rechnen Sie sich aus, wie lange ich schon da bin.«

Sie öffnete eine kleine Kammer. An der Innenseite der Tür hing der bestickte Stoffbeutel, in dem das Brot aufbewahrt wurde. Mit feierlicher Geste nahm sie es heraus: Es war Weißbrot. Auf der Principal aß man Weißbrot. Sie schnitt eine dicke Scheibe ab. Der Blick des Inspektors haftete darauf, in diesen Zeiten war so etwas eine Seltenheit. Úrsula wusste, er würde die Geste zu schätzen wissen.

»Eine Sache hat mich an dieser Familie sofort erstaunt: Wenn ich richtig informiert bin, hatte Senyor Roderich vier Söhne, und trotzdem hat er die Principal seiner Tochter vermacht. Wie erklärt sich das?«

»Nun ja, ich weiß schon einiges über dieses Haus. Aber über den letzten Willen von Senyor Andreu sollte ich vermutlich nicht …«

»Doch, das sollten Sie, Senyora Úrsula. Es ist Ihre Pflicht, die Polizei bei Ermittlungen zu unterstützen, und wenn Sie das unterlassen, wäre das nicht gut für Sie. Jede Frage, bei der Sie mir helfen, ersparen Sie obendrein Ihrer Herrin.« Für einen Augenblick hatte sich die Miene des Inspektors verhärtet. »Hören Sie mir gut zu, Úrsula. Es ist besser für Sie, wenn ich nicht ins Kommissariat komme und berichten muss, Sie hätten mir Ihre Kooperation verweigert. Und Senyora Magí wäre auch nicht erfreut, eine Vorladung nach

Rius zu erhalten, um ihre Aussage zu Protokoll zu geben. Das würde Aufsehen erregen, was wir doch vermeiden wollen … Eine Polizeidienststelle ist kein guter Platz für eine Dame vom Stand der Senyora Magí. Sie täten gut daran, mir meine Fragen zu beantworten.«

Das war keine leere Drohung, denn jedermann ahnte, was sich in jenem ersten Jahr des neuen Regimes in den Kellern der Polizeistationen abspielte. Doch um nichts in der Welt wollte Úrsula ihrer Kleinen in den Rücken fallen, indem sie, wenn auch unfreiwillig, irgendeine Indiskretion beging. Andererseits hatte sie nichts zu verbergen.

»Also gut, wie Sie wünschen.«

Sie sah, wie der Inspektor das Buch aufschlug, nicht ganz vorne, sondern an einer Stelle, an der ein Lesezeichen steckte, und etwas hineinschrieb. Zu gern hätte sie gewusst, was. Aber im selben Moment kochte die Milch über und rann über das Emaille des Sparherdes, wobei dieses verräterische Knistern und ein angebrannter Geruch wahrzunehmen war. Úrsula schoss ihr gesamtes Repertoire an Flüchen durch den Kopf. So etwas war ihr nicht einmal als junges Ding passiert, und jetzt ließ sie sich von diesem Hornochsen so aus dem Konzept bringen.

»Oh, Verzeihung, ich habe nicht aufgepasst«, sagte sie, zog den Topf mit einem Lappen vom Herd und wischte gleich die Metalloberfläche ab. Dann füllte sie eine Schale, stellte sie vor den Inspektor und legte das Brot auf eine Serviette daneben. »Vorsicht, sehr heiß.«

»Schon recht.« Der Inspektor drehte sich zum Tisch. »Setzen Sie sich, Úrsula, setzen Sie sich zu mir«, sagte er und wies auf einen Stuhl, der einen halben Meter von ihm entfernt stand. »Ich darf doch einfach Úrsula sagen, oder? Das ist nicht so umständlich.«

»Meinetwegen. Wie man mich anspricht, ist mir mittlerweile ziemlich egal.«

Er lächelte und hob vorsichtig die Schale zum Mund. Er schlürfte hörbar, um sich nicht zu verbrennen, und trank ein wenig ab. Sonst wäre die Milch übergelaufen, sobald er das Brot hineinbrockte, hätte den Tisch bekleckert und ihn daran erinnert, wie ihn seine Mutter als Kind deshalb gescholten hatte. Dann brach er das Brot in kleine Stücke. Er tunkte das erste in die Milch und schob es zwischen die Lippen. Úrsula sah den verzückten Ausdruck im Gesicht des jungen Mannes. Sie betrachtete ihn, besser gesagt, durchbohrte ihn förmlich mit dem Blick, als wollte sie so hinter seine Absichten kommen. Er wirkte gepflegt, und obwohl er Polizist war, besaß er Manieren. Und er hatte seit einer Ewigkeit kein Weißbrot mehr gegessen! Bestimmt war er noch keine dreißig Jahre alt und bereits Inspektor. Wie viel er dafür schon geleistet haben musste? Er sah gut aus, elegant, wenngleich ein Mann in Jackett und passender Hose immer viel hermachte. Feine Hände hatte er. Bei jedem anderen jungen Mann hätte sie Angst gehabt, er könnte die Milch über sein Notizbuch schütten. Bei ihm nicht, er benahm sich ausgesprochen anständig. Was zum Teufel hatte er auf der Principal verloren?

Als er das Brot fast aufgegessen hatte und nur noch ein Rest Milch übrig war, schob er die Schale weg, wischte sich den Mund ab, griff nach dem Büchlein und strich über die aufgeschlagene Seite. Er kritzelte etwas, dann sah er der Alten ins Gesicht.

»Na, dann fangen wir mal an, Úrsula, und um Ihre Aussage ordnungsgemäß aufnehmen zu können, muss ich zunächst Ihren vollständigen Namen wissen.«

Úrsula antwortete in selbstverständlichem Ton:

»Paquita Farrés Grau.«

Der Inspektor, der den Stift schon gezückt hatte, hielt einen Augenblick inne, dann hob er den Kopf und sah sie ungläubig an.

»Ja, aber haben Sie nicht gesagt, Sie seien Úrsula?«

»Ja, Senyor, ich bin die Ursuline Paquita Farrés Grau.«

»Wenn ich Sie richtig verstehe, heißen Sie also, offiziell und laut Ihren amtlichen Papieren, Paquita Farrés Grau.«

»Na ja, in meinem Ausweis steht Francisca Farrés Grau.«

»Verstehe …«, sagte er, während er schrieb, »darum habe ich, als ich im Rathaus nach Ihrem Namen suchte, keine Úrsula Ihres Alters gefunden, sondern nur eine von etwa sechzig Jahren.«

»Ja, Senyor, meine Tochter.«

Beinahe hätte der Inspektor losgeprustet, hielt sich aber zurück.

»Könnten Sie mir das vielleicht näher erklären?«

»Auf dem Land kommen solche Sachen halt vor, Herr Inspektor, in Pous hat man mich immer nur Úrsula genannt.«

Der Polizist merkte, dass er der Frau allmählich auf die Nerven ging.

»Sie wollen es mir also lieber nicht erklären.«

»Da hat sich niemand reinzuhängen«, erwiderte sie patzig, bereute es aber sofort. Obwohl sie recht hatte. Was gingen diesen Schnösel aus der Stadt ihre persönlichen Angelegenheiten an, selbst wenn das ganze Dorf darüber im Bilde war. Ihm konnte es doch egal sein, dass sie die letzte von drei Ursulinen namens Isabel, Maria und Paquita war – was ihr übrigens besser gefiel als Francisca, denn so hieß sie erst, seit diese Wichtigtuer den Krieg gewonnen hatten. Alles hatte damit angefangen, dass die Ursuline Isabel durch einen Tagelöhner vom Hofgut der Familie Vas geschwängert wurde und sechs Monate, bevor sie die Ursuline Maria gebar, das Ursulinenkloster von Rius verlassen musste, damit es keinen Riesenwirbel gab. Seither wurde jedes Mädchen, das im Hause Ribot zur Welt kam, ungeachtet des Taufnamens, Úrsula gerufen. Auch sie selbst, die sich kaum noch erinnerte, eigentlich Paquita zu heißen, weil niemand sie jemals so genannt hatte, war ungeplant und unter peinlichen Umständen schwanger geworden. Als ihr die Hebamme am Tag der Entbindung ihre Tochter in den Arm legte, beschloss sie, dass dieses Mädchen nun tatsächlich Úrsula heißen sollte, da es an der Zeit war, sich dem göttlichen Plan zu fügen und klare Verhältnisse zu schaffen.

»Na gut, soll mir recht sein«, sagte der Inspektor, um das Thema zu beenden. »Und wie soll ich Sie nun nennen, Úrsula oder Paquita?«

Sie war wieder ruhiger und entgegnete, als verstünde sich das von selbst:

»Das können Sie sich aussuchen …, nur wenn sie nach Paquita rufen, werde ich mich nicht angesprochen fühlen.«

»Ha!«, entfuhr es dem Polizisten, der das Lachen kaum halten konnte. »Daran werde ich mich halten.«

Er zeichnete um »Francisca« einen Kringel mit einem Pfeil nach unten und dorthin schrieb er »ÚRSULA«, in Großbuchstaben.

»Also schön, Úrsula«, begann er wieder, bemüht, nicht spöttisch zu klingen. »Sie waren also schon hier zu Zeiten von Senyor …«, er schaute in sein Buch.

»Andreu, Senyor Andreu.«

»Genau. Man hat mir schon viel über ihn erzählt, aber wahrscheinlich hat ihn niemand so gut gekannt wie Sie.«

»Da können Sie sicher sein.«

»Dann würde ich jetzt gern noch einmal auf den bereits angesprochenen Punkt zurückkommen. Mich würde interessieren, warum nach dem Tod von Senyor Roderich seine Tochter das Gut geerbt hat und nicht einer ihrer Brüder, vorzugsweise der älteste.« Erwartungsvoll sah er sie an.

»Oje, Herr Inspektor, das ist sehr lange her.« Sie verstummte. Der Polizist dachte schon, aus dieser Frau wäre nichts herauszubekommen, doch mit einem Mal holte sie Luft.

»Das war damals, als die Reblaus nach Pous kam … Lassen Sie mich überlegen, wo ich anfange … Bis dahin gebe ich Ihnen noch etwas Milch und ein Stück Brot.«

Mit den mechanischen Gesten lebenslanger Routine bediente sie ihn, während sie zwischen den Spinnweben ihres Gedächtnisses nach den Dingen grub, die sie weglassen sollte.

»Also, es war nach dem Sommer 1893, als …«

WIE DIE REBLAUS DIE ABADIA BEFIEL
UNGEORDNETER BERICHT

1893, als Raül eines Morgens vom Mas Gran herübereilte, um den Untergang der Principal zu verkünden, war Maria zwanzig Jahre alt, das dritte Kind und das einzige Mädchen unter fünf Geschwistern. Sie hießen Robert, Ernest, Maria, Lluís und Joan.

Ihre Mutter, Blanca Basses, entstammte einer verarmten Familie aus Rius. Eine Frau mit Stil und von einer zarten Schönheit, die dem

Herrn des Hauses Roderich den Kopf verdreht hatte. Senyor Andreu, der sich immer sehr seriös gab, hatte sich seit seinem Wirtschaftsstudium in der Hauptstadt mit vielen Mädchen vergnügt, aber bis zu seiner Begegnung mit Blanca war ihm keine geeignet erschienen, mit ihr eine Familie zu gründen. Dieser Mann suchte in einer Frau nicht Liebe oder Verbundenheit; eigentlich brauchte er sie nur, um seine Lust zu befriedigen und Nachkommen in die Welt zu setzen, und wie viele andere Männer glaubte er, wenn beides problemlos vonstattenging, sie zu lieben.

Nach der Eheschließung mit Senyor Andreu wurde die Mutterschaft zu Blancas einzigem Lebenszweck, was gewiss auch auf das Naturell ihres Gatten zurückzuführen war. Sie empfing mit fast verdächtiger Regelmäßigkeit jeweils im Abstand von einem Jahr und drei Monaten ein Kind.

Úrsula war mit vierzehn in die Dienste der Principal getreten, um dort »zu tun, was man dich heißt, Kind«, wie ihre Mutter, die Ursuline Isabel, ihr mit auf den Weg gegeben hatte. Und als sie mit siebzehn begann zu tun, was Senyor Andreu sie hieß, wurde sie sofort schwanger. Nach sechs Monaten konnte sie ihren Leib mit keinem Mieder mehr auf Taille schnüren, und Senyora Blanca Basses, die ihr erstes Kind erwartete und im achten Monat war, zitierte sie zu sich.

Schon auf dem Weg zu ihr hatte sich Úrsula damit abgefunden, aus dem Haus gejagt zu werden, denn im Dorf redete man längst von nichts anderem mehr. Doch es kam anders. Diese herzensgute Senyora bat sie zu bleiben, weil sie in dieses Haus gehöre, und gelobte, sie stets zu beschützen. Wie auf einem dieser kitschigen Sammelbildchen lagen sie sich am Ende schluchzend in den Armen.

Die Herrin, die immer alles richtig machte, gebar einen Stammhalter, wie es sich gehörte. Úrsula half ihr bei der Geburt, nicht nur, weil es ihre Aufgabe war, sondern aus ehrlicher Zuneigung. Zwei Monate später versuchte Senyora Blanca, sich bei Úrsulas Niederkunft zu revanchieren, da sie aber kein Blut sehen konnte, ohne in Ohnmacht zu fallen, flüchtete sie sich in die Küche wie eine Magd.

Nachdem die Hebamme Úrsulas Töchterchen gewaschen hatte, war unübersehbar, dass sich das Kind der Herrin und das des Dienstmäd-

*chens glichen wie zwei Wassertropfen. Dieselben Züge, derselbe Blick,
denn beide waren Ebenbilder Senyor Andreus.*

*Die Neuigkeit verbreitete sich rasend schnell, und trotz des unter-
schiedlichen Geburtsdatums behaupteten böse Zungen, auf der Principal hätten zwei Frauen gemeinsam ein Zwillingspärchen zur Welt
gebracht. Der aufgeregte Klatsch ließ Úrsula wieder das Schlimmste befürchten, doch Senyora Blanca bestand nicht nur darauf, sie im Haus
zu behalten, sondern behandelte sie von diesem Moment an, als gehörte
sie zur Familie. Eine solche Herrin verdiente absolute Loyalität. Kein
Zweifel.*

*Úrsula beschloss, ihr ergeben zu dienen, und ihre gegenseitige Sym-
pathie war so stark, dass sich keine der beiden an Andreus leidenschaft-
lichen Exzessen störte, während dieser von einem Bett ins andere wechselte, ohne vom Pakt der Frauen etwas zu ahnen. Und das war auch gut
so. Er konnte sich fröhlich seinen Seitensprüngen widmen, und weil eine
Gießkanne zwei Blumentöpfe begoss, hatten diese mehr Ruhe.*

*Dazu kam, dass Úrsula seit der Geburt ihrer Tochter über zwei uner-
schöpfliche Milchquellen verfügte, die ihr erlaubten, nicht nur ihr eigenes Kind zu stillen, sondern darüber hinaus alle, die die Senyora nach
und nach zur Welt brachte. Und fünfundzwanzig Jahre später waren
ihre Brüste noch immer nicht versiegt, was sie zur gefragtesten Amme in
ganz Pous machte; sogar wundersame Heilkräfte sagte man ihrer Milch
nach.*

*Nach der Geburt ihres fünften Kindes, Joan, fühlte sich Senyora
Blanca Basses de Roderich unwohl. Zuerst schien es, als erholte sie sich
nur schwer von dieser Entbindung, die eigentlich problemlos verlaufen
war. Doch was nach vorübergehender Schwäche ausgesehen hatte, erwies sich als eine Krankheit, vor der es kein Entrinnen gab und die sie
nach acht Monaten des Leidens das Leben kostete. Ein herber Verlust für
die Familie und ein schwerer Schlag für Senyor Andreu.*

*Andreu war nach dem Tod seiner Frau am Boden zerstört, innerlich
zerrüttet, und entgegen der allgemeinen Annahme, er werde mit der
Zeit schon darüber hinwegkommen, nistete sich die Traurigkeit in ihm
ein, um ihn nie wieder zu verlassen. Der schweigsame Herr der Principal erfüllte jeden Winkel des Hauses mit Verdrossenheit, worunter na-*

türlich vor allem die fünf Kinder zu leiden hatten. Er wusste nicht mit ihnen umzugehen, er war unfähig, mit ihnen zu leben oder mit ihnen zu spielen, und hatte nie eine zärtliche Geste oder ein liebes Wort für sie. Er war nicht dazu imstande, und daran änderte auch die Zeit nichts.

Die Sprösslinge der Principal konnten von Glück sagen, dass sie Úrsula hatten, darüber war sich in Pous jeder im Klaren. Und diese, als ihre Amme und Mitwisserin vieler Geheimnisse, verpflichtete sich, ohne zu zögern, ihr gesundes Gedeihen und ihre Erziehung fortan selbst in die Hand zu nehmen. Dafür gab es auch noch einen tieferen Grund: Seit dem Tod seiner Gattin war Senyor Andreu nicht mehr zu Úrsula ins Bett gekommen. Der Witwer hielt seiner toten Frau die Treue, die er zu ihren Lebzeiten ständig gebrochen hatte. Úrsula sagte sich, Männer seien nun mal sonderbare Geschöpfe, und schwor sich, die ehemalige Herrin ebenso wenig zu verraten und sich um deren Kinder zu kümmern, als wären es ihre eigenen.

Einen Anflug von Vaterglück schien ihm sein Erstgeborener Robert zu bescheren, als der sein Medizinstudium in der Hauptstadt aufnahm. Als wäre der Eintritt in die Universität ein Beweis für Reife, gelang es Andreu Roderich, ab und zu mit seinem Sohn ein Gespräch unter Erwachsenen zu führen, das sich für gewöhnlich um dessen berufliche Zukunft oder finanzielle Fragen drehte. In dem Jahr, von dem hier die Rede ist, 1893, hatte Robert seit zwei Jahren seinen Abschluss und als einer der Besten promoviert. Sein Vater belohnte ihn mit einer Praxis in Barcelona, im ersten Stock des Hauses im Carrer de la Universitat, ausgestattet mit allem, was ein Erbe der Roderichs brauchte, um als Arzt ein würdiges Auskommen zu haben. Er war stolz auf ihn.

Maria Roderich wusste um die Schranken, die ihr durch ihr Geschlecht auferlegt waren, und auch wenn sie vielleicht besonders fürsorglichen Schutz genoss, war sie doch unweigerlich weniger wert als ihre Brüder, selbst als die jüngeren. Zudem konnte sie die Gefühle ihres Vater nicht recht einordnen. Abgesehen von raren Gelegenheiten, wie beispielsweise ihrer Firmung, vor der er ihr übers Haar gestrichen hatte, brachte er es nie fertig, mit seiner Tochter in einen vernünftigen oder gar liebevollen Dialog zu treten. Maria empfand diesen Mangel an Zärt-

lichkeit als klare Zurückweisung. Sie glaubte, ihre große Ähnlichkeit mit ihrer Mutter löse in ihrem Vater Erinnerungen aus, die ihn krank machten vor Sehnsucht.

Auch Ernest hatte dem Wunsch seines Vaters entsprochen und Pharmazie studiert. 1893 stand er kurz vor der Erlangung der Doktorwürde. Ernest bewunderte seinen älteren Bruder maßlos und träumte davon, dessen Praxis durch eine Apotheke im Erdgeschoss des Hauses im Carrer de la Universitat zu ergänzen, wie es ihm sein Vater bereits in Aussicht gestellt hatte. Er war still und schüchtern und litt seit seiner Kindheit unter einer Sprachhemmung, so dass er in schwierigen Situationen zu stottern begann.

Lluís, der Viertgeborene, folgte eher seinen Neigungen und wurde Rechtsanwalt. Unter den Brüdern war er der lebhafteste und aufsässigste. Mit der Wahl eines geisteswissenschaftlichen Fachs, was im Hause Roderich zu jener Zeit als wenig respektabel galt, hatte er seinen Vater gegen sich aufgebracht. Der Familienstreit darüber war lang und heftig, doch am Ende gab Andreu Roderich nach.

Und zu guter Letzt war da noch Joan, der jüngste Sohn. Ein sensibler, in sich gekehrter Junge, der mit Begeisterung Messdiener war und beim Geruch von Weihrauch in Verzückung geriet. Das Priesteramt war sein Lebenstraum. Senyor Andreu hielt es für vorteilhaft, wenn sein Jüngster einer so einflussreichen Institution beitrat. Joan hatte seine volle Unterstützung.

An jenem unheilvollen Tag also erschien Úrsula im Speisezimmer der Principal und meldete, Raül sei da und er sei sehr aufgeregt. Senyor Andreu saß wie gewöhnlich am Kopf der Tafel, an den Seiten jeweils zwei seiner Kinder in der Reihenfolge ihrer Geburt, während das gegenüberliegende Ende des Tisches Robert vorbehalten war.

»Senyor, unten steht der Vorarbeiter. Er ist vollkommen außer sich und sagt, er müsse Sie sofort sehen. Ich habe ihm gesagt, Sie seien beim Essen, aber er hat mich angebrüllt und gedroht, die Tür einzutreten, wenn er Sie nicht umgehend sprechen kann.«

Andreu Roderich, Herr über La Principal und viele weitere Besitztümer, aß gerade einen köstlichen Kabeljau mit Schmorgemüse, eines der Gerichte, die Rosa meisterlich gelangen. Um seine Autorität zu de-

monstrieren, kaute er den Bissen gemächlich zu Ende und schluckte ihn hinunter. Dann tupfte er sich die Lippen ab, faltete sorgsam seine Serviette zusammen, legte sie rechts neben seinen Teller und befahl, fast ohne aufzublicken:

»Lass ihn herein.«

Er ahnte, was kommen würde. Seit Monaten, seit Jahren schon, fürchtete er diesen Moment. Die Hiobsbotschaft hatte unbegreiflich lange auf sich warten lassen, und auch wenn ihn das Wissen um das nahende Unglück verbittert hatte, war er durch die Verzögerung doch längst zum Millionär geworden.

In würdevoller Haltung sah er seine Kinder an, eines nach dem anderen. Nur Maria erwiderte gespannt seinen Blick, die anderen widmeten sich weiter ihrem Kabeljau und achteten nur darauf, keine Gräte zu verschlucken. Sie wussten nicht, was in den nächsten Minuten geschehen würde, und erst recht nicht, was ihnen ein paar Tage später bevorstand. Er sagte kein Wort. Er suchte festen Halt auf seinem Mahagonistuhl und schickte sich an, die Verkündung seines Ruins so gefasst wie möglich entgegenzunehmen.

Als Raül eintrat, erkannte Senyor Andreu sofort, dass er sich nicht getäuscht hatte. Dieser Mann hatte Angst, weil er der Überbringer der Schreckensnachricht war.

Der Vorarbeiter blickte auf die jungen Männer, die unbekümmert weiteraßen, ohne sich zu wundern, warum er zur Essenszeit heraufgekommen war und dastand, als wartete er auf eine Anweisung seines Herrn.

Senyor Roderich räusperte sich leise.

»Kinder, ich bitte um eure Aufmerksamkeit.«

Erst als alle aufschauten und das Besteck abgelegt hatten, fuhr er in düsterem, feierlichem Ton fort:

»Es gibt Tage, die bleibende Spuren hinterlassen. Hört gut zu, was Raül uns mitzuteilen hat. Es ist sehr wichtig, denn es wird euer Leben für immer prägen. Eures und meines.« Er machte eine Pause und wandte sich dann an seinen getreuen Vorarbeiter. »Raus mit der Sprache, Raül, und drück dich bitte klar aus.«

Raüls sehnige Hände kneteten seine Mütze zu einem Knäuel, so ver-

stört war der arme Kerl. Der Bote dermaßen schlimmer Nachrichten zu sein würde ihm gewiss Unglück bringen.

»Senyor Andreu, das Magnoliental ist von oben bis unten voller Rebläuse. Und die Arbeiter vom Mas Gran sagen, sie hätten schon überall befallene Stöcke gesehen.«

Er verstummte, als hätte er soeben ein Todesurteil gesprochen. Senyor Roderich schob langsam seinen Stuhl zurück, um aufzustehen, blieb aber sitzen, als fehlte ihm die Kraft. Seine Stimme bebte vor Erschütterung. Als die fünf Geschwister sahen, wie niedergeschlagen er war, entstand eine Grabesstille.

»Kinder, Raül hat uns soeben informiert, dass die Reblaus unser Gut erreicht hat. Euch muss klar sein, dass es mit unseren Weinbergen vorbei ist. Und mit unserer Kellerei auch. Die Kelter, die Presse, die Fässer, die Verkäufer, die Vertreter, all die Dinge und Menschen, denen diese Familie seit Jahrzehnten ihren Wohlstand verdankt, sind nutzlos geworden. Und darum hat auch das Leben, das wir bis jetzt geführt haben, seinen Sinn verloren. Es ist alles zu Ende. Möge Gott uns beistehen.«

Die Geschwister waren wie gelähmt, ihr Vater hatte noch nie viele Worte gemacht, und was er sagte, war stets gut durchdacht. Diese Ansprache hatte er nicht aus dem Stegreif gehalten, sondern seit langem parat gehabt. Wie auch das Folgende, das an seinen Vorarbeiter gerichtet war:

»Raül, geh sofort zum Pfarrhaus und sag Pfarrer Genís, er soll die Glocken läuten, um unverzüglich das Dorf zu versammeln. Auf der Stelle, richte ihm das von mir aus.«

Beim Klang eines bestimmten Geläuts wusste jeder in Pous, dass Gefahr im Verzug war. Im Dorf öffneten sich, schnell und leise, eine nach der anderen, sämtliche Türen. Das Oberhaupt eines jeden Hauses trat auf die Straße und strebte zur Kirche, in die Kapelle der heiligen Basilissa, der Schutzpatronin von Pous. Binnen kürzester Zeit war eine lange Reihe von Männern mit mürrischem Blick und sorgenvoller Miene dorthin unterwegs. Keiner der acht Gutsherren fehlte und auch kein Bauer, der einen Weingarten besaß, egal, ob groß oder klein. Der Aufruf um diese Stunde hatte alle beim Mittagessen aufgescheucht, sie waren vollzählig. Nachdem sich herumgesprochen hatte, dass Andreu Rode-

rich höchstpersönlich dafür verantwortlich war, gab es keinen Zweifel an der Bedeutsamkeit des Anlasses. Es dauerte keine zwanzig Minuten, bis sich alle Herren in der kleinen Kapelle eingefunden hatten. Alle Herren und Pilar Vas, die junge Erbin der Familie Vas und Gebieterin über einen beträchtlichen Besitz, die ganz in Schwarz und mit Mantille erschienen war.

Um nicht unter den Ersten zu sein, rauchte der Hausherr der Principal in seinem Arbeitszimmer eine Zigarre und ließ sich noch einmal durch den Kopf gehen, was er zu sagen hatte. Kurz und bündig, ohne viel Aufhebens, ohne zu dramatisieren. Mit Würde. Anders hätte sich jemand wie er auch gar nicht verhalten können.

Gemessenen Schrittes und wohl wissend, dass aller Augen auf ihn gerichtet waren, betrat er die Kapelle. Schon immer hatte er eine herausragende Position im Dorf innegehabt, doch so viel Aufmerksamkeit war ihm selten zuteilgeworden. Selbst seine unversöhnlichsten Feinde waren gekommen, um ihn anzuhören.

Er ging durch die Gruppe der Wartenden direkt auf Pfarrer Genís zu und küsste ihm die Hand. Auf diese Weise bezeugte er dem Geistlichen seine Ehrerbietung und vermied zugleich, die anderen begrüßen zu müssen. Mit einer Geste bat er den Pfarrer um Erlaubnis, und als der nickte, stieg er die Stufen zu dem winzigen Presbyterium hinauf. Nachdem er vor dem Bild der Schutzheiligen das Knie gebeugt hatte, wandte er sich mit Entschiedenheit den Anwesenden zu und sagte mit fester Stimme:

»Verehrte Dame, verehrte Herren. Heute Morgen haben meine Arbeiter auf meinem Land, im Magnoliental, um genau zu sein, von Rebläusen befallene Weinstöcke entdeckt.«

Die Pause war beabsichtigt. Den Versammelten entfuhr ein seit langer Zeit angestautes Lamento. Als der Tumult sich wieder gelegt hatte, fuhr der Herr der Principal fort:

»Einige von uns hatten ja gehofft, es würde uns niemals treffen. Weder Pous noch die Abadia. Auf wundersame Weise war die Plage, die seit fast dreißig Jahren in den Weinbergen Europas wütet, an der Grenze zu unserer Region zum Stillstand gekommen und hatte uns verschont. Und wir hatten uns der Illusion hingegeben, Auserwählte Gottes zu sein …

Nun, ich fürchte, Ihnen den Abstieg in die Hölle ankündigen zu müssen. Heute beginnt eine neue Ära für Pous und die Abadia, eine ungewisse, dunkle Zeit.«

Doch dabei wollte er es nicht belassen. Auch wenn er keine legitime Autorität besaß und sich stets geweigert hatte, öffentliche Ämter zu bekleiden, wollte er doch der prominenten Rolle Rechnung tragen, die dem Herrn der Principal traditionell zukam.

»Wir alle, die wir heute hier versammelt sind, leben miteinander in der Umgebung unseres Dorfes. Wir müssen jetzt fester denn je zusammenstehen, damit das Unheil uns nicht entzweit. Die Wucht, mit der dieses Desaster über uns hereinbricht, und die schweren Entscheidungen, die es nach sich ziehen wird, dürfen nicht zu Streitigkeiten führen. In den kommenden Tagen wird die Tür der Principal jedem offenstehen, der Rat sucht oder geben möchte. Guten Abend …, auf dass Gott und die heilige Basilissa uns beistehen mögen.«

Er gab niemandem Gelegenheit zu einer Antwort, in Wahrheit wollte er gar nichts hören. Raschen Schrittes verließ er die Kapelle, um nicht angesprochen zu werden.

Es herrschte eine solche Anspannung, und das Entsetzen war so gewaltig, dass Senyor Roderich schon aus der Tür war, ehe sich jemand rührte oder einen Laut von sich gab.

Maria, die ihm als einziges der Geschwister gefolgt war, hatte die Szene halb hinter einer Säule versteckt mitangesehen. Ihr Vater hatte getan, was er tun musste, nicht umsonst war er der Patriarch der Principal. Sie war stolz auf ihn, während sie ihn davongehen sah, allein, auf dem Weg in eine düstere Zukunft, aber aufrecht und hocherhobenen Hauptes.

Schon nach wenigen Tagen begannen die verheerenden Prognosen sich zu bewahrheiten. Überrascht war niemand. In den vergangenen Jahren hatte man zusehen können, wie sich die Schädlinge durch die renommiertesten Weingegenden Europas fraßen und damit für eine beispiellose Pleitewelle auf dem alten Kontinent sorgten. Jeder war sich über die Tragweite dieser Plage im Klaren. Die fetten Jahre waren vorbei. Dank einer Laune des Schicksals war die Region als eines der letzten namhaften Weinbaugebiete verschont geblieben. Voller Grauen verfolgten die Bewohner der Abadia den Vormarsch der Seuche, die langsam, aber stetig näher kam, zuerst die fernen Kulturen Frankreichs, Englands, Italiens zerstörte, um dann, und das lag bereits zwanzig Jahre zurück, die Pyrenäen zu überqueren, sich der Nachbarbezirke zu bemächtigen und überall absolute Verwüstung zu hinterlassen. Sie wussten nur zu gut, was ihnen bevorstand. Jetzt würden sie für die klammheimliche Schadenfreude büßen müssen, die sie angesichts des Bankrotts der anderen empfunden hatten, weil ihr Wein dadurch immer gefragter und teurer geworden war und für Reichtum in den Herrenhäusern, Arbeit auf den Weinfeldern und Wohlstand in den Dörfern gesorgt hatte.

In dieser glorreichen Zeit klopften die Weinhändler an ihre Tore, als bettelten sie um Almosen, auf der Suche nach dem flüssigen Gold, nach dem der ausgetrocknete Markt lechzte. In ganz Europa waren die Mächtigen und Reichen bereit, für eine Flasche guten Wein jede beliebige Summe zu bezahlen. Der Niedergang der anderen war ein Segen für die Kellereien der Abadia und auch für die Winzer, die sich keine Gelegenheit entgehen ließen, den Traubenpreis in die Höhe zu treiben.

Das euphorische Gefühl, aus dem Vollen schöpfen zu können, lag damals in der Luft. Man baute weitläufige Häuser, legte neue Keller an oder modernisierte die alten. Die großen Familien kauften von ihren Gewinnen Liegenschaften in Rius und Barcelona. Sie finanzierten allen ihren Kindern Schulbildung und Studium, nicht nur den Erstgeborenen, wie es Sitte war. Und mit der Zeit gewöhnten sich die einfachen Leute von Pous daran, den Nachwuchs der wohlhabenden Familien als Anwälte, Architekten, Ärzte, Notare wiederzusehen, wenn diese ihre Sommerferien im Dorf verbrachten. Das Handwerk begann zu verbürgerlichen.

Wenige Tage nach der Versammlung in der Kapelle hatte die Reblaus die Weinstöcke der gesamten Abadia vernichtet. Wohin man schaute, waren die Blätter von Pickeln und Flecken übersät, das leuchtende Grün verblasst, das Laub voller Warzen und Beulen, welk und gelb, wie Gespenster ragten die sterbenden Stöcke aus dem Boden und boten einen Anblick lebloser Wesen, die die Berghänge bedeckten und fürchterliche Zeiten heraufbeschworen.

Eines jedoch hatte La Principal allen anderen Kellereien der Abadia *voraus. Mitte des neunzehnten Jahrhunderts hatte Andreu Roderich, damals junger Erbe einer Dynastie, die seit über einem Jahrhundert einen Weingroßhandel betrieb, darauf gesetzt, das Produkt seiner Kelterei in Flaschen abzufüllen, und im Unterschied zu den anderen Gutsbesitzern 1867 mit der Vermarktung eines Rotweins namens Vall Blava begonnen, der sich hinter den französischen Qualitätsweinen nicht zu verstecken brauchte. Und da der Zufall wollte, dass dieses unternehmerische Wagnis zeitgleich mit der Ausbreitung der Reblaus in Europa stattfand, erwies sich das riskante Abenteuer als Goldgrube.*

Das Oberhaupt der Familie Roderich war von Natur aus vorausschauend und argwöhnisch. Andreu studierte das Vorrücken der Reblaus seit dreißig Jahren wie einen militärischen Feldzug und verzeichnete auf einer Landkarte in seinem Büro den Weg des Feindes, der nach und nach die Weingebiete überfiel und bezwang. Er spürte, dass das Todesurteil über die Region bereits verhängt war und nur noch auf die Vollstreckung wartete. Als die Reblaus die Pyrenäen überschritten hatte und sich südlich des Gebirges auszubreiten begann, sah er das Unheil schon hereinbrechen, ohne zu ahnen, dass es noch zwanzig Jahre dauern würde, bis die Pest auch Pous erreichte. Dieser unerwartete Aufschub brachte zusätzliche Gewinne und vermehrte sein Vermögen, für ihn war es die nächste Stufe eines ehrgeizigen und komplexen Planes.

Zu diesem Plan gehörte auch, alle seine Söhne auf die Universität zu schicken, nicht nur, weil er die finanziellen Möglichkeiten dazu hatte, sondern vor allem, weil er den Fortbestand der Principal gefährdet sah und allein der Landbesitz ihnen keine sichere Zukunft mehr bieten konnte. Die aber würden seine Jungs haben, wenn sie in freien Berufen in Barcelona arbeiteten, und zugleich würde dadurch ein Netz geknüpft, das die Familie auffinge.

Seine Tochter Maria schickte er nach Bonanova auf eine der besten Internatsschulen. Sie brauchte kein Studium und keine Berufsausbildung, sondern einen guten Ehemann. Trotzdem sorgte er beinahe verbissen dafür, dass sie ein wenig Buchführung lernte, worüber nicht nur die Brüder, sondern alle im Dorf den Kopf schüttelten.

In einem nächsten Schritt erstand er, zusätzlich zu den drei Häusern, die er bereits besaß, fünf weitere in Barcelona, alles Neubauten, in dem neuen Stadtteil namens Eixample. Eines erklärte er zum künftigen Hauptstadtsitz der Familie Roderich. Es befand sich in der Straße, die damals Carrer de la Universitat hieß, ein mehrstöckiges Wohngebäude mit Beletage, das 1888 fertiggestellt wurde.

Darüber hinaus erwarb er Grundstücke außerhalb der Stadt, dort, wo im Zuge der absehbaren Ausweitung Barcelonas einträgliche Geschäfte zu erwarten waren. Und sich selbst hatte er es zur besonderen Aufgabe gemacht, so oft wie möglich in Barcelona zu sein, um das Räderwerk der modernen Ökonomie besser verstehen zu lernen. Mit wahrer Besessenheit versuchte er herauszufinden, wie dieser neue Menschenschlag dachte und fühlte, diese zunehmend begüterte Klasse, die den Schlüssel zur Zukunft zu besitzen schien: das Bürgertum. Wortkarg und verschlossen wie immer, entwickelte er einen ungewöhnlichen Elan, angestachelt von der drohenden Gefahr.

Am 21. September 1893 bat er seine Kinder nach dem Abendessen, nicht gleich aufzustehen, er wolle sie »über seine Verfügungen in Kenntnis setzen«, und erklärte: »Mit Robert spreche ich in den nächsten Tagen.« Die vier Geschwister konnten sich schon denken, worum es ging: die Zukunft der Principal, die ohne ihre Weinberge verloren war. Und Mitte Oktober begannen die Vorlesungen wieder. Es mussten also Entscheidungen getroffen werden.

Schweigend, wie immer in den letzten Tagen, nahmen sie ihr Abendessen ein, der Vater in seine Gedanken versunken und sie in gespannter Erwartung, welchen Einfluss die Veränderungen auf ihr Leben nehmen würden. Nach dem Reisdessert erhob sich Andreu Roderich und blieb am Kopfende der Tafel stehen. Er sah sie eindringlich an, beugte sich vor und stützte die Fäuste auf die Tischdecke. Keiner von ihnen hatte ihn je so erlebt, feierlich erhoben, um zu ihnen zu sprechen. Nicht einmal an dem Tag, als der Vorarbeiter die Ankunft der Reblaus kundgetan hatte.

Andreu Roderich begann seinen Vortrag ohne jede Einleitung.

»Am kommenden Dienstag ziehen wir hier aus. Ich wiederhole: Übermorgen verlassen wir dieses Haus. Und wenn alles klappt, voraussichtlich für lange Zeit. Einige von euch vielleicht für immer.«

Er hielt den Blick auf das leere Ende des Tisches gerichtet, als fiele es ihm so leichter, die richtigen Worte zu finden.

»Ich nehme an, euch ist klar, dass die Principal mit ihren Häusern und Ländereien seit mehr als einem Jahrhundert die Grundlage des wirtschaftlichen Erfolges unserer Familie darstellt. Diese Steine sind das Fundament unseres Wohlstandes und eines Großteils unseres Vermögens. Doch nun hat die Reblaus unsere Weinstöcke vernichtet, und wenn wir uns nicht hier wegbewegen, besteht die Gefahr, dass diese Mauern auch zu unserer Gruft werden.«

Er hoffte, dieses Wort würde sie aufschrecken. Er hielt einen Augenblick inne.

»Ich will euch nichts vormachen, eure Zukunft steht auf dem Spiel, und wir müssen umgehend handeln. Wir müssen unsere Mittel einsetzen und uns zu kühnen Schritten entschließen, um unsere Familie weiter voranzubringen, uns der neuen Zeit anpassen und uns mutig der Zukunft stellen, wenn wir unser Vermögen bewahren und mehren wollen, denn die Säule, die uns bisher getragen hat, stürzt schlicht in sich zusammen.«

Bedächtig nahm er einen Schluck Wasser. Er beherrschte seine Rede und setzte sie in unerschütterlichem Ton fort:

»Auf diese Situation bereite ich mich schon lange vor. In den letzten Jahren habe ich verschiedene Optionen gründlich durchdacht, das Für und Wider abgewogen, Risiken und Gewinnchancen berechnet und schließlich einen Entschluss gefasst. Von diesem Moment an habe ich alle unsere Geschäfte auf diese Entscheidung hin ausgerichtet, um dem unausweichlichen Fiasko die Stirn bieten zu können, wenn es so weit wäre.«

Die Kinder entdeckten in den Augen ihres Vaters einen unbekannten Glanz. Sein Blick war der eines Spielers, der nach langer, fiebriger Anspannung am Ende der Partie seine Trümpfe aufdeckt. Und weiß, wie stark sie sind.

»Die hohen Gewinne, die mit den Ernten der letzten zwanzig Jahre erwirtschaftet wurden, habe ich nicht in Pous investiert. Tatsächlich habe ich, im Gegensatz zu anderen Familien, nicht einen Real hier ausgegeben. Ich habe alles kapitalisiert, um uns den Absprung zu ermöglichen und weit weg von diesem Haus, weit weg von allem, wofür La Principal stand, den Grundstein für eine neue Existenz zu legen. Wir *werden ab sofort in Barcelona leben. Das ist das Wichtigste, was ich euch heute mitzuteilen habe: Die Familie Roderich zieht in die Hauptstadt. Und zwar, um sich endgültig dort niederzulassen. Wie ihr euch schon denken könnt, wird das mit einer radikalen Veränderung eures Lebens einhergehen.«*

Seine Stimme war ruhig. Er wollte auf die Ernsthaftigkeit seines Tons nicht verzichten, den jungen Leuten aber zugleich Zuversicht vermitteln, Vertrauen in den Erfolg seines Plans. Eigentlich sollte ihm das nicht schwerfallen, denn für seine Söhne bedeutete es durchaus keine Verschlechterung, im Gegenteil: Pous war für keinen von ihnen besonders reizvoll, und wenn die Familie nach Barcelona umsiedelte, brachte sie das im Grunde genommen nur dem Leben näher, das sie ohnehin ersehnten. Sie würden ihr Studium fortsetzen und für Extrawünsche immer genug Geld in der Tasche haben, auch wenn die ständige väterliche Nähe sie womöglich in ihren Freiheiten ein wenig beschneiden mochte. Andreu Roderich sprach weiter:

»Trotz einiger finanzieller Engpässe, mit denen wir uns vorsichtshalber zunächst werden abfinden müssen – wovon, und das möchte ich betonen, außerhalb der Familie niemand etwas erfahren darf –, werdet ihr weiterstudieren. Ab sofort und für die wenigen Jahre, die ihr bis zum Abschluss noch braucht, steht euch in der neuen Stadtvilla eine Wohnung zur Verfügung.«

Er beugte sich noch etwas weiter vor, als wollte er seiner Botschaft mehr Nachdruck verleihen.

»Allerdings möchte ich, dass ihr euch dem, was ihr tut, mit Leib und Seele verschreibt, zunächst euren Studien und später den angestrebten Berufen. Ihr seid jung, aber ihr solltet verstehen, dass dieses Projekt, um das es hier geht, nur gemeinschaftlich zu verwirklichen ist. Meine Aufgabe wird es sein, uns in neuen Geschäftsbereichen eine Bresche zu schlagen, doch jeder Einzelne von euch wird sein Scherflein dazu beitragen müssen. In Ausübung eurer Berufe werdet ihr eine Art doppelten Boden bilden, für den Fall, dass sich die Dinge nicht so entwickeln, wie ich es mir erhoffe. Robert fängt bereits damit an, und mit unserer Hilfe wird er sich als Mediziner einen Namen machen können; ab dem kommenden Jahr kann Ernests Apotheke eine phänomenale Einkommens-

quelle sein; Lluís kann mit Hilfe der Juristerei Kontakte zu Unternehmern und einflussreichen Leuten knüpfen; und auch du, Joan, wirst mit einer Laufbahn bei der Kurie viel für uns erreichen und tun können.«

Er blickte ihnen, einem nach dem anderen, lange in die Augen. »Davon hängt viel für uns ab. Sehr viel. Und wehe dem, der seinen Teil nicht erfüllt.«

In einem anderen Ton und gewollt beiläufig fügte er hinzu: »Wenn ihr diesmal die Koffer packt, denkt daran, dass ihr nicht wiederkommen werdet. Von heute an werden wir Großstädter sein oder lernen, es zu sein. Ja, wie die, über die wir uns lustig machen, wenn sie in den Ferien hierherkommen. Bürger von Barcelona. Verstanden?«

Alle lächelten. Im Grunde schien ihnen das alles einfach und naheliegend. Eine erfreuliche Neuigkeit.

Alle außer Maria. Sie war den Ausführungen ihres Vaters aufmerksam gefolgt, und anfangs gab es auch nichts, was sie überrascht hätte, doch allmählich wurde sie stutzig. Während er redete, hatte er sie nicht ein einziges Mal angesehen, als wiche er ihr aus. Auch verstand sie nicht, welche Rolle sie bei alldem spielte. Erst als er geendet hatte, fiel es ihr wie Schuppen von den Augen: überhaupt keine, sie spielte gar keine Rolle, er sprach nur zu ihren Brüdern. Sie kam nicht vor in seiner Rede, er hatte sie nicht einmal erwähnt, als wäre in der von ihm entworfenen Zukunft kein Platz für sie.

Während ihr diese Gedanken durch den Kopf schossen, sah sie ihren Vater die Haltung wechseln. Langsam wandte er sich ihr zu und blickte sie fest an, als wären seine Söhne gar nicht anwesend.

Andreu Roderich schickte sich an, zu seiner Tochter zu sprechen. Er hatte viel nachgedacht, die unterschiedlichsten Hypothesen aufgestellt, etliche Alternativen durchgespielt, und immer war er zum selben Schluss gelangt: Für Maria blieb nur eine Rolle. Die schlechteste.

Ja, er teilte ihr eine undankbare Aufgabe zu. Es ging nicht anders. Der Maria zugedachte Part war trübselig, aber unentbehrlich. Es war nun einmal der, der ihr zufiel:

»Maria, ich habe entschieden, dass du, liebe Tochter, hier bleiben wirst. Ich weiß, du bist jung und hast wahrscheinlich von einem ande-

ren Leben geträumt, fern von Pous und diesem Haus, aber du bleibst hier. Ich übertrage dir damit eine große Verantwortung, von der ich hoffe, dass du sie annehmen und tragen wirst, denn sie besteht darin, das Symbol unserer Familie, La Principal, aufrechtzuerhalten. Den Kern unserer Identität zu bewahren, unsere Wurzeln, unsere Herkunft, das Haus, in dem wir geboren wurden ..., abgesehen von anderen Angelegenheiten, die deine Anwesenheit hier erforderlich machen werden.«

Seine Stimme wurde sanft, so weich, wie Maria sie noch nie gehört hatte.

»Ich weiß, es wird am Anfang schwer für dich sein. Ärgerlich, vielleicht. Doch trotz deines jugendlichen Alters halte ich dich für die richtige Person, der Principal vorzustehen. Du bist willensstark und charakterfest, was ich von keinem deiner Brüder behaupten kann. Keinem einzigen. Nur von dir, und jetzt brauche ich dich hier.«

Andreu Roderich sah sie forschend an. Er hoffte auf ein Zeichen des Verständnisses.

»Ich lasse dir das Hauspersonal und ein paar Männer in der Kellerei. Raül wird weiterhin Vorarbeiter sein und dein Vertrauensmann. Was Geld angeht, so werde ich dir alle drei Monate die nötige Summe zukommen lassen, über die du nach deinem eigenen Gutdünken verfügen kannst.«

Maria starrte ihn mit großen Augen an. Ihre Miene war ausdruckslos, nicht die leiseste Regung verriet ihm, was in ihr vorging. Seine Stimme wurde dunkler, es war an der Zeit, ein As auszuspielen.

»Deine Arbeit hier wird für den Erhalt unseres Wahrzeichens und der zugehörigen Ländereien von entscheidender Bedeutung sein. Im Keller lagert noch etwas Wein, und zurzeit treffen Bestellungen aus ganz Europa ein. Die Abwicklung ist wichtig, und es geht um erhebliche Beträge. Du sollst dafür sorgen, dass alles seine Richtigkeit hat. Raül ist dein Handlanger für alles, was anfällt, ich kümmere mich um den Verkauf, Kontakte, Preise ..., und du musst Stimme, Augen und Ohren der Roderichs sein, damit uns nichts, aber auch gar nichts entgeht. Ich will dich präsent und auf dem Laufenden bei allem, was hier geschieht. Wir brauchen dich.«

Nach diesem letzten Satz wandte er sich seinen Söhnen zu, wies da-
bei aber mit dem rechten ausgestreckten Arm auf Maria.

»Und da die ganze Familie nun einmal versammelt ist, möchte ich
euch schon heute meinen letzten Willen bekannt geben. Ich weiß, dass
ich eurer Schwester ein großes Opfer abverlange. Und das Opfer, das sie
bringt, kommt euch zugute, indem ihr euer Studium fortsetzen und in
Barcelona leben könnt.«

Ruckartig drehte er sich um, wies nun auf die Brüder und richtete
einen durchdringenden Blick auf Maria. Sein Ton war ernst und wei-
hevoll.

»Als Gegenleistung für deinen Gehorsam lege ich hier vor deinen
Brüdern den feierlichen Schwur ab, dir nach meinem Tod die Principal
und alle Besitztümer in Pous zu vererben. Und keiner von ihnen soll dir
je etwas davon streitig machen. So steht es in dem Testament, das beim
Notar in Felius, meinem lieben Freund Enric Pagès, hinterlegt sein
wird. Und wenn du tust, was ich von dir erwarte, verspreche ich, dass
nichts und niemand daran etwas ändern wird.«

Senyor Roderich fühlte, wie sich seine Züge übertrieben verkrampf-
ten, und beschloss, seine Ansprache auf andere Weise zu beenden.

»Ich setze mein ganzes Vertrauen in dich … Gib mir einen Kuss,
Tochter, gib mir einen Kuss, um diesen Pakt zu besiegeln.«

Er hat mich bei lebendigem Leib begraben, dachte Maria, während
sie aufstand. Er sperrt mich für den Rest meiner Tage in diesem Haus
ein, umgeben von verödeten Feldern, der stillgelegten Kellerei, dem her-
untergekommenen Dorf, damit ich auf dieses nutzlose Gemäuer aufpasse.
Und das alles nur, weil ich eine Frau bin. Du elender Mistkerl. Ich muss
in dieser Gruft bleiben, weil ich das Mädchen bin. Elender Mistkerl.

Und sie gab ihm einen Kuss.

Selbstverständlich erzählte Úrsula nicht alles. Es gab Dinge, die dieser Inspektor nun wirklich nicht zu wissen brauchte, aber wie es alten Leuten oft ergeht, wenn sie anfangen, den Faden der Erinnerung
abzuspulen, fiel es ihr schwer, sich kurz zu fassen. Darum rümpfte
sie die Nase, als der Inspektor sie unterbrach:

»Sagen Sie mal, Úrsula, der jüngste Bruder der früheren Senyora, ist das der jetzige Bischof? Bischof Roderich?«

»Ja, Senyor. Da war er noch Seminarist, aber dass der mal Karriere machen würde, hat man ihm damals schon an der Nasenspitze angesehen.«

Der Inspektor schmunzelte ironisch und sagte wie zu sich selbst: »Und was für eine Karriere … Zwischen den Geschwistern war also von diesem Tag an alles klar, und so kam Maria Roderich zu ihrem Erbe.«

»Nicht ganz, Senyor. Aber dazu müsste ich ein bisschen weiter ausholen. Und ich bin eine alte Frau, jetzt kann ich nicht mehr, wissen Sie? Nicht, dass ich nicht wollte, aber …«

Ihre Leidensmiene war überzeugend und ihr Buckel krumm genug, um einen Jungspund von dreißig Jahren mit ihrer Gebrechlichkeit zu rühren. Sie war alt, das stimmte, und das Leben zerrann ihr täglich rascher, aber wenn es ums Schwatzen ging, hätte sie mit Leichtigkeit noch drei Stunden länger durchgehalten und höchstens zum Luftholen Pause machen müssen.

»Na schön, Úrsula, danke für die Milch und das Brot, ich hatte schon fast vergessen, wie Weißbrot schmeckt. Tut mir leid, wenn ich Sie ermüdet habe. Ich habe im Dorf noch ein paar Besuche zu erledigen, und der Bürgermeister hat mich zum Mittagessen eingeladen … Vielleicht schaue ich am Nachmittag noch mal vorbei, um die Senyora zu sehen.« Er hielt inne. »Und falls sie nicht da sein sollte, unterhalten wir beide uns da weiter, wo wir jetzt aufgehört haben.«

Damit klappte er sein Notizbuch zu.

Und in diesem Moment, während er ruhig die Kladde schloss und in die Tasche steckte, konnte Úrsula den Titel lesen. Sie sah zwar nicht mehr gut, doch es bestand kein Zweifel. In dem weißen Rechteck auf dem schwarzen Umschlag stand: MORD AUF DER PRINCIPAL.

Ihr Herz raste.

3
IM MAS GRAN

Donnerstag, 7. November 1940

»Llorenç, die Senyora will zur Messe.«

»Herrje, heute?«

»Du sollst die Sedia fertigmachen, sie will zum Mas Gran.«

»Verflixt, aber es ist Donnerstag, und es fängt jeden Moment an zu regnen!«

»Das kannst du ihr selbst sagen. Sie will zum Mas Gran, und du machst gefälligst die Sedia bereit!«

»Pass auf, du Göre, schrei mich nicht an, oder du fängst eine.«

»So eine große Klappe hast du nur bei mir. Schaff die Sedia her, und wenn's regnet, wirst du halt nass.«

Es war ein kühler Morgen in der ersten Novemberwoche. Caterina liebte es, ihren großen Bruder auf die Palme zu bringen, und lachte über beide Wangen. Auf diese Wangen, rot, frisch, fast leuchtend, war sie sehr stolz, sie sah damit aus wie das blühende Leben. Tatsächlich hatte Caterina nie Hunger leiden müssen. Auf der Principal war man als Tochter der Köchin vielleicht zu lebenslanger Armut verdammt, aber gut ernährt, und das war zu jener Zeit in Pous schon viel. Zum Überleben hätte es im Grunde genügt, Brot in die Reste vom Tisch der Senyora zu brocken, auch ohne dass Neus Essen aus der Speisekammer für ihre Kinder abzweigte. Jedenfalls merkte man es ihnen an, denn unter denen, die sich ums Haus der Roderichs tummelten, waren sie die mit Abstand gesündesten.

Jetzt würde Llorenç die Holme und Polster des Tragsessels herrichten. Dafür war er zuständig, und in der Hierarchie der Principal war dies ein wichtiger Posten. Nicht so sehr wegen der Entlohnung, aber als Sänftenträger war man hochangesehen. Man war der Senyora nahe und wurde aus der gesamten Belegschaft von ihr persönlich ausgewählt.

Als die Senyora, wie Maria Magí allgemein genannt wurde, am Morgen das Fenster zur Hauptstraße öffnete, war der Himmel bedeckt, und es fiel leichter Regen. Das Wetter reizte nicht zum Ausgehen, doch sie hatte einen Entschluss gefasst, der die Principal in den Grundfesten erschüttern würde und von zu weitreichender Bedeutung war, um die Launen des Himmels in Betracht zu ziehen.

Am Abend zuvor hatte sie Pfarrer Salvador benachrichtigen lassen, er solle zur gewohnten Zeit im Mas Gran die Messe lesen. Zudem hatte sie den Arbeitern bis zehn Uhr vormittags freigegeben, und schon allein das war so ungewöhnlich, dass es alle in Aufruhr versetzte. Sie befahl ihnen, sich um diese Zeit mit dem Hauspersonal in der Eingangshalle einzufinden, um sich gemeinsam zum Mas Gran zu begeben. Nein, so ein harmloser Regen wie dieser würde sie nicht davon abbringen.

Als alle in dem großen Raum versammelt waren, gab die Amme Maria Bescheid, sie könne jetzt herunterkommen. Wie immer, wenn sie leibhaftig vor ihrem Personal erschien, entstand ein Schweigen, in dem nur der eine oder andere scheue Gruß zu hören war. Die Sedia stand direkt vor der Tür. Die Senyora bewegte sich darauf zu, während sie mit leichtem Kopfnicken die Grüße erwiderte, und kletterte mit erstaunlicher Behändigkeit hinein. Sie warf dem vorderen Träger einen auffordernden Blick zu. Llorenç schaute aus dem Augenwinkel zu den hinteren Trägern, gab ihnen ein kleines Zeichen mit den Brauen, alle drei hoben gleichzeitig die Sänfte an und übernahmen die Spitze des Zuges.

Die Leute, die auf der Flucht vor dem Regen durch die Straßen hasteten, fragten sich, warum die von der Principal an einem Donnerstag und bei so schlechtem Wetter unterwegs waren, da sie doch normalerweise nur sonntags und an hohen Feiertagen im Mas Gran zur Messe gingen. Die drei Träger hielten den Blick fest auf den Boden gerichtet und bewegten sich in langsamem Gleichschritt. Die Straße war abschüssig, das Pflaster nass, die Sohlen rutschig, und keiner von ihnen wollte einen Unfall riskieren. So zogen sie aus dem Dorf hinaus und weiter den Weg entlang, sie vorweg wie eine Heiligenfigur unter ihrer kleinen Markise, die sie vor der sengenden Sommersonne ebenso schützte wie jetzt vor diesem lästigen Nieselregen. Sie war die Herrin mit ihren zweihundertfünfzig Hektar Ackerland, noch größeren Waldflächen, ihren Hausmädchen und Dienstboten, einem Vorarbeiter, zwei Verwaltern, sechs Knechten und über zwanzig Tagelöhnern. Kaum jemand im Dorf, der nicht von ihr abhinge. Dies allerdings war ein besonderer Donnerstag. Sie war entschlossen, die Principal auf den Kopf zu stellen, und das bedeutete, ob es den Leuten gefiel oder nicht, ganz Pous durcheinanderzuwirbeln.

Maria Magís Entscheidung, im Mas Gran diese Messe stattfinden zu lassen, war nicht etwa auf übermäßigen Gottesglauben zurückzuführen. In Wahrheit wollte sie sich nur das Ritual und die Wirkung, die von ihm ausging, zunutze machen. Sie wusste um den Widerwillen, den sie in einigen dieser braven Leute auslöste, wenn sie sich in ihrer Sänfte umhertragen ließ. Doch in diesen Zeiten männlicher Überlegenheit und weiblicher Unterwerfung waren solche zeremoniellen Auftritte wichtig, weil sie sie in den Augen der Männer zu einer besonderen Frau machten. Und in den Augen des Pfaffen.

Außerdem bewies sie mit diesem großen Gefolge ihre Autorität, indem sie ihr Gesinde vollzählig zum Besuch der Messe nötigte. Ein Signal für diese zuchtlose Bande. In fast jeder Familie gab es irgendeinen, der aus Angst vor der Justiz oder Racheakten nach dem Krieg ins Ausland geflüchtet war. Manche, die ihre Ansichten und Verhaltensweisen geleugnet hatten, konnten später wieder ins Dorf zurückkommen. Sie kannte welche, die in regimetreuen Herrenhäusern um ein gutes Leumundszeugnis gebettelt hatten und im Gegenzug bereit waren, für einen Hungerlohn auf deren Feldern zu schuften.

Maria Magí besaß den starken Charakter ihrer Mutter und damit die Fähigkeit, die Principal zu leiten, aber auch die Sensibilität ihres Vaters: den Sinn für Schönes, den Drang zu lernen, zu wissen, das Bedürfnis, ihren geistigen Horizont zu erweitern, und natürlich die

Leidenschaft für die Musik. Sie hatte ihren Vater nicht gekannt, aber mit Hilfe der Dinge und Bücher, die er hinterlassen hatte, vermochte sie, seine Gedanken nachzuvollziehen und sie sich zu eigen zu machen. Und diese Sensibilität war auch der Grund, warum sie den Faschismus mit seinen Grausamkeiten und seiner Unmoral nicht ausstehen konnte. Ganz zu schweigen von der Kirche, diesem scheinheiligen Pack, angefangen bei ihrem Onkel, dem Herrn Bischof, bis hin zu Pfarrer Salvador.

Außer dem Mas Gran gab es in der Gegend von Pous jedenfalls weit und breit keinen Gutshof mit einer eigenen, gutausgestatteten Kirche. An Sonntagen oder hohen Feiertagen, die in die Zeit der Weinlese oder der Ernte fielen, wenn auch die Landarbeiterkolonnen von den Nachbargütern in die Kapelle strömten, wurde es dort eng. Unter den gegebenen Umständen wagte es niemand, sich von Gott abzuwenden.

Alles hatte Jahre zuvor damit begonnen, dass ihre verwitwete Mutter die sonntägliche Fürbitte zur Erlösung der Seele ihres Gatten zum festen Ritual erhob. Wie jeder im Dorf wusste, brauchte die Alte dazu ein paar Gläubige, die mehr oder weniger inbrünstig für ihn beteten, und generell war es ratsam, sich gut mit der Obrigkeit zu stellen, sowohl mit der himmlischen als auch mit der irdischen, wobei es dabei durchaus manchmal zu Verwechslungen kommen konnte.

Als Maria Magí das Kommando auf der Principal übernahm, setzte sie diese Tradition fort, führte jedoch einige angenehme Neuerungen ein. Den größten Zuspruch fand das mit gezuckertem Wein getränkte Brot, das sie nicht nur an ihr eigenes Gefolge ausgeben ließ, sondern auch an alle auswärtigen Tagelöhner, die im Mas Gran zusammenkamen. Die Verwalter waren angewiesen, es mit vollen Händen zu verteilen, sobald sie die Sedia in der Ferne auftauchen sahen.

Sie tat das nicht aus Großzügigkeit: Zum einen machte sie damit Pfarrer Salvador das Leben schwer, denn seinerzeit war es streng verboten, die Kommunion zu empfangen, wenn man nicht seit dem Vorabend nüchtern war. Und so hatte ihre Freigebigkeit einen massenhaften Verzicht auf die heilige Hostie zur Folge, während sich zugleich viele der Anwesenden von einem heuchlerischen Akt befreit sahen. Zum anderen setzte sie sich damit in Szene. In jener Zeit war die Not groß, und die Arbeitertrupps der umliegenden Höfe beeilten sich, pünktlich dort zu sein, um die Speisung mit dem weingetränkten Brot nicht zu versäumen. Und anschließend, dicht gedrängt und zufrieden, sahen sie ihr entgegen, während sie Einzug hielt, wie sie es liebte, hoch auf dem Tragsessel, hinter sich die lange Reihe ihrer Vasallen. Ein zweifellos imposanter Anblick.

Unterwegs ging sie im Geist noch einmal die Anweisungen durch, die sie an diesem besonderen Donnerstag zu erteilen hatte, überdachte bereits getroffene Entscheidungen … oder betrachtete Llorenç' Hintern.

Oh ja, er hatte einen strammen Hintern unter einer schmalen Taille, aus der der Rücken emporstieg wie ein auf der Spitze stehendes Dreieck. Dieser Hintern beschäftigte Maria schon seit langem. Llorenç trug den vorderen Teil der Sedia allein mit Hilfe eines Ledergurtes, der um seinen muskulösen Nacken lag, zu beiden Seiten über die Brust und unter den Achseln hindurchgezogen wurde wie ein Geschirr und mit zwei Haken rechts und links an den Vorderholmen der Sänfte befestigt war. Das Ganze war aus einem speziellen Leder, aus dem auch die Zuggeschirre der Kutschpferde gemacht wurden, von einem Sattler aus Roges maßgefertigt worden. Ja, Llorenç hatte einen schönen Hintern, und wenn die Senyora ihn betrachtete, stieg ihr die Glut aus dem Schoß bis in die Wangen.

Maria hatte das Riemenzeug der Sedia auswechseln lassen. Sie war eine praktisch veranlagte Frau, und nachdem sie den Tragsessel monatelang auf dieselbe Weise benutzt hatte wie ihre Mutter, war sie zu der Einsicht gelangt, dass er mit nur einem Träger vorn viel beweglicher und leichter zu lenken sein würde. Das Vehikel war für die hundertdreiundzwanzig Kilo seiner früheren Besitzerin ausgelegt, doch in ihrem Fall bestand das Problem weniger im Gewicht, sondern vielmehr in dessen Verteilung. Ihr war klar gewesen, dass sie, falls sie sich verschätzte, zum Gespött des Dorfes würde, und darum hatte sie gründliche Berechnungen angestellt, ehe sie den

Stuhl ein Stück nach hinten versetzen ließ, um den Schwerpunkt zu verlagern und somit den vorderen Träger zu entlasten. Und sie hatte recht behalten, denn nach dem Umbau war die Sänfte viel wendiger als mit den zwei Trägern vorn.

Llorenç spürte, wie der Regen stärker wurde und ihm in immer breiteren Bächen übers Gesicht rann. Doch es machte ihm nichts aus, im Gegenteil. Er dachte an die Dürre der vergangenen Monate und daran, wie gut das Wasser den jungen Weinstöcken mit ihren oberflächlichen Wurzeln tat. Die älteren, die sich metertief durch den Schiefer bis in permanent feuchte Schichten gebohrt hatten, würden gar nichts davon abbekommen.

Das mittlerweile triefende Hemd klebte an seinem Rücken. Die Senyora ließ den Blick gedankenverloren über die Muskeln gleiten, deren Formen sich umso deutlicher abzeichneten, je enger sich der nasse Stoff an die Haut schmiegte.

Von Llorenç hieß es, er sei schwul. In Pous, wie in jedem Dorf, konnte ein Heranwachsender, der keine niederen männlichen Instinkte zeigte, schnell als weibisch verschrien sein, also maß man dem Gemunkel am besten keine zu große Bedeutung bei. Doch die Senyora wusste, wie berechtigt diese Vermutungen waren, denn sie selbst hatte ihn vor ein paar Jahren mit heruntergelassenen Hosen im Pferdestall dabei erwischt, wie er es mit Ricard trieb, dem Vormann der Landarbeiter, und leidend hatte er dabei nicht ausgesehen. Doch dessen ungeachtet erschien Maria Magí dieser Hintern äußerst begehrenswert.

Wenn Llorenç die letzte Biegung nahm und sich das Mas Gran plötzlich in all seiner Pracht und Herrlichkeit vor ihnen erhob, war Maria jedes Mal aufs Neue fasziniert: die schnurgerade Pappelallee entlang des Weges, der Säulengang, das elegante Haus mit der Kirche auf der einen Seite, die mit ihrem kleinen Glockenturm in das Hauptgebäude integriert war …, und alles das thronte majestätisch auf der Spitze eines Hügels.

Schon von weitem erkannte Llorenç zwei der drei Verwalter, die in Säcke gehüllt über den Vorplatz hasteten, um sich vor dem Regen unter das Säulendach zu flüchten. Dieses war grandios. Es bestand aus einundzwanzig Bögen und zwei größeren in der Mitte, die das Hauptportal flankierten.

Darauf steuerte Llorenç zu, denn er kannte das vor jeder Messe wiederholte Ritual auswendig: Er würde die Sedia bis vors Tor bringen, und dort würden er und die beiden hinteren Träger sie auf sein Zeichen hin absetzen. Der Boden des Tragsessels befand sich dann noch in zwei Spannen Entfernung von der Erde, und Amadeu würde einen Holztritt danebenstellen, der für diesen Fall stets zur Hand war, damit die Senyora ihr vor einigen Jahren verletztes Bein beim Absteigen nicht überbelastete. Sie würde jedermann einen guten Morgen wünschen, und alle würden die Mütze ziehen und den Gruß erwidern: Bon dia, Senyora. Wenn Sonntag wäre, hätten die Frauen der Verwalter bereits das in Wein getauchte Brot verteilt, rechtzeitig, damit es zu diesem Zeitpunkt aufgegessen wäre. Llorenç würde ihr den Arm bieten, um ihr herunterzuhelfen, und sie würde die Reihe abschreiten und dabei jedem Einzelnen ins Gesicht sehen. Ganz langsam würde sie die Eingangshalle betreten, von wo die noble Treppe zu den herrschaftlichen Räumen führte. Doch sie würde nicht hinaufgehen. Sie würde vorher links abbiegen und sich auf eine mit religiösen Schnitzereien verzierte Holztür zubewegen, über der die Inschrift INITIVM SAPIENTEÆ TIMOR DOMINI in den Stein graviert war. An der Tür prangte in Augenhöhe die Übersetzung in hellen Intarsien, auf dass auch wirklich jeder eine so nützliche, so bodenständige Botschaft verstehen möge. Schließlich würde sie als Erste die Kapelle betreten – nach Pfarrer Salvador, der immer zehn Minuten früher da war –, auf den Altar zugehen und sich seitlich davon auf einem Betstuhl niederlassen, von dem aus sie den Vorsitz über den Gottesdienst führen würde.

Und genau so war es auch diesmal. Die Träger brachten die Sedia in dem großen Säulengang zum Stehen, und während der Holztritt herbeigeschafft wurde, entledigte sich Llorenç seiner Gurte, um ihr den Arm zu reichen. Die Senyora jedoch warf einen Blick auf sein feuchtes, zerknittertes Hemd und wies ihn mit einer halb angewiderten, halb belustigten Geste zurück, als wollte sie vor aller Welt klarstellen, dass sie nicht etwa einen Arm brauchte, weil sie beim Absteigen einer Stütze bedurfte, sondern weil es ihr von Standes wegen zukam. Und ein Arm wie dieser war nicht gut genug. Verwirrt zog sich Llorenç einen Schritt zurück. Der Zug formierte sich, hinter Maria Amadeu, Neus und Caterineta, und danach die übrigen Bediensteten der Principal. Erst als sie alle in der Kapelle waren, kamen die Verwalter, ihre Gattinnen, die Landarbeiter, und ganz zum Schluss drängten sich noch die Tagelöhner der benachbarten Gutshöfe hinein, herbeigelockt von der Turmglocke, die seit einer Stunde alle fünfzehn Minuten schlug. Hinter vorgehaltener Hand fragten sich viele, warum diese Irre sie ausgerechnet heute in die Kirche beorderte, als wäre Feiertag. Entweder sie hatte einen triftigen Grund dafür, oder aber die Herrin verlor tatsächlich den Verstand.

Von ihrem Platz aus überblickte die Senyora die gesamte Kapelle. Pfarrer Salvador trat still und andächtig aus der winzigen Sakristei und begann lustlos mit der Zeremonie, wobei er das Gesicht zu Gott erhob, der Gemeinde den Rücken kehrte und diese Frau verwünschte, die ihn zwang, für ein lächerliches Almosen die Messe zu zelebrieren, wann immer ihr der Sinn danach stand.

Natürlich genoss die mächtigste Familie von Pous gewisse Vorrechte, wie zum Beispiel einen Platz auf dem Podest des Presbyteriums, doch hätte die Senyora nicht so weit gehen dürfen, den Sonntagsgottesdienst in der Dorfkirche auf halb zehn vorzuverlegen, während er in den umliegenden Ortschaften erst um elf oder später stattfand. Und das nur, damit sich der Priester, kaum dass er den Gläubigen von Pous den Segen erteilt hatte, in aller Eile umziehen und auf seinen Esel schwingen konnte, um vor zwölf Uhr mittags im Mas Gran zu sein. Es war eine Zumutung.

Seit der Herrgott die Alte zu sich gerufen hatte, war für Pfarrer Salvador alles stetig schlechter geworden. Solange er noch unter ihren Fittichen gewesen war, hatte er sich sogar gestatten können, von einer Karriere im Bistum zu träumen. Die Alte hatte ihm versprochen, ihre Beziehungen spielen zu lassen, damit er nach Rius berufen würde, und ihm diesbezüglich immer wieder Hoffnungen gemacht. Doch seit dem traurigen Ereignis, durch das der Tochter, der jetzigen sogenannten Senyora, die Macht zugefallen war, hatte

Pfarrer Salvador diese Illusion begraben müssen. Als hätte er sich nicht genug gedemütigt, indem er die Geschehnisse am Tag des Mirakels ignorierte oder seine Unterwürfigkeit bis zur Kriecherei betrieb. Doch als er ihr nach einiger Zeit, stets mit allem Respekt, Vorschläge für notwendige Verbesserungen unterbreiten oder sie ersuchen wollte, ihren Einfluss bei ihrem Onkel geltend zu machen, der mittlerweile Bischof war, bemühte sie sich nicht einmal um christliche Ausflüchte, sondern reagierte mit gnadenloser Herablassung. Mit einer tiefen, kränkenden Verachtung.

Während Pfarrer Salvadors Mut immer mehr sank, spürte er zugleich, wie galliger Groll seinen Glauben in einem unaufhaltsamen Prozess zersetzte. Zwischen den Stürmen, durch die seine Seele trieb, gab es noch gelegentliche Ruhezeiten, in denen er sich nach einer Rückkehr zum Glauben sehnte und der Wunsch, seiner Kirche zu dienen, neu erwachte. Doch vergebens. Das Licht war erloschen, und er tappte nun schon lange im Dunkeln.

Es sah ganz danach aus, als würden sich seine bösen Vorahnungen bewahrheiten. Er würde in diesem verfluchten Dorf alt werden, immer abhängig von der Huld einiger reicher Betschwestern, der Gunst weniger Familien und einem Haufen Frömmler, deren Glaube nur aus Furcht und Fanatismus bestand. Nein, er hatte allen Ehrgeiz aufgegeben. Das fand er jeden Morgen beim Blick in den Spiegel bestätigt, wenn er in seinen Zügen nach einer Spur von Zuversicht forschte. Die Augen, der Mund, die Falten, die Poren, die farblose Haut, das ganze Gesicht bis zu den Wurzeln der grauen Haare drückten nur eines aus: Hoffnungslosigkeit. Er hatte nichts mehr zu erwarten und, was schlimmer war, nichts mehr, woran er glaubte, und, was noch viel schlimmer war, kein Bedürfnis mehr zu glauben. Wenn die Sinnlosigkeit des Lebens einen solchen Grad erreicht hatte, war es absurd, an Gott zu glauben. »Dominus vobiscum.« »Et cum spiritu tuo«, raunten ein paar Frauen.

Er zelebrierte verdrossen. Seit ihm seine Haushälterin Atanàsia am frühen Morgen mitgeteilt hatte, er müsse im Mas Gran die Messe lesen, an einem Donnerstag und bei diesem Regen, der einen bis auf die Knochen durchnässte, war er schlecht gelaunt. Er zelebrierte so unwirsch, dass ihm zweimal die Buchzeichen aus dem alten, zerfledderten Missale rutschten, das nicht einmal mehr Lesebändchen hatte. Wie oft schon hatte er höflich darum ersucht, ein neues Messbuch anschaffen zu dürfen. Er hatte sogar angeboten, persönlich nach Rius in die Buchhandlung an der Kathedrale zu fahren und eines zu besorgen. Doch nein, die Familie Roderich verweigerte ihm ein neues, weil sie dieses für eine Kostbarkeit hielt, seit ein Vorfahre es von einer Pilgerreise aus dem Vatikan mitgebracht hatte. In dem Devotionalienladen auf der Via Santo Spirito, wo es gekauft wurde, hatte wahrscheinlich ein Werbeplakat verkündet, dieses Messbuch dünste noch von Papst Pius IX. geweihtes Wasser aus. Und jetzt, im Jahr 1940, lag es hier vor ihm, verschlissen und ohne die Orientierungshilfe bunter Bänder, als verlachte es ihn.

Pfarrer Salvador suchte Gebete, fand aber nur Flüche, sein Kopf glühte, und die losen Seiten waren durcheinandergeraten. Vor lauter Empörung hatte er vergessen, an welcher Stelle der Liturgie er sich befand. Zum Glück pflegte er stets mit hingebungsvoll brüchiger Stimme zu lesen, so dass man ihn ohnehin nie verstand und er die Lücken aufs Geratewohl mit sinnlosen, lateinisch klingenden Silben überbrücken konnte. Darin hatte er Übung, und die Leute merkten nichts. Als er mit erbittertem Zorn zu psalmodieren begann, glaubte die Gemeinde sogar, er sei der Verzückung nahe. Die Herrin nicht; sie merkte es sehr wohl, das wusste der Priester genau. Und sie war boshaft genug, ihn belustigt anzustarren und gespannt darauf zu warten, wie er sich aus der Klemme befreien würde. Auch sein Messdiener, Atanàsias Sohn, merkte es, wie in seinen frechen Augen unverhohlen zu lesen war. Ja. Der Priester hatte den Faden verloren.

Doch da nieste plötzlich jemand. Das Geräusch war so laut, dass es durch die Kapelle dröhnte wie ein Donnerschlag. Der Widerhall unter der kleinen Kuppel wirkte wie ein vorwurfsvoller Weckruf auf die eingenickte Dienerschaft und holte alle Anwesenden unversehens in die Gegenwart zurück.

Die Senyora wandte den Kopf und suchte mit inquisitorischer Miene nach dem Schuldigen für die Unterbrechung. Unter ihren

Bediensteten gab es nur einen, der imstande war, so schallend zu niesen, und somit ließ sie ihren Blick zu der Bank wandern, auf der Llorenç saß. Der Trottel hatte sich unterwegs einen Schnupfen geholt, als der Regen ihm kalte Schauder über den Rücken gejagt und ihr einen so sinnlichen Anblick geboten hatte.

Sie sah ihn mit gesenktem Kopf dasitzen, die Augen fest zu Boden gerichtet. Unter diesen Umständen hätte es sich nicht gehört, den Blick der Senyora zu erwidern. Und ihr gefiel es, ihn so zu sehen, untertänig, verstört und mit diesem wohlbekannten rosigen Schimmer auf den Wangen.

Sie widmete ihm eine ernste, tadelnde Geste, während sie innerlich schmunzeln musste, weil sie sich an den Tag erinnerte – sie waren damals beide fünfzehn Jahre alt gewesen –, an dem sie ihn dabei erwischt hatte, wie er den Vorarbeiter Ricard beglückte. Ja, die Szene hatte sie aus der Fassung gebracht.

Auch wenn sie als Tochter der Principal fern der schlüpfrigen Spielchen der Bauernkinder aufgewachsen war, war ihr doch zu Ohren gekommen, dass das, was die Menschen beiderlei Geschlechts zwischen den Beinen hatten, zu viel mehr zu gebrauchen war als zur bloßen Ausscheidung. Immer hatte sie sich gefragt, was man tun musste, um es richtig zu benutzen, aber in ihren kühnsten Mädchenträumen hätte sie sich nicht vorstellen können, dass ausgerechnet Llorenç, der Sohn der Köchin Neus, ihr den ersten Anschauungsunterricht zu diesem Thema erteilen würde.

Es war im Pferdestall. Und sie traute ihren Augen nicht. Ricard, ein gestandener Mann, der das Kommando über sämtliche Männer der Principal hatte, umarmte ihn stöhnend von hinten. Er atmete so schnell und schwer, dass keiner der beiden das Knistern der Strohhalme hörte, die als dicker Teppich den Stallboden bedeckten. Sie näherte sich fasziniert, ohne das Geräusch ihrer Schritte vermeiden zu können, denn der Sturz war noch nicht lange her, und sie zog das Bein nach. Erst als sie keine drei Meter mehr entfernt war, sah Llorenç auf. Seine Züge schienen seltsam verzerrt, mit halbgeöffneten Lippen, fiebrigen Augen …, so starrte er sie an, unbeweglich, wortlos …, und der andere stieß weiter zu und presste, keuchend vor

Geilheit, das Gesicht im Nacken des Jungen. Jede Sekunde eine Ewigkeit, während der sie den Blick nicht von der großartigen, ausdrucksvollen Gestalt des Mannes wenden konnte. Ricard wurde von einem Krampf geschüttelt, erblickte im selben Moment das Mädchen, löste sich ruckartig von dem Jungen, der eine Grimasse zog, stopfte vor ihren Augen, vor der Tochter seiner Herrschaft, schleunigst das feurige Gemächt in die Hose und rannte in wilder Verzweiflung davon.

Llorenç nicht. Mit seinem Körper eines Fünfzehnjährigen blieb er wie angewurzelt vor ihr stehen, außer Atem, mit glühenden Wangen, blitzenden Augen, noch leicht geschwollenen Lippen, so schön diese schweißglänzende Haut, dieser Hals, dieser Bauch, dieser … Maria war wie gebannt.

In diesem Augenblick begriff das junge Mädchen eine Menge. Doch vor allem musste sie sofort verschwinden, weil andernfalls zwei Katastrophen drohten. Entweder sie würde ihre Hand um das Geschlechtsteil dieses Perversen legen, um herauszufinden, wie es sich anfühlte. Oder sie würde mitansehen müssen, wie er sich bückte, seine Hose hochzog und auf diese grobschlächtige, typisch männliche Art seine Sachen darin zurechtrückte. Dabei wollte sie nicht zuschauen, so viel war klar, es hätte die Harmonie der Szene zerstört. Das wäre, als wenn sie man sie in der Bibliothek der Principal überraschte und sie hastig diese Lithographie von Caravaggio zudecken musste, die ihr immer die Sinne verwirrte. Nein, so weit durfte es nicht kommen. Sie machte auf dem Absatz kehrt, um das Bild genau so im Gedächtnis zu bewahren, und lief hinaus.

Sie erzählte es nicht sofort ihrer Mutter. Sie schloss sich in ihrem Zimmer ein und warf sich aufs Bett, um die Bilder in ihrem Kopf und die sonderbaren Empfindungen zur Ruhe zu bringen. Ihre Hand schob sich zwischen ihre Beine, und zum ersten Mal fühlte sie wie eine Frau. Sie spielte mit ihrer Lust, stellte sich seine verzückten Augen vor, drang zwischen seine aufgeworfenen, geöffneten Lippen, und erst nachdem sie sich befriedigt hatte, zog sie sich um, setzte vor dem Spiegel eine entgeisterte Miene auf und ging zu ihrer Mutter, um ihr haarklein zu berichten, was sie gesehen hatte.

Wenige Stunden später waren sie selbst, die Alte und Ricard bereits versammelt, ohne Llorenç, aber mit Pfarrer Salvador, der zwischen Gebet und Niedertracht verloren schien. Ihr war dieser Kerl nie ganz geheuer gewesen. Und nun fuhr er den Vorarbeiter an und hieß ihn einen faulen Apfel, einen Kinderverderber, Abschaum, der alles zersetze, was er berühre, und seine Worte schienen von purem Groll diktiert.

Die Alte verfolgte die Szene stumm. Sie brauchte nichts zu sagen. Sie wusste, sobald der Pfarrer mit seiner Schimpftirade fertig wäre, läge es allein in ihrer Hand, zu tun, zu lassen, zu entscheiden und zu urteilen. Und noch während sie dem gestikulierenden Priester zusah, dachte sie, dass es ihr gar nicht ungelegen kam, diesen Unglücksraben Ricard gegen Amadeu auszutauschen. Der war beflissener, gehorsamer, vielleicht weniger umgänglich, aber an eine Frau und zwei kleine Kinder gebunden, wodurch seine Treue und Ergebenheit gewährleistet waren.

Der Ton des Priesters wurde schärfer. Mit einem Mal sprangen die Worte nur so aus seinem Mund. Er schlotterte wie von einem Erdbeben geschüttelt und beschwor höllische Gluten, schweflige Martern und ewige Verdammnis. Rot, schwitzend, mit hervorquellender Halsschlagader. Ricard, der mit hängendem Kopf dastand, wusste, dass es für ihn, sollten sie mit der Geschichte zur Guardia civil gehen, keine Rettung gab. »Männer, die eine solche Sünde begangen haben, wie du sie begangen hast, sollten unter grausigen Schmerzen sterben und ihre Geschlechtsteile im Feuer verschmoren ...«

Die Alte bemerkte, wie Ricard, zum ersten Mal seit sie ihn in die Zange genommen hatten, bei diesem Satz den Kopf hob und dem Pfarrer in die Augen sah, warnend, wie ihr schien. Es dauerte nur einen Sekundenbruchteil, und schon schaute der Vorarbeiter erneut zu Boden. Doch irgendetwas hatte sein Blick offenbar bewirkt, denn der Priester stellte sein Gezeter ein, und in der folgenden Stille war nur noch sein Schnaufen zu hören.

Endlich Stille: der einzige Ausdruck wahrer Ehrerbietung. Wurde auch Zeit. Jetzt war der Moment gekommen, das Urteil zu sprechen. Der große Moment der Alten.

Sie hatte es nicht eilig damit, als Oberhaupt der Principal hatte sie schon mehr als einmal über das Leben anderer entscheiden müssen, und so etwas wollte wohlbedacht sein. Schließlich erhob sie die Stimme und verkündete ohne Umschweife:»Du packst nur so viel zusammen, wie du tragen kannst.« Sie machte eine lange Pause. »Du verlässt die Principal noch heute Abend und gehst zu deinem Bruder nach Frankreich.« Wieder eine Pause. »Und kommst nie mehr wieder. Und mit ›nie mehr‹ meine ich ›nie mehr‹, denn sollte ich erfahren – und du weißt, uns entgeht hier nichts –, dass man dich irgendwo auf dieser Seite der Pyrenäen gesichtet hat, zeige ich dich höchstpersönlich an und nehme den Jungen zum Zeugen. Und richte dich zugrunde.« Diese letzten Worte sprach sie Silbe für Silbe aus, dann ließ sie einige Sekunden verstreichen, ehe sie hinzu- fügte:»Geh.«

Sie schwieg.

Ricard flüsterte:»Danke, Senyora«, und wandte sich zur Tür. Der Priester folgte ihm, ohne sich vor der Alten zu verneigen, ohne sich seine Autorität bestätigen zu lassen, indem er ihr die Hand zum Kuss reichte. Blindlings stolperte er hinter dem Verbannten her.

Sie selbst hatte dabei rechts von ihrer Mutter auf einem leicht nach hinten gerückten Stuhl gesessen. Auf der Principal begann man mit Lektionen in Machtausübung so früh wie möglich.

Und jetzt saß dort drüben der andere Missetäter, Llorenç, erkäl- tet und verlegen. Caterina hatte ihrer Mutter einen Puffer mit dem Ellbogen verpasst, um sie zu wecken, denn Neus döste schon seit einer Weile vor sich hin. Derart lärmend konnte nur ihr Bruder niesen. Beide sahen zu Llorenç hinüber, der aus dem Augenwinkel zum Altar schielte und rasch wieder den Kopf senkte. Dann bemerk- ten sie den seltsamen Blick der Senyora, der direkt auf ihn gerich- tet war. Kalt? Beklommen? Abschätzig? Womöglich gar wehmütig? Ja, manchmal wirkte sie wehmütig … Neus jedenfalls meinte, ihr Sohn könnte es noch weit bringen, wenn er es sich nicht mit der Senyora verscherzte. Davon war sie überzeugt. Die Senyora hatte eine Schwäche für ihn und wäre bestimmt bereit, ihn zu fördern. Ja, denn immerhin war sie es, die ihn bei dieser … Jugendsünde ertappt hatte, und wenn sie ihn trotzdem zum Träger ihrer Sedia erkoren hatte, wollte das etwas heißen. Zwar wusste Neus nicht genau, was, aber ganz bestimmt wollte das etwas heißen. Sollte sie etwa ein Auge auf ihren Jungen geworfen haben? Wenn dem tatsächlich so war, dann sollte sich der Bengel um Himmels willen nicht lumpen lassen und es ihr gefälligst besorgen, bis sie vollauf zufrieden war. Damit würde für sie und Caterineta vieles anders. Das walte Gott. Neus gab sich ihren Wunschträumen hin, während sie darauf wartete, in die Küche zu eilen, sobald der Pfarrer seinen Sermon beendete.

Vor ihrem Aufbruch am Morgen hatte die Senyora sie angewiesen, pünktlich um ein Uhr das Essen aufzutragen, weil sie für gleich nach der Mittagsruhe Amadeu und die beiden Vorarbeiter zu sich beordert habe. Das hatte Neus hellhörig gemacht. Diese drei Männer waren für die Höfe der Principal verantwortlich, und jeder von ihnen wusste, was er zu tun hatte. Die Senyora trommelte sie nicht alle zusammen, sofern es sich nicht um eine äußerst wichtige Angelegenheit handelte.

Eben damit waren auch die Gedanken der Senyora beschäftigt, als der Priester die Gemeinde aufforderte niederzuknien, um zum Abschluss der Zeremonie den Segen zu empfangen. Dieser Pfarrer schlug das Kreuz, als verteilte er Ohrfeigen. Nachdem er sich in die winzige Sakristei zurückgezogen hatte, um die Soutane abzulegen, rührte sich niemand, ehe die Senyora sich nicht erhob. Die Zeiten änderten sich rasend schnell, aber, Gott oder Satan sei Dank, ein Rest von Anstand blieb doch gewahrt.

Sie verließ die Kapelle, stieg die breite, geschwungene Treppe hinauf und ging durch den Vorraum in den großen Salon des Haupthauses. Alles war sauber und ordentlich. An Herbsttagen wie diesem war es dort ein wenig kühl, aber noch angenehm. Dennoch befahl sie, Feuer in dem steinernen Kamin zu machen, denn sie würde den Abend in diesem Raum verbringen müssen und wollte sich nicht verkühlen. Neus hatte den Auftrag, ihr einen geschmorten Kaninchenschenkel zu servieren, aber in dem kleinen Esszimmer neben der Küche, denn allein im großen Speisesaal zu essen, mochte vielleicht ein Gefühl der Macht vermitteln, aber es verstärkte auch die Einsamkeit.

Als Vorspeise schnitt Neus einen Apfel in Spalten; auch so eine Marotte der Senyora, seit ihr ein französischer Arzt und Freund der Familie empfohlen hatte, nach den Mahlzeiten kein Obst mehr zu sich zu nehmen. Einzige Ausnahme: Äpfel. So ein Quatsch, maulte Neus. Die Senyora nahm den Rat so ernst, dass sie seither tagtäglich ihren Nachtischapfel als ersten Gang aß. Nur einen Apfel, frisch geschält, weil er sonst oxidiert und Verstopfung hervorruft. Was für ein Unsinn. Danach würde sie ihr das Hauptgericht vorsetzen, keine zu große Portion und ohne Schnickschnack. Nur wenn Gebäck aus Rius eingetroffen war, nahm sie ein Dessert zu sich, und ab und zu ließ sie sich zu einem Stück von dem Nusskuchen überreden, den Neus jeden zweiten Sonntag backte.

Doch die Köchin wunderte sich über gar nichts mehr. Sie war eine der Dienstältesten des Hauses und hatte einen siebten Sinn für alles, was geschehen würde, und für das, was nicht geschehen würde, auch. Sie hatte schon zu Zeiten der Alten im Dienst der Principal gestanden, und als die frühere Herrin das Zeitliche segnete, hatte sie zur Erbmasse gehört wie ein Möbelstück, ohne dass man ihr gegenüber ein Wort verloren hätte. Aber sie beklagte sich nicht. Durch diese Sache, bei der die Alte ihren Jungen erwischt hatte, fühlte sie sich an die Roderichs gebunden, solange diese das Geheimnis wahrten. Llorenç hätte für immer gebrandmarkt sein können. Dass sie all die Jahre dichtgehalten hatten, war ihnen hoch anzurechnen.

Das ging ihr durch den Kopf, während sie trockenes Brot im Mörser zerrieb, um damit die Soße zu dem Kaninchen zu binden. Noch so ein Tick der Senyora, sie wollte kein fettes Fleisch. Keine Lammkoteletts, nichts vom Schwein außer Bäckchen und Füßen, Huhn ohne Haut, mageres Rindfleisch ... Lauter Schrullen, obwohl Neus sich manchmal fragte, ob das jugendliche Aussehen der Senyora nicht womöglich auf ihre verrückte Ernährung zurückzuführen sein könnte.

Maria Magí verspeiste das Kaninchen mit Genuss; Neus war eine

Perle in der Küche und die treue Seele des Hauses. Sie wollte früh fertig sein, um sich noch ein Weilchen hinzulegen, bevor Amadeu, Josep und Sergi kamen. Reformen eines solchen Ausmaßes, wie sie sie jetzt in Angriff nehmen würde, hatte es seit der Reblauskatastrophe auf der Principal nicht gegeben. Monatelang hatte sie gegrübelt und in stillen Stunden gearbeitet, Kosten, Abschreibungszeiten und Gewinnaussichten kalkuliert, bis ihr der Kopf schwirrte. Doch sie war zu einem Entschluss gelangt: Fünfzig Jahre nach der Reblaus war es an der Zeit, alles noch einmal komplett umzukrempeln.

Die Nervosität sorgte für Aufruhr in ihrem Bauch. Den Mittagsschlaf würde sie verschieben müssen. Ihre Gedanken schweiften ruhelos, übergangslos von einem Thema zum anderen, bis sich einer in den Vordergrund drängte. Im Grunde war es kein neuer Gedanke, er kam ihr jedes Mal, wenn sie sich in der Klemme sah: Was, verflixt noch mal, tat sie in Pous? Welcher Unstern fesselte sie an dieses Haus? Was hinderte sie, in die Stadt zu ziehen und mit ihrem Vermögen ein völlig anderes Leben zu führen?

Seit ihrer Kindheit beschworen die Dienerinnen sie, in die Hauptstadt umzusiedeln, wo für ein Mädchen aus gutem Hause alles viel besser sei. Ihrer Meinung nach, vor allem Úrsula betonte dies immer wieder, würde man sie, wenn sie hier auf dem Land bliebe, mit einem reichen Grundbesitzer verkuppeln, und das sei alles, worauf sie im Leben hoffen könne, und was sollte ihre Kleine daran erstrebenswert finden, zumal unter sämtlichen Erben der Region kein einziger so reich war wie sie selbst? Ja, sie hatten seit jeher versucht, ihr Barcelona schmackhaft zu machen, seine Salons, seine Teegesellschaften und Nachmittagseinladungen zum Kakao, die Bälle für den Nachwuchs der oberen Zehntausend, die Debütantinnenfeste …, sie würde Konzerte hören und lernen, wie man das Gähnen unterdrückt, alles, was sich für ein Mädchen von Stand ziemte, wie Úrsula unermüdlich wiederholte.

Ursprünglich hatte es auch ihre Mutter so für sie vorgesehen, sie sprach oft vom Studium in Barcelona und davon, wie sie die Stadtvilla herrichten würden, von einer Reihe alter Freundinnen, die sie alle besuchen würden, von den Kleidern, die sie in der Schneiderei Santa Clara anprobieren würden … Doch aus welchem Grund auch immer, mit der Zeit kam die Alte von diesem Vorhaben ab und erfüllte ihr Versprechen letztlich nicht. War ihr das Barcelona der zwanziger Jahre zu gefährlich? Oder hatte sie sich so daran gewöhnt, das Sagen zu haben, über Land und Leute zu verfügen, dass sie das hochgestochene Geschwätz der Salons langweilig fand?

Dennoch vernachlässigte die Alte die Erziehung ihrer Tochter keineswegs, vielmehr wob sie einen Kokon aus Gouvernanten und Hauslehrern, den renommiertesten weit und breit, die von Raül die ganze Woche über zu jeder Tageszeit aus Rius und Felius zur Principal kutschiert wurden. Sie scheute weder Mühe noch Ausgaben, um die besten Pädagogen aufzutreiben und um ihre Tochter zu scharen, und letzten Endes wurde Maria Magí auf diese Weise eine mindestens ebenso umfassende Bildung zuteil wie auf einer Schule in der Hauptstadt. Sie allerdings ließ den Unterricht mit melancholischer Resignation über sich ergehen, da die Feste, die Bälle und die nachmittägliche Schokolade der Großstadt damit vollends ins ferne Reich der unerfüllbaren Wünsche gerückt waren.

Neben den üblichen Fertigkeiten einer höheren Tochter – Klavierspielen, Gebete, Umgangsformen, Nadelarbeiten und Französisch – erhielt sie auch Unterricht in anderen Fächern, die für ein Mädchen wie sie damals als nutzlos galten: Mathematik, Physik, Chemie, Buchführung und sogar Biologie, nach der gängigen Meinung der Dörfler alle überflüssig, wenn nicht gar unschicklich.

Unter den handverlesenen Lehrern, die auf der Principal ein- und ausgingen, nahm Senyor Martí einen besonderen Platz im Herzen seiner Schülerin ein. Er war Klavierlehrer an der Schule des Großen Theaters von Rius und kleidete sich wie ein Künstler, und wenn er damit schon in Rius Aufsehen erregte, dann erst recht in den rauen Bergen von Pous, wo selbst die Stieglitze erschrocken zwitscherten beim Anblick seiner gelb karierten französischen Westen, der farbigen Gehröcke und der Katzengoldkette, an der die Taschenuhr hing und leuchtete wie eine Schweizer Sonne. Dazu trug Senyor Martí so spiegelblanke Lackschuhe, dass er über dem Boden zu schweben schien. Er war kein wirklich guter Pianist, aber Maria war er ein guter Lehrer, dem es mit Büchern, Abbildungen der großen Komponisten, leichten Etüden und überschwänglichen Vorträgen gelang, sie mit seiner Begeisterung für die Musik lebenslang anzustecken. So erfüllte der Klang von Narcís Magís großem Flügel wieder das Haus, mit seinen klaren Höhen und seinen vollen Bässen, und auch wenn er nur für einfache Melodien herhalten durfte, trieben seine Töne der Alten doch unweigerlich längst versiegte Tränen in die Augen.

Im Dorf mochte man den Eindruck haben, die beiden Marias fristeten ein einsames Dasein, abgeschottet und gelangweilt in diesem riesigen Haus, aber das entsprach mitnichten der Wahrheit. Die ganze Woche über herrschte ein unablässiges Kommen und Gehen von Leuten mit Stickrahmen, Partituren, französischen Texten, ausgestopften Tieren, Rechenschiebern, Atlanten … Der Einzige, der ohne jedes Unterrichtsmaterial zu erscheinen pflegte, war Senyor Hermini, ihr Literaturlehrer. Es sei doch alles vorhanden, sagte er, entzückt von den Überraschungen, die die Bücherregale in der Bibliothek des Senyor Narcís für ihn bereithielten.

Daran erinnerte sie sich gerade, als sie Neus sagen hörte:

»Senyora, Amadeu ist hier, mit Josep und einem jüngeren Mann …, ich weiß nicht, wer …«

»Das ist Sergi, Neus, ich habe Sergi auch herbestellt. Lass sie drei Minuten warten und führe sie dann in den Salon.«

Eigentlich hätte das Treffen gleich hier stattfinden können, wie sonst auch, aber heute war nichts wie sonst. Sie wollte die Männer im großen Salon empfangen, um dem außergewöhnlichen Anlass auch einen besonderen Rahmen zu geben, und hatte dafür jedes Detail bedacht: Sie würde sich mit dem Rücken zum Südbalkon setzen, denn in dem Strahl Novembersonne, der dort hereinfiel, würde sich ihre Silhouette scharf im Gegenlicht abzeichnen, ohne Einzelheiten erkennen zu lassen. Die Männer sollten nicht sehen, wenn sich ihre Stirn furchtsam runzelte oder ein Anflug von Unsicherheit ihren Blick verschattete. Und sie würde sie in dem großen beschnitzten Armstuhl erwarten, einem Unikat, zu dem es kein Gegenstück gab, denn er war ausschließlich dem Oberhaupt der Principal vorbehalten, und dieses brauchte niemanden an seiner Seite, schon gar nicht auf einem ebenbürtigen Sitz.

Sie strich ihren beigefarbenen Rock glatt, wadenlang, wie es in Barcelona Mode war, und sah die drei in der Reihenfolge ihres Ranges hereinkommen. Zuerst Amadeu, vorzeitig gealtert wie alle, die sich von früh bis spät auf dem Land abrackerten. Danach Josep und zuletzt Sergi. Sie wartete schweigend, bis Amadeu zweieinhalb Meter vor ihr stehenblieb, flankiert von den beiden anderen, die sich einen Schritt hinter ihm hielten.

»Senyora, Sie wollten uns sprechen …«

»Ja, Amadeu. Du bist der Hauptverwalter aller unserer Ländereien, und ich habe einen Auftrag für dich. Euch, Josep und Sergi, habe ich kommen lassen, damit ihr Zeugen seid und niemand auch nur die Spur eines Zweifels bezüglich meiner heutigen Verfügung hat.«

Maria Magí zögerte: Sie war unschlüssig, ob sie sich erheben sollte oder nicht. Wenn sie aufstand, könnte es so aussehen, als wollte sie auf Augenhöhe mit ihnen sein, um ihre Autorität zu unterstreichen. Blieb sie jedoch sitzen, wurde sie damit vielleicht der Tragweite ihrer Entscheidung nicht gerecht, weil sie gewöhnliche Anweisungen normalerweise vom Sessel aus erteilte …

»Ab kommendem Montag, dem elften November, habt ihr eine Woche Zeit, die Arbeit, mit der ich euch beauftragen werde, zu planen, das erforderliche Werkzeug anzuschaffen und alles Nötige zu organisieren. Keinen Tag länger.«

Ernst sahen die drei Männer sie jetzt an. Zweifellos handelte es sich um eine große Sache, denn andernfalls hätte die Senyora niemals die Großzügigkeit, ihnen sieben Tage Vorbereitungszeit zu gewähren. Keiner rührte sich; nur Amadeu, der eine Hornhautreizung im Auge hatte, blinzelte häufiger als gewöhnlich.

»Also schön, dann hört mir gut zu.«

Jetzt ja, dies war der Moment, in dem sie sich erheben sollte.

»Montag in einer Woche, am achtzehnten, morgens bei Sonnenaufgang, werdet ihr anfangen, sämtliche Stöcke sämtlicher Weinfelder auf sämtlichen Höfen der Principal zu roden.«

Sie sah einen nach dem anderen an, ihr Blick bohrte sich in die Augen der Männer bis dorthin, wo der menschliche Geist die Dinge erfasst.

»Als Erstes nehmt ihr euch die Ebene und die Terrassen vor, dann die Täler, die Küste und zum Schluss die Schattenhänge. Nur an den steilsten Stellen, wo es nicht viel Erde gibt, könnt ihr die paar Stöcke stehenlassen; da wächst, soviel ich weiß, fast ausschließlich Cariñena. Wenn ihr alles abgehackt habt, pflügt ihr die Erde tief durch und holt möglichst viel von den Wurzeln raus. Die Stöcke, Ranken und Wurzeln häuft ihr in ausreichendem Abstand vom Wald auf, und wenn ihr so weit seid, lasst ihr dieses verdammte Gestrüpp und die ständige Bedrohung, die es für dieses Haus darstellt, in Flammen aufgehen. Beeilt euch damit, und verratet während der siebentägigen Vorbereitungsfrist niemandem etwas davon. Nur ihr drei wisst Bescheid, sollte sich also einer verplappern, weiß ich, welche Zungen ich herausschneiden muss. Ich brauche wohl nicht dazuzusagen, dass mir bei dieser Sache nicht zum Scherzen zumute ist. Habt ihr mich verstanden?«

Sie zählte langsam bis drei, keiner der Männer wagte zu atmen.

»Dann könnt ihr jetzt gehen.«

Sie musste ihre Sache wohl gut gemacht haben, denn die drei waren sichtlich beeindruckt, selbst Amadeus zuckendes Lid schien vorübergehend gelähmt. Sergi wandte sich als Erster ab, dann Josep. Der Verwalter regte sich nicht, als stünde er unter Schock. Nie im Leben hätte er gedacht, dass das Oberhaupt der Principal von ihm verlangen könnte, die Tausende und Abertausende von Rebstöcken auszureißen, auf die sich der Reichtum dieses Hauses gründete. Und jetzt befahl ihm diese Frau, »das verdammte Gestrüpp« zu verbrennen? Als wollte sie ihm bedeuten, dass sie seine Verwirrung verstand, fügte die Senyora hinzu:

»Amadeu, bevor du heute Abend nach Hause gehst, komm noch mal vorbei. Ich möchte dir ein paar weitere Anweisungen geben und auch das Geld, das du zur Ausführung brauchen wirst.«

Der Verwalter hatte nicht einmal die Kraft, sich zu verabschieden, und wankte hinaus. Er wurde alt, keine Frage.

Kurz war ihre Ansprache gewesen, doch bei jedem Wort hatte ihr das Herz geblutet. Ihr Plan war riskant, verwegen. Das Gelingen hing zu einem Großteil vom Zufall ab, und auch wenn sie sich ihre Zerrissenheit nicht anmerken ließ, spürte sie, wie die Ungewissheit sie innerlich zerfraß. Die Angst vor dem Scheitern machte sie halb krank.

Das Bedürfnis nach Licht ließ sie auf den gotischen Balkon hinaustreten. In die steinerne Brüstung war die Devise der Familie eingemeißelt: A LABIIS INIQVIS ET LINGVA DOLOSA SERVA ME, DOMINE. Blödsinn. Von diesem Balkon aus betrachtet, war nichts so bedeutsam wie die Ockertöne der Pappeln, die in zerbrechlicher Harmonie die Ebene um das Haus sprenkelten. Der Schein der bereits sinkenden Sonne ließ ein zauberisches Spiel aus Farben und Schatten entstehen. Mit traurigen Augen blickte sie auf das gelbliche Rot der Weinranken in der Ferne. Nur Mitte November konnte man dieses Bild in allen Feinheiten, in allen Farben genießen …, ein letztes Mal. Sie hatte sich eine harte Schale zugelegt, aber für Schönheit war sie immer noch empfänglich. Und trotzdem stand sie im Begriff, dem Land Gewalt anzutun.

4
EINE STEINBANK, EINE LEICHE

Der Bürgermeister empfing ihn fast feierlich. Es kam nicht alle Tage vor, dass ein Polizeiinspektor eigens von Rius nach Pous fuhr, und das auch noch in einem Dienstfahrzeug des Hauptkommissariats. Man hatte den Bürgermeister am Vortag auf den Besuch vorbereitet: Ein Inspektor käme für einige Stunden ins Dorf, er solle ihn zu Essen einladen und ihm jegliche Unterstützung gewähren. Der Bürgermeister stellte dem Inspektor seine Gattin vor, die nur schüchtern grüßte und sofort wieder in der Küche verschwand. Nach den Höflichkeitsfloskeln setzten sie sich in dem schlichten Esszimmer einander gegenüber an den Tisch, der nur für sie beide gedeckt war. Der Inspektor ließ den Blick durch das Haus schweifen und kam zu dem Schluss, dass dieser Mann keinesfalls zu den Reichen des Dorfes zählte. Was ihn wunderte, denn unter der neuen Regierung wurde eher Bürgermeister, wer, abgesehen von einer strammen Gesinnung, auch einen gewissen sozialen Status vorzuweisen hatte. Letzteres traf auf diesen nicht zu. Das hieß, dass er als besonders regimetreu gelten musste und man sich auf seinen blinden Gehorsam verlassen konnte. Über einer Kommode hing ein Rahmen mit einem goldfarbenen Emblem der Falange, einer Reihe von Fotos, die er nicht erkennen konnte, und in der Mitte ein Orden. Die von der Falange waren die schlimmsten, dachte der Inspektor bei sich. Er selbst hatte bei den Requetés gekämpft.

»Wenn ich Ihnen irgendwie behilflich sein kann, stehe ich zu Ihren Diensten.«

»Schon gut, das wird nicht nötig sein«, entgegnete der Inspektor.

Doch der Bürgermeister gierte offensichtlich danach zu erfahren, worum es ging.

»Verfügen Sie über mich …« Der Bürgermeister mochte sich tatsächlich fragen, was ein hochrangiger Polizist im Dorf wollte und warum diesmal nicht die Guardia civil gekommen war.

»Ja, ja, gewiss. Sie haben ein großes Haus, und mit Strom.«

Die Frau trug zwei Teller Linsen herein, die mit Zwiebeln und einer ganzen Knolle Knoblauch gekocht waren. Der Bürgermeister schwieg, bis seine Frau das Essen serviert hatte und wieder in der Küche war.

»Danke, ich kann mich nicht beklagen. Aber ab November dringt die Kälte durch alle Ritzen. Sagen Sie mir, was ich für Sie tun kann. Ich gebe Ihnen jede Hilfe, die Sie brauchen.«

Der Inspektor erkundigte sich, wie viele Stockwerke das Haus habe, und beobachtete amüsiert die wachsende Unruhe des Bürgermeisters, als der antwortete, drei. Es machte dem Inspektor Spaß, mit diesem Mann Katz und Maus zu spielen, und während der gesamten Mahlzeit vergnügte er sich damit, die Sensationslust des anderen auf die Folter zu spannen. Nachdem die Frau ihnen zum Nachtisch zwei Äpfel vorgesetzt hatte, sagte er in beiläufigem Ton:

»Was wissen Sie über La Principal?«

»Die Principal? Sind Sie wegen der Principal hier?«

Der Inspektor antwortete nicht, sondern sah ihn nur fest an.

»Nun ja, die Principal ist das mächtigste Haus in Pous. Das mit Abstand reichste. Die Principal beschäftigt mehr Arbeiter als alle anderen großen Güter des Dorfes zusammen, müssen Sie wissen.«

Der Inspektor holte sein schwarzes Buch hervor und spitzte den Bleistift.

»Das ist mir bereits bekannt. Können Sie mir sagen, wer zurzeit dort lebt?«

»Außer der Gutsherrin, Senyora Maria Magí, wohnt da noch Úrsula, die ist schon sehr alt, genießt aber absolutes Vertrauen. Und eine Familie von außerhalb, die seit Jahren im Dienst des Hauses steht: die Köchin, eine einfache, verträgliche Frau, und ihre zwei Kinder, ein Sohn mit Namen Llorenç und die etwas jüngere Tochter

Caterina, ein bildhübsches Ding, das versichere ich Ihnen. Früher wohnten noch ein paar Knechte in den Unterkünften bei den Ställen, aber nachdem die Senyora geerbt hatte, quartierte sie sie alle aus.«

»Dieser Llorenç, ist der für den Wachdienst zuständig?«

»Ja, er ist ein kräftiger Junge und ein netter Kerl. Ein bisschen sonderbar ..., aber stark und zuverlässig.«

»Waren diese ...«, er blickte in seine Notizen, »... Neus und ihre Kinder 1936 schon hier?«

»Aber ja, schon lange vorher. Als sie kamen, lebte die frühere Senyora noch, die Alte, wie man sie nannte. Aber wie kommen Sie auf 1936? Sie sind doch nicht etwa hier wegen ...«

»Herr Bürgermeister, ich bin hier, damit Sie mir helfen, und nicht, um Ihre Neugierde zu befriedigen.«

Der Bürgermeister hörte auf, seinen Apfel zu kauen, senkte den Kopf und murmelte: »Verzeihung.«

Nach ein paar Sekunden fuhr der Inspektor fort:

»Und während des Krieges, wie haben sie sich da verhalten?«

»Sie haben weiter dort gelebt. Der Junge, Llorenç, neigte ein wenig dazu, sich einwickeln zu lassen, aber nie ernsthaft. Neus behielt ihn immer unter Kontrolle. Sie hatte zwar nicht verhindern können, dass die Roten das Anwesen plünderten und die Möbel und Kunstgegenstände in ihre eigenen Häuser schleppten, aber dafür steht die Principal noch. Wären sie nicht dort geblieben, hätte man sie höchstwahrscheinlich niedergebrannt.«

Der Inspektor machte sich Notizen, bedächtig, als wollte er sich mit der nächsten Frage Zeit lassen.

»Soviel ich gehört habe, ist Senyora Magí vor den Roten ins Exil geflüchtet.«

»Na ja, eigentlich fuhr sie im Sommer schon seit Jahren in einen Badeort in der Nähe von Capdemon. Das war zur Gewohnheit geworden, als ihre Mutter zu kränkeln begann und ihr angeraten wurde, die Hitzeperiode weiter nördlich zu verbringen, wo es kühler ist. Wenn ich mich recht erinnere, waren sie immer den ganzen Juli und die erste Augustwoche weg, und Úrsula nahmen sie mit. Dort wur-

73

den sie von der Nationalen Erhebung überrascht. Sie blieben erst einmal, wo sie waren, und als ihnen klarwurde, dass hier die Roten gewonnen hatten und rechtschaffene Nationalisten massakriert wurden, überquerten sie die Grenze und mieteten sich irgendwo in der Nähe von Prades de Conflent ein. Aber so ganz genau weiß ich das alles auch nicht, ich sage Ihnen nur, was man sich im Dorf erzählt.«

»Ist sie neununddreißig zurückgekommen?«

»Ja, gleich nach Kriegsende, und zwar geharnischt. Ich war schon Bürgermeister. Sie zitierte mich zu sich und forderte mich auf, sie zusammen mit dem Gerichtsvollzieher durchs Dorf zu begleiten, um ihre Sachen zurückzuholen. Sie hatten alles ausgeräumt bis auf das Klavier, das war ihnen wohl zu schwer gewesen. Und Sie hätten sie erleben sollen, wie sie, mit uns im Schlepptau, von Haus zu Haus zog und anhand einer Liste hier auf einen Stuhl, da auf einen Kandelaber und dort auf Keramikgeschirr, Schubladenschränke, Sofas und Kronleuchter zeigte … Alles Mögliche, Sie machen sich keine Vorstellung. Wir haben volle drei Tage gebraucht, im Ernst, von morgens bis abends, bis wir das ganze Zeug ausfindig gemacht hatten. Die Leute waren zu Tode erschrocken, aber sie hat niemanden angezeigt. Darüber habe ich mich immer gewundert. Einigen wäre ganz recht geschehen, wenn wir sie aufgehängt hätten, aber sie hat stur darauf bestanden, sie ungeschoren zu lassen. Tja, Sie wissen ja, wie diese Reichen sind, wenn sie sich etwas in den Kopf gesetzt haben, widerspricht man ihnen besser nicht.«

»Abgesehen von dem, was Sie selbst erlebt haben, was hört man denn sonst so über die Senyora?«

»Sie lebt allein, ohne Ausschweifungen. Sie ist gläubig, sie lässt auf ihrem Anwesen Gottesdienste abhalten und verpflichtet die Arbeiter, daran teilzunehmen. Man kann ihr nichts Schlechtes nachsagen …, aber beliebt ist sie nicht im Dorf. Die Leute nennen sie nicht Senyora Maria, sie ist ›die Senyora‹ mit einem despektierlichen Unterton, weil man sie als hochnäsig und unleidlich empfindet, und wenn sie einen Arbeiter zusammenstaucht, nimmt sie kein Blatt vor den Mund.«

Der Bürgermeister hielt inne und schaute nachdenklich vor sich hin, unsicher, ob er weitersprechen sollte.

»Da ist noch etwas …, ich weiß nicht, ob es wichtig ist, vielleicht kommt es Ihnen auch albern vor …, aber beim Begräbnis ihrer Mutter ist in der Kirche etwas sehr Seltsames passiert. Die Leute aus Pous, die dabei waren, haben es als eine halb göttliche, halb dämonische Erscheinung in Erinnerung. Jedenfalls sind mittlerweile sieben Jahre vergangen, und bis heute spricht jeder von dem Mirakel. Seitdem spuren die Leute, denn die Herrin der Principal hat nicht nur das meiste Geld, sie gilt auch als … Hexe.«

Der Inspektor schmunzelte, er kannte diese Geschichte. Oh, er fand es faszinierend, wenn sich in einen ungelösten Mordfall ein wenig Esoterik mischte, es bereicherte die Ermittlungen sozusagen um eine weitere Dimension. Verlieh ihnen etwas Romanhaftes. Und das mochte er.

Sein Apfel war schon seit einer Weile verzehrt, der aufgewärmte Kaffee ungenießbar, und der Inspektor dachte allmählich daran aufzubrechen. Er würde zum Auto schlendern und erst mal ein Nickerchen machen, bevor er die Arbeit fortsetzte. Eine abschließende Frage fiel ihm ein:

»Ach, eins noch, sind hier im Rathausarchiv Dokumente aus dem Jahr sechsunddreißig erhalten geblieben?«

Der Bürgermeister grinste ihn verschmitzt an. Jetzt war ihm klar, was dieser Polizist im Dorf suchte.

»Tut mir leid, Herr Inspektor, die Roten haben vor ihrer Flucht alles verbrannt.«

»Auch das aus den letzten Tagen vor der Nationalen Erhebung?«

»Sie haben nichts verschont. Alle Dokumente bis achtunddreißig wurden verbrannt.«

»Na gut, ist auch egal. Ich frage nur aus Neugierde. Auf Wiedersehen, und Viva Franco.«

»Arriba España«, gab der Bürgermeister leicht gequält zurück.

Der Inspektor verließ das Haus verdrossen und enttäuscht. Er hatte gehofft, in Pous noch irgendwelche Unterlagen zu dem Fall zu finden, die ihm Hinweise geben und seine Ermittlungen erleichtern würden. Doch wie fast überall hatte man auch hier sämtliche Dokumente verbrannt, und falls noch welche übrig waren, so lagerten sie gut versteckt im Haus eines der Republikaner des Dorfes, die, wie er sehr wohl wusste, in der Überzahl waren.

Um diese Zeit war niemand unterwegs, und so spazierte er durch die engen Gassen, orientierte sich immer an denen, die bergab führten. Der Dorfplatz war unten am Fluss, und jede abschüssige Straße der richtige Weg dorthin. Er entsann sich noch gut an das letzte Mal, als er hier unterwegs gewesen war.

Es war am 18. Juli 1936, einem denkwürdigen Tag. Er war jung, Sohn einer einfachen Familie aus Caps, die nach Rius umgezogen war, und hatte zu Zeiten der Republik als Stipendiat auf der Polizeischule angefangen. Seine Berufswahl lag nicht allein in seiner Begeisterung für Recht und Ordnung begründet, sondern vor allem in seiner Bewunderung für die Ermittler aus den englischen Romanen seiner Mutter, die er seit seinem elften Lebensjahr verschlungen hatte. Ihre Passion für Räuber-und-Gendarm-Geschichten sorgte in Caps für reichlich Klatsch, weil jeder dort wusste, dass ihr Mann um des ehelichen Friedens willen alle drei Monate mit dem Rad nach Rius fahren musste, um Krimis für sie zu beschaffen. Eines Tages fiel seiner Mutter zufällig ein Buch von Agatha Christie in die Hände, und sie war hingerissen. Abgesehen von den so feinsinnig beschriebenen Bluttaten, Emotionen und unterdrückten Leidenschaften hatte sie das Gefühl, als verliehe ihr diese Lektüre einen intellektuellen Anstrich, weil der Detektiv, der den Mörder am Ende immer dingfest machte, Belgier war und Sätze auf Französisch sagte. Sie wurde regelrecht süchtig nach diesen Romanen und nötigte ihren Mann, einen nach dem anderen zu kaufen. Zum Glück war »die Cristina«, wie sie sie nannte, eine sehr fleißige Autorin und versorgte sie viele Jahre lang mit Lesestoff, bis ihre geliebte Autorin – auf natürliche Weise – ihr Leben aushauchte. Somit ist es nicht verwunderlich, dass Lluís' Mutter an dessen elftem Geburtstag beschloss, ihn diese Bücher lesen zu lassen. Sein Vater knurrte zwar, musste sich aber fügen.

Diesen Romanpolizisten machte es Spaß, Vermutungen anzustellen, Schlüsse zu ziehen und zu erkunden, wie und warum ein Mensch zum Mörder wird. Tatmotive zu erraten, wo es keine zu geben scheint, die Logik in einem Chaos aus Affekt und Vorbedacht zu finden und das alles zu einer Schachpartie zu ordnen, bei der der Ermittler auf keiner der beiden Seiten spielte, sondern von oben aufs Brett schaute. Sein Vergnügen bestand nicht darin, eine eigene Strategie zu verfolgen, sondern anhand der Stellung der Figuren nach dem Matt nachzuvollziehen, welche Bewegungen zwischen den Gegnern stattgefunden hatten, ehe es zum letzten tödlichen Zug kam. Bisweilen schien einer der Kontrahenten, das Opfer, gänzlich passiv und sich der Gefahr nicht im Geringsten bewusst gewesen zu sein. Doch häufig kam auch dem Opfer eine wesentliche Rolle in dem Drama zu, da es geahnt haben musste, dass sein Leben auf dem Spiel stand. Diese inneren Kämpfe waren es, was ihn weit über die blutigen Konsequenzen hinaus faszinierte.

Er gelangte zum Dorfplatz, wo er den Wagen geparkt hatte, eines dieser Opel-Cabriolets, die das Regime den Deutschen verdankte. Langsam öffnete er den Schlag und stieg ein. Dann zog er seine Kladde hervor, sein schwarzes Büchlein, das ihm so oft den Spott seiner Kollegen eintrug. Ihm war das egal. Denn er fühlte sich berufen für das, was er tat, nicht wie andere, die sich damit nur ihr Brot verdienen oder an den Pfründen des neuen Regimes teilhaben wollten. Er arbeitete streng nach Methoden, die er zum einen an der republikanischen Polizeischule, zum anderen aber auch aus guten Kriminalromanen gelernt hatte. Und darum war er gleich an seinem ersten Arbeitstag im Kommissariat von Rius in die Papierhandlung *l'Empremta*, die heute *Victòria* heißt, gegangen und hatte drei Notizbücher mit schwarzem Einband gekauft. Auf jedes hatte er ein Etikett geklebt, das er mit dem Titel eines künftigen Falles beschriften würde. Ein Büchlein für jedes Verbrechen, ob leicht oder schwer, langwierig oder schnell erledigt, aufgeklärt oder nicht. Das war einerlei, wichtig war die Methode. Er würde alles festhalten, was er zu einem Fall wusste und herausfand, und auch seine Überlegungen dazu: Theorien, Optionen, Hinweise.

Damals hatte er ein Jahr mit Schreibtischarbeit vergeudet, bis er es in die Riege der Kriminal- und Schutzpolizei geschafft hatte, und an diesem 18. Juli 1936 war er seit genau drei Wochen auf seinem Posten im Kommissariat von Rius. Er war nur einfacher Polizeibeamter, aber endlich konnte er die Tätigkeit ausüben, die er sich immer gewünscht hatte. Gleich morgens hatte der damalige Kommissar Marcel ihn und Inspektor Velarde zu sich gerufen, um sie nach Pous zu schicken, einem Dorf mitten in den Bergen. Der Bürgermeister dieses Ortes hatte angerufen und mitgeteilt, um sechs Uhr morgens sei ein blutgetränkter Sack gefunden worden, der anscheinend eine Leiche enthalte, und man hatte ihm befohlen, nichts anzurühren, bis die zuständigen Ermittler einträfen.

Das Allererste, was der Polizeibeamte Recader tat, war, seine Schublade aufzuziehen und ihr das erste Notizbuch seiner Karriere zu entnehmen. Als er später in Pous den Sack in Augenschein nahm, wusste er, dass er es mit seinem ersten Tötungsdelikt zu tun hatte, und auch, welchen Titel er ihm geben würde: »Mord auf der Principal«. Doch als sie mit den Ergebnissen der ersten Untersuchungen und zahlreicher Befragungen nach Rius zurückkehrten, war die Nationale Erhebung bereits in vollem Gange, und in Marokko und auf den Kanarischen Inseln hatte das spanische Militär gegen die Republik aufbegehrt. Das Herz des Polizisten Recader machte einen Sprung: Endlich setzten ein paar Patrioten dem Wirrwarr in diesem anarchistischen und häretischen Spanien ein Ende. Damit hatte er gerechnet. Am folgenden Tag rebellierten die Garnisonen von Barcelona, wurden jedoch bedauerlicherweise niedergeschlagen und ihre Befehlshaber hingerichtet. Kaum zwei Wochen später wechselte er auf die Seite der Aufständischen und bewarb sich als einer der ersten Rekruten für das Tercio Requeté de Nuestra Señora de Montserrat, ein aus katalanischen Freiwilligen in Pamplona zusammengestelltes Bataillon, unter dessen Standarte er seine Traditionsverbundenheit, die Religion und die Liebe zu seinem Land beschützt sah. Und so kam es, dass Lluís Recader nach gut zwei Jahren mit der Aura eines siegreichen Helden wieder in Rius eintraf. Er wurde befördert und kehrte in sein früheres Kommissariat zurück, jetzt Hauptkommissariat der spanischen Nationalpolizei, wo er nun der jüngste Inspektor mit den besten Aufstiegschancen war.

Das Hauptkommissariat von Rius verfügte über drei Inspektoren mit nur einem Vorgesetzten, dem Kommissar Oberst Fresnos. In den ersten Monaten dort machte sich Recader mit seinen neuen Aufgaben vertraut und widmete sich der Schmutzarbeit, die immer anfällt, wenn ein Krieg zu Ende geht. Er sah es als seine oberste Pflicht an, dem neuen Regime dienlich zu sein und sich nach Kräften an den Säuberungsaktionen zu beteiligen, Verräter zu verhören, Gewerkschaftsführer und andere Köpfe der Roten aufzuspüren, ob Anarchisten oder Separatisten, so unbedeutend sie auch gewesen sein mochten, und ebenso jeden manierierten Republikaner, die er alle zu verhaften, zu foltern und, wenn nötig, sogar zu exekutieren half, um mit den ihnen abgerungenen Geständnissen weitere Ermittlungen aufzunehmen und die endlose Kette fortzusetzen. Ein solches Großreinemachen war nicht in zwei Tagen zu bewältigen.

Doch auch inmitten dieses hektischen Treibens verringerte sich weder sein obsessives Interesse an dem Mord auf der Principal noch die Gewissheit, zum Kriminalisten geboren zu sein. Zwar ließ sich sein Schnüfflertalent bei der Verfolgung von Regimegegnern durchaus unter Beweis stellen, aber es war nicht dasselbe. Mit einer Schachpartie hatte das nichts zu tun. Es war viel roher, weniger kultiviert: eine Rattenjagd. Über die Exzesse des Krieges war der Vorfall von Pous in den Hintergrund getreten, aber niemals in Vergessenheit geraten. Es war sein erster Fall gewesen, und die Erinnerung daran hatte ihn von Schützengraben zu Schützengraben begleitet. Jetzt war der Moment gekommen, einmal nachzuhören, was seinerzeit passiert, wie es ausgegangen, ob der Fall gelöst worden war. Er stöberte im Archiv des Kommissariats, fand jedoch nichts. Keine Akte, keinen Bericht, keine Notiz des früheren Inspektors Velarde, nichts über den Toten. Rein gar nichts. Er nahm an, die republiktreue Polizei hatte wohl nach dem Militäraufstand alle Hände voll zu tun gehabt und die Angelegenheit deshalb auf sich beruhen lassen. Möglicherweise hatte man den Mord auch den landesweiten Tumulten und Vergeltungsaktionen zugeschrieben. Oder die Verantwortlichen des

Kommissariats hatten nach der Schlacht am Ebro und vor ihrer Flucht sämtliche Dokumente verbrannt. Wie dem auch sei, jedenfalls war jegliche Spur des Falles getilgt worden. Die Vergangenheit war ein Trümmerfeld und der Tod des blutüberströmten Mannes im Sack in den Kriegswirren untergegangen.

Als Inspektor Recader fand, dass er sich allmählich mehr als verdient gemacht hatte, vereinbarte er einen Termin mit seinem Vorgesetzten und bat, die Ermittlungen wiederaufnehmen zu dürfen, notfalls auch außerhalb seiner Dienstzeiten, um zumindest herauszufinden, was geschehen war und ob die Justiz gehandelt hatte.

Der Kommissar hörte ihm aufmerksam zu. Dieser Recader war ein vielversprechender junger Mann; er gefiel ihm. Von dieser Sorte gab es nicht viele im Kommissariat, um nicht zu sagen, gar keinen. Inspektor Recader war mit Leib und Seele Polizist. Er gab ihm seine Genehmigung; einen Fall aus der Zeit vor dem Bürgerkrieg wieder aufzurollen war zwar Blödsinn, sollte der Junge ihn jedoch lösen, würde er selbst als gutes Beispiel für die polizeiliche Effizienz des neuen Regimes dastehen. Also sagte er ja, machte Recader aber zur Bedingung, umsichtig und diskret vorzugehen, denn wenn La Principal wirklich ein so mächtiges Haus sei, wie Recader sage, dürfe man die Herrschaften nicht verärgern, nicht dass diese ihre Beziehungen spielen ließen und der Schuss nach hinten losginge. Klipp und klar.

Der junge Inspektor trat an seinen Schreibtisch, nahm das ordentlich verwahrte alte Büchlein zur Hand und überflog die Notizen, die er vier Jahre zuvor auf Katalanisch hineingeschrieben hatte. Er betrachtete den schwarzen Einband und die Aufschrift, setzte sich, griff nach dem Füllfederhalter und korrigierte den Titel. Zum Glück war genug Platz auf dem Etikett. Mit festem Strich und ruhiger Hand fügte er *EN* hinzu, und wenn die Tinte ein etwas kräftigeres Blau gehabt hätte, wäre gar nicht aufgefallen, dass aus *CRIM*, dem katalanischen Wort für Mord, nachträglich das spanische *CRIMEN* geworden war. Ja, so war es korrekt.

In seinen Aufzeichnungen hieß es, »der Sack wurde bei Tagesanbruch von einem gewissen Amadeu Parcerissa gefunden«. Der hatte angegeben, Vorarbeiter auf der Principal und dort morgens immer der Erste zu sein, weil er die Arbeit vorbereiten und nach den Tieren sehen musste. »Als ich aufs Haus zuging, habe ich mich gewundert, dass auf einer der beiden Steinbänke vor dem Eingang ein Sack lag.« Ziemlich groß sei er gewesen, sagte der Mann. Zuerst habe er gedacht, jemand, der am Vorabend noch etwas abliefern sollte, hätte sich verspätet, und weil das Haus schon verschlossen war, hätte er den Sack dort abgelegt, damit man ihn gleich in der Früh fände. Doch während er die Tür aufsperrte, seien ihm im schwachen Morgenlicht dunkle, bräunliche und rötliche Flecken auf der unteren Hälfte des Sackes aufgefallen, die ihm nach Blut ausgesehen hätten.

»Ich habe Llorenç gerufen, der schon wach war, und wir haben uns den Sack aus der Nähe angeguckt, uns aber nicht getraut, ihn anzufassen, denn es sickerte tatsächlich Blut heraus, der Stein war ganz rot.«

Sie beschlossen, den Bürgermeister zu benachrichtigen, der auch der Dorflehrer war. Der berührte den Sack und folgte mit den Fingern vorsichtig der Form seines Inhalts. Bei jedem Körperteil, den er identifizierte, verzerrte sich sein Gesicht: einen Kopf, auf dem er volles Haar zu fühlen glaubte, einen starken Hals, breite Schultern, muskulöse Arme, die Brust … Als er da angelangt war, wo er den Bauch vermutete und wo das Blut noch kaum geronnen war, zog er angewidert die Hände weg. Er befahl, nichts anzurühren, er selbst würde die Polizei in Rius alarmieren, das sei eine ernste Sache, in diesem Sack stecke ein Mann.

Als wenige Stunden später Inspektor Velarde und der Polizist Recader eintrafen, hatte sich um den Sack mit der Leiche ein kleiner Menschenauflauf gebildet. Nachdem die Beamten dem Bürgermeister, der in der ersten Reihe stand, ihre Dienstausweise gezeigt hatten, forderten sie alle anderen auf, die Tür und den Vorplatz freizumachen, weil sie dort womöglich Spuren vernichteten. Die Leute entfernten sich unter Murren, und die Polizisten begannen mit ihrer Arbeit. Zuerst inspizierten sie den Sack aus der Nähe, während der Bürgermeister ihnen erklärte, er habe ihn abgetastet und seiner Meinung nach befinde sich darin ein ziemlich kräftiger Mann.

Dann suchten sie die Straße ab und fanden eine getrocknete rostfarbene Spur, wo man den Sack offenbar über den Boden geschleift hatte, aber nur die letzten zwei Meter, davor war alles sauber. Solange sie auf den Richter aus Felius warteten, begannen sie, die Leute von der Principal zu befragen. Recader hatte notiert: »Auch wenn jeder aus unerfindlichen Gründen den Toten an diesen Ort gebracht haben könnte, muss man die Möglichkeit in Betracht ziehen, dass das Ablegen der Leiche auf der Bank vor dem Haus als Zeichen oder Warnung gedeutet werden soll.«

»Die Principal, ein imposantes Anwesen, ist im Besitz einer Frau: Maria Magí Roderich. Sie ist zurzeit verreist und befindet sich nach Aussage von Neus Costa, einer Bediensteten des Hauses, in Capdemon, unweit der Pyrenäen, wo sie jedes Jahr im Juli und August einige Wochen verbringt. Die wenigen Dienstboten, zwei Frauen und der junge Mann namens Llorenç, wirkten ehrlich erschrocken und erklärten, in Abwesenheit der Senyora würden sie die Principal kurz nach Einbruch der Dunkelheit abschließen und während der Nacht hätten sie weder etwas gehört noch gesehen.«

Als der Richter aus Felius endlich eintraf, um die Leichenschau vorzunehmen, banden sie den Sack auf und entdeckten darin einen weiteren, als sie diesen öffneten, einen dritten. Eine nach der anderen streiften sie die Hüllen herunter, behutsam, um keine Beweise zu zerstören, bis ein Kopf sichtbar wurde. Ohne Blutflecken, ohne Spuren von Gewalt.

»Ricard«, sagte Amadeu.

»Bist du sicher?«, fragte der Bürgermeister.

»Natürlich. Das ist Ricard Nebot.«

Der Richter befahl, den Toten anzuheben und die Säcke vollständig zu entfernen. Die beiden Polizeibeamten, Inspektor Velarde von der einen Seite, Recader von der anderen, zogen Stück für Stück die Säcke weg. Anfangs ging es ganz leicht. Sie legten die Schultern und den Oberkörper des Opfers frei, ein einfaches Hemd mit breiten Streifen kam zum Vorschein. Weiter unten wurde es immer schwieriger, weil der Stoff am Bauch festzukleben schien. Inspektor Velardo sagte:

»Recader, wenn ich ›los!‹ sage, ziehen wir beide mit einem Ruck die Säcke nach unten. Mal sehen, ob wir ihn so endlich da rauskriegen. Achtung, fertig … los!«

Um kraftvoller zupacken zu können, ging Recader leicht in die Knie. Hätte er das doch bloß gelassen! So hatte er den von Messerstichen durchlöcherten Leib des Unglücklichen direkt auf Augenhöhe, sah die tiefen Schnitte, die bis in die Eingeweide gedrungen waren, blutiges Fleisch, die aufgeschlitzten Hoden, den zerfetzten Penis und halb geronnenes Blut, das die bloßen Beine hinabgelaufen war. Der arme Kerl war entweder halbnackt gewesen, als er getötet wurde, oder der Mörder hatte ihm hinterher die Hosen ausgezogen, weil er damit etwas zu verstehen geben wollte.

Auf der Polizeischule hatte man Lluís Recader auf viele Dinge vorbereitet, dennoch war er jetzt kreidebleich, drauf und dran, sich zu erbrechen, sein ganzer Körper von Übelkeit geschüttelt und die Augen wässrig vom Rot des Todes.

Sie legten den Leichnam auf den Boden. Recader ging ein Stück beiseite, um sich wieder zu fassen, und während er sich erholte, schrieb er die näheren Umstände des grässlichen Fundes in sein Büchlein. Er fügte eine ungeschickte kleine Zeichnung von dem Toten hinzu und markierte möglichst genau die Stellen der Verletzungen.

Der letzte Eintrag im Notizbuch vermerkte die Reaktion eines sehr blassen Jungen, der ihm aufgefallen war, als er sich vom Anblick der hervorquellenden Eingeweide abgewandt hatte, es war der erwähnte Llorenç, der sich weinend übergab.

Der Inspektor saß in seinem Opel und spürte, wie ihn unter der sanften, tröstlichen Novembersonne der Schlaf übermannte. Er konnte gerade noch den Namen des Opfers lesen, Ricard Nebot Grau, bevor er einnickte.

5
DER ALTE ZWIST

Donnerstag, 7. November 1940

Eine Horde von Kindern, die Reifen vor sich hertrieben, weckte ihn aus seinem friedlichen Verdauungsschläfchen. Er fühlte sich zerknittert, sein Nacken schmerzte leicht, und die Kladde lag aufgeschlagen in seinem Schoß. Er nahm sich eine Minute Zeit, um zu sich zu kommen, dann schob er das Notizbuch in die Jackentasche, stieg aus und reckte sich.

Er war froh, in Pous zu sein, die Geschichte fesselte ihn, sie hatte alle Komponenten, die es für einen anspruchsvollen Fall brauchte. Wegen des Krieges abgebrochene Ermittlungen, verwischte Spuren, mögliche Botschaften des Täters …, und zwar eine ganze Reihe: Der Mörder hatte den Toten, nachdem er ihm den gesamten Unterleib zerfetzt hatte, der reichsten Familie des Dorfes vors Haus gelegt. Wahrlich ein Stoff für Liebhaber von Schauerromanen. Er wollte nochmal zur Principal, und wenn Maria Magí noch immer nicht da war, würde er auf sie warten und derweil ein wenig mit Úrsula plaudern. Doch nur bis es anfing, dunkel zu werden, denn an dem Opel funktionierte nur ein Scheinwerfer, und auch der flackerte. Die Straße von Pous nach Rius bestand eigentlich nur aus Kurven, Steinen und Schlaglöchern, und er hatte keine Lust, auf halber Strecke liegenzubleiben.

Diese Úrsula gefiel ihm. Schon immer hatten es ihm die alten Frauen angetan, die misstrauisch dreinblicken, den Mund nicht aufmachen wollen, wenn man sie etwas fragt, und bei sich denken ›dieser Grünschnabel hat doch von nichts eine Ahnung‹ oder ›ach je, was ich alles zu erzählen hätte‹, aber ihre Weisheit still für sich behalten. Und von dieser Gattung war Úrsula ein Prachtexemplar.

Der Inspektor vermutete, dass sie ihm höchstens die Hälfte von dem gesagt hatte, was sie wusste. Aber das war ohne Belang. Worauf es ankam, war, diese Frau und ihre Gewohnheiten kennenzulernen, in Erfahrung zu bringen, was für Menschen die Bewohner der Principal waren, die Marotten des Dienstpersonals zu ergründen, die Beziehungen zwischen ihnen und den Dörflern auszukundschaften …

In diese Gedanken vertieft, war er den Carrer Major hinaufgeschlendert, die breite, ordentlich gepflasterte Hauptstraße des Dorfes. Jetzt stand er links vom Tor der Principal vor der Steinbank. Er betrat den Vorhof, durchquerte den Säulengang und schlug den Klopfer so hart gegen die Tür, dass ihm selbst der Schädel dröhnte.

Úrsula hatte schon mit ihm gerechnet und sich vorsichtshalber nach dem Mittagessen nicht hingelegt. Wie hätte sie auch schlafen sollen, nachdem sie auf dem Einband des schwarzen Büchleins »Mord auf der Principal« gelesen hatte. Schweigend öffnete sie ihm die Tür. Er murmelte einen Gruß, und sie sagte nur: »Kommen Sie rein.« Kein Austausch von Höflichkeiten, sie führte ihn direkt in die Küche, und er setzte sich auf denselben Stuhl, auf dem er schon am Morgen gesessen hatte.

Úrsula hielt es für das Gescheiteste, das Eis zu brechen, indem sie ihm ein Glas Wein anbot, und hatte bereits eines bereitgestellt. Der Inspektor sah sie an und schmunzelte.

»Dann wollen wir doch mal sehen, ob der Wein dieser Kellerei wirklich so gut ist, wie behauptet wird.«

»Darauf können Sie sich verlassen, Herr Inspektor. Der beste.«

Er trank nicht. Er nahm das Notizbuch heraus, das Úrsula ängstlich beäugte, und sagte, ohne aufzublicken:

»Gut, wir waren bei dem Gespräch stehengeblieben, das Senyor …«

»Andreu, Andreu Roderich.«

Ihr Ton war alles andere als freundlich. Insgeheim amüsiert, aber äußerlich vollkommen ausdruckslos, fuhr er fort:

»Danke, Úrsula. Wir waren bei der Ansprache, die Senyor Roderich seinen Söhnen und Maria gehalten hat. Wie ist es dann weitergegangen?«

»Nun ja, nachdem Senyor Andreu ihnen mitgeteilt hatte, sie würden wegen der Reblaus nach Barcelona umziehen, ist nicht mehr
viel passiert. Wie Andreu …, Senyor Andreu, angeordnet hatte …«–
Úrsula merkte, dass sie Senyor Roderich vor diesem Polizisten
schon zum zweiten Mal Andreu genannt hatte, sie würde sich zusammenreißen müssen, denn ihr schien, als hätte sie in den Augen
dieses Einfaltspinsels ein spöttisches Blitzen gesehen –, »… trafen
sie jede Menge Vorbereitungen, und dann machten sie sich auf in
die Hauptstadt. Ich weiß nicht mehr genau, wann das war …«

WIE DIE ALTE DIE PRINCIPAL ERBTE
ERZÄHLUNG

*Am jenem Dienstag im Oktober 1893, früh morgens, wie der Hausherr
verlangt hatte, herrschte ungewohnte Betriebsamkeit am Tor der Principal, vor dem der Zweispänner stand und sich alles stapelte, was noch
aufgeladen werden musste. Aus Anzahl und Umfang der Gepäckstücke
konnte man schließen, dass es sich nicht um den Aufbruch zu einer ge-
wöhnlichen Reise handelte. Oben auf der Kutsche stand der Stallbur-
sche, fing die Koffer auf, die Raül ihm zuwarf, verstaute sie und sicherte
sie gut mit Schnüren, denn der Weg zur neuen Bahnstation war voller
Tücken und Kurven. Der erst kürzlich eingeweihte Bahnhof von Rius
stellte eine echte Sensation dar, und unter denen, die sich eine Fahrkarte
leisten konnten, erregte die Eisenbahn große Bewunderung und auch
den einen oder anderen Schrecken. Zudem strahlte das Gebäude Eleganz und Wohlstand aus, und für die Reichen der Provinz war die Zug-
reise nach Barcelona das Pompöseste, das man sich in jener Zeit vorstellen konnte.*

*Maria Roderich stand in der Tür, sah zu, wie sie mit gerade mal
zwanzig Jahren im Stich gelassen wurde, und wünschte sich, irgendetwas Unvorhergesehenes würde das Verschwinden der Ihren noch aufhalten. Ihre Brüder waren vor Reisefieber viel zu aufgeregt, um Marias
Verzagtheit zu bemerken. Zum ersten Mal in seinem Leben fragte sich
das Mädchen, ob sich je einer von ihnen um ihre Gefühle geschert hatte,*

und dachte, wahrscheinlich nicht, vielmehr schien ihnen dies der natürliche Gang der Dinge für die Tochter des Hauses zu sein. Nicht eine verständnisvolle Geste, kein Wort des Trostes. So war es nun einmal und damit basta.

Als alles untergebracht war, nahmen der Fuhrmann und der Knecht ihre Plätze auf dem Kutschbock ein, und Raül, der die ganze Aktion beaufsichtigt hatte, ging ins Haus, um Senyor Andreu zu melden, dass alles bereit und in perfekter Ordnung sei.

Der Herr kam die Treppe herunter, elegant gekleidet, mit einem beigefarbenen Hut, einem Flanellmantel, ebenfalls beige, aber ein wenig dunkler, mit weichem, braunem Pelzbesatz am Kragen, und einem Spazierstock, den er zwar nicht brauchte, dessen Elfenbeinknauf er aber gern in der Hand fühlte. Nach einem prüfenden Blick auf das Fahrzeug sah er zu seinen Söhnen hinüber, die miteinander schwatzten und ungeduldig darauf warteten, endlich aufsteigen zu dürfen. Mit einer unverhohlenen Geste forderte er sie auf, Maria Lebewohl zu sagen. Sie gehorchten, und der Jüngste begann. Der angehende Priester wusste schon jetzt, eine fromme Miene aufzusetzen, während er einen hinterrücks erstach, dachte sie; der künftige Rechtsanwalt verabschiedete sich als Einziger mit ein paar ehrlichen Worten; der Pharmazeut hingegen nuschelte irgendetwas Unverständliches, wie immer, wenn er log.

Danach wandte sich Andreu Roderich an seine Tochter, um noch einmal zu wiederholen, was er ihr schon zwei Tage zuvor gesagt hatte. Sie hörte ihn mit steifem Lächeln wie unbeteiligt an, während aus ihrem tiefsten Inneren ein Fluch aufstieg, der ihr das Herz erzittern ließ und sich in ihrem Kopf zu einem einzigen Gedanken verdichtete: Verrecken, verrecken sollst du, du sollst ... Er gab ihr einen Kuss, ehe er in die Kutsche stieg, wo er sich noch einmal zu ihr umdrehte und sie mitleidig ansah. Verrecken sollst du ... Er winkte ihr ein letztes Mal zu und schloss den Wagenschlag. Und dann vernahm man nur noch die Stimme des Familienoberhauptes, laut genug, damit der Kutscher sie hörte:

»Auf geht's!«

»Verrecken sollst du.«

Die, die es miterlebt haben, sagen, sie hätte sich nicht von der Stelle gerührt und ausdruckslos ins Leere gestarrt. Die Amme Úrsula, die das

Drama vorausgeahnt hatte, ließ sie nicht aus den Augen, und als ihr auffiel, wie schlecht Maria aussah, versuchte sie, sie unter allen möglichen Vorwänden zu bewegen, ins Haus zu gehen: sie würde sich erkälten, die anderen kämen ja bald wieder … Doch Maria stand nur da, geistesabwesend, reglos, wie weggetreten. Als die Amme nach ihrem Arm griff, um sie hineinzugeleiten, schien die letzte Kraft, die sie aufrechterhielt, aus ihrem Körper zu weichen, und sie brach ohnmächtig zusammen.

Úrsula stützte ihr den Kopf, damit er nicht auf den Boden schlug, und rief nach Raül. Der hob Maria auf und trug sie unter dem Blick der voraushastenden Amme, so schnell er konnte, hinauf in ihr Schlafzimmer. Ein wenig ungeschickt legte er sie aufs Bett, wo sie besinnungslos liegenblieb. Úrsula zog das Fläschchen Melissengeist hervor, das sie immer bei sich trug, und hielt es ihr unter die Nase. Da das keine Wirkung zeigte, setzte sie es ihr an die Lippen, und als Maria nach ein paar Sekunden immer noch nicht auf dieses Allheilmittel reagierte, befahl sie Raül, den Arzt aus Rius zu holen.

In diesem Moment bewegte Maria leicht den Kopf, öffnete die Augen und lächelte, als wäre nichts gewesen, als kehrte sie aus einer anderen Welt zurück. Sie fragte nicht, was geschehen war, und antwortete auf keine von Úrsulas Fragen: ob es ihr gutgehe, ob sie sich schwindlig fühle, ob ihr kalt sei, ob sie einen Schluck Wasser wolle … Sie lächelte bloß, und nach einigen Minuten erhob sie sich entschlossen, als hätte sie etwas zu erledigen. Úrsula beobachtete skeptisch, ob sie das Gleichgewicht halten konnte, doch Maria bat mit ganz normaler Stimme, man solle ihr etwas Obst heraufbringen, und ging hinüber ins Ankleidezimmer, einen kleinen Raum neben dem Schlafzimmer, in dem sich ein Lesetisch mit Schreibzeug, ein großer Kleiderschrank, eine Kommode, ein Toilettentisch sowie zwei Sessel befanden. Sie setzte sich in den, der dem Fenster am nächsten stand, und ihr Blick verlor sich im leuchtenden Blau des Mittags, als könnte sie nichts beunruhigen.

Die folgenden zwei Wochen hielt sie sich nur in ihren Gemächern auf und kam nicht herunter, obwohl Úrsula sie anflehte, ihr fast schon drohte, was sich in diesem Haus sonst niemand hätte erlauben dürfen. Maria allerdings, unentwegt lächelnd, warnte ihre Mägde, nur ja keinen Arzt zu rufen, denn wer das tue, könne sich schon jetzt als entlassen betrachten. Mit der Zeit fanden sich die Dienstboten mit der eigenartigen Situation ab, und man sprach von dem eingeschlossenen Mädchen nur noch wie von einer der vielen Absonderlichkeiten, die auf der Principal ja gang und gäbe waren. Sie versorgten sie mit Essen, von dem sie kaum kostete, sie machten ihr Bett, obwohl sie es kaum zerwühlte, sie brachten ihr Wasser, von dem sie kaum trank, und stellten ihr Fragen, die sie nie beantwortete, wobei jedoch niemals dieses freundliche, unschuldige Lächeln aus ihrem Gesicht verschwand.

Úrsula, Rosa und Raül, die von den vielen Angestellten als einzige im Haus schlafen durften, saßen abends noch lange nach dem Essen am Küchentisch und redeten über das, was sich drinnen abspielte und was draußen darüber getratscht wurde, bis es Zeit war, zu Bett zu gehen. Sie konnten nicht umhin, Mitleid mit einem zwanzigjährigen Mädchen zu empfinden, dessen gesamte Familie sich nach Barcelona verdrückt hatte und das jetzt auf diesem riesigen Anwesen zum ersten Mal in seinem Leben allein war. Alle waren sie Zeugen gewesen, als die Brüder sich davonmachten und ihre Schwester keines Blickes würdigten. Obwohl der Respekt, den Senyor Andreu in diesem Haus genoss, schon fast an Verehrung grenzte, bestand ihre einzige Entschuldigung für sein Vorgehen in der Annahme, dass er in einer so schwierigen Lage sicherlich die beste Entscheidung getroffen und dafür stichhaltige Gründe gehabt haben mochte. Anders konnte es nicht sein.

»Sie werden Maria und uns hier einfach vergessen«, murmelte Rosa.

Raül erwiderte lachend:

»Euch vielleicht, aber den Keller und den Wein, um den ich mich da unten kümmere, bestimmt nicht. Den Wein werden sie nicht vergessen, mich auch nicht. Zumindest so lange, bis sie ihn verkauft haben.«

»Stimmt«, sagte Rosa, »aber sobald der Keller leer ist und es keine Flasche mehr zu verpacken gibt, kannst du zusehen, wo du bleibst. Wir Frauen haben dann immer noch das Haus, das geputzt und in Schuss gehalten werden muss, damit die Herren Söhne im Sommer hier ihren Urlaub verbringen können. Aber du, woraus willst du noch Wein machen, du Schwätzer, ohne eine einzige Rebe?«

Und so diskutierten sie stundenlang, wen es wohl als Ersten treffen würde, denn eines war sicher: Den Herrschaften mochte die Reblaus einen schweren Schlag versetzt haben, für sie aber ging damit alles in die Brüche.

Von den dreien war Rosa die Dienstälteste. Dank der Küchengeheimnisse, in die ihre Mutter sie eingeweiht hatte, besaß sie außerordentliche Fertigkeiten. Früher war sie darauf spezialisiert gewesen, für die reichen Familien der Abadia große Bankette auszurichten, Taufen, Hochzeiten, Kommunionen, und hatte vor allem im Sommer, wenn die meisten Dorffeste stattfanden, gut zu tun gehabt. Es war an einem 9. Januar, als es sie anlässlich der Feierlichkeiten zu Ehren der heiligen Jungfrau und Märtyrerin Basilissa, der Schutzpatronin von Pous, auf die Principal verschlug. Wohlwissend, dass sie nicht mehr jung und eine erstklassige Köchin war, sagte sie sich, allzu viele Jahre würde sie ihr Wanderleben nicht mehr durchhalten und einen besseren Arbeitgeber als dieses Haus könnte sie ohnehin nicht finden. Nachdem sie ihre Kochkunst also eindrucksvoll zur Schau gestellt hatte, blieb sie für den Rest ihres Lebens unter dem Kommando von Blanca Basses, die frisch verheiratet war und Töpfe, Schüsseln, Pfannen und jegliches Küchengerät hasste. Senyor Roderich, der zwar seine Frau über alles liebte, aber auch einen feinen Gaumen besaß, kam für die zusätzlichen Ausgaben gern auf. Und Rosa gehörte zum engsten Familienkreis der Principal. Inzwischen war sie eine alte, fast schon uralte Frau, doch obwohl sie mit allen möglichen Gebrechen zu kämpfen hatte, war sie in ihrer Küche nach wie vor die Chefin.

Raül war schon seit Jahren der Hauptverwalter. Die Männer jener Zeit sind leichter zu charakterisieren als die Frauen: ein starker Körper zum Arbeiten, ein Kopf ohne große Flausen und ordentlich was in der Hose, wenig mehr.

Vierzehn Tage kam Maria nicht aus ihrem Zimmer. Sie verließ es nur, um gleich nebenan aufs Klosett zu gehen. Doch eines Morgens, es war noch nicht einmal zehn Uhr, pochte jemand ans Tor und schreckte die Principal aus ihrem trägen Frieden. Der Türklopfer musste mit aller Kraft betätigt worden sein, denn der Lärm drang bis in die Gemächer der jungen Frau. Úrsula, die gerade das Nachtgeschirr reinigte, wunderte sich. Sie erwarteten keinen Besuch.

»Wer ist da?«, rief sie, hastete die Treppe hinunter und öffnete die Tür.

Draußen stand Cinto vom Telegrafenamt mit einem Umschlag in der Hand. Diese Beamten hielten sich für etwas ganz Besonderes, auch wenn sie schon vierzig Jahre im selben Dorf lebten, und wann immer sie eine Nachricht zustellten, die über mysteriöse Drähte gekommen und in einer Zeichensprache verfasst war, die nur sie entziffern konnten, verlasen sie stets den vollständigen Empfängernamen, als handelte es sich um einen Verstorbenen. Das würden sie sogar bei der eigenen Ehefrau so machen.

»Senyora Maria Roderich Basses. Ich habe ihr ein Telegramm zu überbringen«, verkündete er.

»Cinto, Maria ist gesundheitlich nicht auf der Höhe«, entgegnete Úrsula gereizt, weil sie wusste, dass Cinto, wie alle im Dorf, darüber auf dem Laufenden war.

»Ich muss es ihr persönlich aushändigen, das ist Vorschrift.«

»Cinto, das geht nicht. Gib es mir, und ich bringe es ihr sofort rauf.«

»In diesem Fall ist es Vorschrift, dass du dich mir gegenüber ausweist und mir eine Empfangsbestätigung mit dem heutigen Datum und deiner Unterschrift ausstellst. Was in diesem Telegramm steht, ist äußerst dringend und sehr wichtig.« Er senkte die Stimme. »Schlimme Nachrichten.«

»Dann erst recht. Hör mir mal gut zu, Cinto, entweder du gibst mir auf der Stelle diesen Zettel, oder du kriegst einen Tritt in den Hintern, dass du mitsamt deinen Vorschriften auf die Straße fliegst. Und deine Tochter kannst du dann meinetwegen auch mit deinen Vorschriften füttern, denn von meiner Milch bekommt sie keinen Schluck mehr.«

Und sie entriss ihm den Umschlag, der vorschriftsmäßig verschlossen war, weil vertrauliche Nachrichten nun mal nur vom Adressaten gelesen werden durften, und schlug ihm die Tür vor der Nase zu.

Cinto entfernte sich knurrend, aber folgsam. Aus den Brüsten der Amme Úrsula kam ebenso viel gute Milch wie Gift und Galle aus ihrem Mund, das war allgemein bekannt.

MARIA – VATER KRANK – HERZATTACKE – ÄRZTE KEINE
HOFFNUNG – KANNST DU KOMMEN – ROBERT

*Die Amme, die das Schreiben schon auf der Treppe gelesen hatte, sah,
wie sich das Gesicht der jungen Frau zu einer Grimasse verzerrte und
das zweiwöchige Dauerlächeln erlosch. Maria zerknüllte das Telegramm, blickte hektisch um sich, machte ein paar ziellose Schritte
durchs Zimmer, während ihr blitzartig Entscheidungen und Fragen
durch den Kopf schossen, in die sie Ordnung zu bringen versuchte,
bis sie sich mit einem Mal an Úrsula wandte:*

»Lass den Wagen anspannen. Raül wird mich begleiten.«

*»Aber, Kind, du hast dich nicht aus deinem Zimmer bewegt seit ...
Sofort. Ich sage ihm gleich Bescheid ... Aber meinst du wirklich, du bist
gesund genug, um nach Barcelona zu fahren?«*

»Nach Barcelona? Nein, Úrsula, ich fahre nach Felius.«

*Es störte Maria nicht, dass ihre Amme das Telegramm gelesen hatte.
Seit ihrer Geburt, seit Úrsula ihr zum ersten Mal die Brustwarze in den
Mund gesteckt hatte, steckte sie auch die Nase in ihre Angelegenheiten.
Und diese nahmen am vierzehnten Tag ihrer Klausur eine neue Wende,
weshalb Maria keinen Gedanken darauf verschwendete, ob sie in der
geeigneten Verfassung war, sondern sich sorgfältig zurechtmachte und so
entschieden hinaustrat, als hätte es die letzten zwei Wochen in ihrer
persönlichen Zeitrechnung nie gegeben.*

*Sie packte einige Unterlagen und das zerknitterte Telegramm zu-
sammen, setzte einen Hut mit einem Tüllschleier auf, der ihr Gesicht
überschattete, und schritt zum Tor. Raül hatte Rònec, das beste Pferd
der Principal und Marias Lieblingstier, schon eingeschirrt und legte
ihm soeben die Zügel an. Von den drei Kutschen des Hauses war der
Phaeton die leichteste und praktischste für kurze Strecken.*

*Bis nach Felius, der Hauptstadt der Abadia, brauchte man etwas
länger als eine Stunde, und der Weg bestand aus lauter Zickzackkurven.
Die Hälfte der Zeit fuhr man bergauf bis zum Gipfel des Rebhuhn-
hügels, von wo aus man das Tal von Felius überblicken konnte, einge-
bettet in eine harmonische Landschaft aus Ebenen und Bergen, die sich
bis weit in den Süden zog. Und mittendrin das Dorf. Wenn dieser*

höchste Punkt erreicht war, hatte man die andere Hälfte der Reise noch vor sich, doch nun führte der Weg stetig bergab und war stellenweise so steil, dass Raül die Hemmschuhe verwenden musste, um den Einspänner abzubremsen, damit Rònec nicht von dem Gewicht des Wagens umgerissen wurde.

Von seinem Bock aus nutzte der Kutscher die engen Kurven, um Marias Miene zu beobachten, und bemerkte die Unrast in ihren Augen, die lebhaft, ungemein lebhaft, die toten Weinberge abzusuchen schienen, als erspähten sie dort irgendwo einen Funken Leben, der ihm in all der Trostlosigkeit der abgestorbenen Stöcke entging. Noch nie hatte er in diesen Augen so viel Besorgnis gesehen. Aber auch kein solches Funkeln.

Als sie fast im Dorf angelangt waren, fragte Raül: »Wo möchten Sie hin, Senyora?«

Im selben Moment fiel dem Vorarbeiter auf, dass er Maria zum ersten Mal mit Senyora angesprochen hatte. Ihr fiel es zwar auch auf, aber es überraschte sie nicht. Mit fester Stimme antwortete sie:

»Zum Notariat Pagès.«

Weiter sagte sie nichts. Raül, der insgeheim seine Spekulationen anstellte, da Úrsula ihm den Inhalt des Telegramms bereits anvertraut hatte, staunte über die schnelle Reaktion des Mädchens. Wer weiß, was für Angelegenheiten sie beim Notar zu erledigen hatte, offenbar waren sie jedoch wichtig genug, um sie aus der Lethargie zu reißen, in der sie so lange dahingedämmert war. So sind die Reichen nun mal, erst kümmern sie sich um die Kiste mit dem Geld, dann um die Kiste für die Leiche.

Der Phaeton hielt vor dem Notariat, und die Leichtfüßigkeit, mit der Maria Roderich heraussprang, zeigte unzweifelhaft, was sie in Wirklichkeit war: eine energiegeladene junge Frau, die ein paar Unannehmlichkeiten zu regeln hatte. Eilig, doch in vornehmer Haltung, wie sie es von ihrer Mutter gelernt hatte, betrat sie die Kanzlei. Im Vorzimmer trat ihr die Empfangsdame des Notars entgegen, eine freundliche, makellos gekleidete Person, der Maria jedoch das Wort abschnitt, noch bevor sie ihr einen guten Tag wünschen konnte.

»Ich will sofort Herrn Pagès sehen. Sagen Sie ihm, hier ist Maria Roderich. Ich komme eigens aus Pous.«

Sie wird in einen Warteraum voller Sessel geführt, auf denen niemand saß. Maria kannte den Notar nicht persönlich, sie erinnerte sich nicht, ihn je auf der Principal gesehen zu haben. Aber sie wusste, dass alle Ausfahrten ihres Vater, sofern er nicht nach Rius oder Barcelona musste, seinem Freund, dem Notar von Felius, gegolten hatten, um ihn zu besuchen, mit ihm zu plaudern und lange Spaziergänge zu unternehmen.

Einen Augenblick später betrat Enric Pagès das Zimmer und streckte ihr mit herzlicher Geste die Hände entgegen, als wollte er sie in die Arme schließen. Er war durch eine zweite Tür direkt aus seinem Büro gekommen und fasste nach ihren beiden Händen. Er versicherte ihr, wie sehr er sich freue, »endlich« Andreus Tochter kennenzulernen, »Andreus Liebling«, und in seinem Ton schwangen gleichzeitig Rührung und Staunen. Sofort, als gehörte auch das zur Begrüßung, geleitete er sie in sein Büro.

Maria Roderich ließ sich in dem Sessel nieder, den ihr der Notar gewiesen hatte, und bemühte sich, möglichst gelassen zu wirken. Was ihr wohl auch gelang, denn der Notar dachte bei sich, dieses Mädchen habe offensichtlich Blancas Schönheit und das souveräne Auftreten Andreus geerbt. Er wollte sich nicht hinter seinen Schreibtisch setzen, um keine Distanz zwischen sich und der Tochter eines so guten Freundes entstehen zu lassen, und machte es sich in dem zweiten Sessel an Marias Seite bequem.

Der Notar Pagès beherrschte die Rituale seines Berufs. Er besaß die besondere Gabe, seine Mimik stets der jeweiligen Situation anzupassen. Damit er eine Sache mit Überzeugung beglaubigen konnte, musste zunächst die Person, die vor ihm saß, überzeugt sein, und unter diesem Aspekt war die äußere Erscheinung durchaus nützlich. Seine blauen Augen, das volle Haar, eine ruhige, bedächtige Sprechweise, gemessene, elegante Handbewegungen, die schmalgeränderte Brille und seine deutliche Aussprache waren große Vorzüge. Und konnten in schwierigen Fällen Wunder wirken.

Trotzdem rang Enric Pagès in diesem Moment um Fassung. Unmittelbar zuvor hatte er eine telegrafische Nachricht erhalten, die ihn zu sehr erschüttert hatte, um jetzt Besuch zu empfangen, am wenigsten den einer Roderich. Nur dank jahrelanger Routine gelang es ihm, seine Gefühle hinter der hoheitsvollen Maske zu verbergen, die ihn zum angesehensten Notar der Region machte.

»Was kann ich für Sie tun, Senyora Roderich?«

Mit einem Mal fühlte sie sich verlegen, gehemmt. Sie wusste nicht, wie sie das Anliegen zur Sprache bringen sollte, das sie, womöglich etwas überstürzt, zu ihm geführt hatte. In ihrer Verwirrung streckte sie ihm wortlos die Hand mit dem faltigen Telegramm hin, das sie unterwegs notdürftig geglättet hatte. Sie wartete, bis er es gelesen hatte, ließ ihm aber keine Zeit für eine Reaktion:

»Entschuldigen Sie, Herr Pagès, wenn ich gleich zur Sache komme. Ich habe es gewagt, hier unangemeldet aufzutauchen, weil Sie und mein Vater so eng befreundet sind ... Also ..., es ist nämlich so, dass ... Vor seinem Umzug nach Barcelona, vierzehn Tage ist das jetzt her, hat mir mein Vater gesagt, er beabsichtige, in Ihrem Notariat ein Testament zu hinterlegen. Ich ..., ich weiß nicht, wie ich es ausdrücken soll ..., Sie haben ja gelesen, was in dem Telegramm steht. Mein Vater ist sehr krank, und es besteht nicht mehr viel Hoffnung ...«

»Schrecklich, wer konnte mit so etwas rechnen?«, unterbrach sie der Notar und gab ihr das Blatt zurück. »Unbegreiflich, als ich ihn das letzte Mal gesehen habe, sah er aus wie das blühende Leben ... Ich habe ihm sogar gesagt, so eine gesunde Gesichtsfarbe hätte er lange nicht gehabt.«

»Verzeihen Sie, Herr Pagès, wann haben Sie ihn denn zuletzt gesehen?«

Der Ton des Notars wurde merklich kühler. Dieses Mädchen konnte seine Eile nicht verbergen. Und er seine Enttäuschung nicht.

»Das dürfte ungefähr einen Monat her sein. Ja, etwas länger als einen Monat.«

Maria zögerte. Der Notar sprach von mehr als vier Wochen, und das Gespräch mit ihrem Vater lag genau zwei Wochen zurück. Sie hatte die Principal in wilder Hast verlassen, ohne zu wissen, wie sie dem Notar diesen Wust von Ängsten vermitteln sollte, der sie so schlagartig überfallen hatte. Und jetzt sagte Pagès, ihr Vater sei bereits zwei Wochen vor der Unterredung mit seinen Kindern bei ihm gewesen. Damit wusste sie, dass sich in irgendeinem Aktenschrank dieser Kanzlei die Schlüssel verbargen, die ihr im Leben Türen öffnen oder für immer verschließen würden. Vielleicht verstieß sie gegen die Regeln, doch sie brauchte unbedingt Gewissheit, auch wenn ihrem feinen weiblichen Instinkt nicht entging, dass der Freund ihres Vaters auf der Hut war und zunehmend distanziert wirkte.

»Bitte nehmen Sie mir meine Direktheit nicht übel, aber könnten Sie mir sagen, ob mein Vater bei Ihnen war, um sein Testament aufzusetzen?«

Enric Pagès besann sich auf seine persönlichen Interessen, sein Berufsethos, die Loyalität einem Freund gegenüber und auf ein weiteres Telegramm, das er in seiner linken Tasche fühlte und erst wenige Minuten vor Maria Roderichs Eintreffen erhalten hatte. Nachdem all das gegeneinander abgewogen war, wählte er jedes Wort mit Bedacht und sagte betont förmlich:

»Senyora Roderich, ich bin verpflichtet, die Vertraulichkeit der Angelegenheiten zu wahren, die in dieser Kanzlei behandelt werden. Das bedeutet, dass ich Ihnen auf Ihre Frage keine Antwort geben dürfte. Allerdings soll mir Ihre nahe Verwandtschaft mit meinem besten Freund als Entschuldigung dienen, neben anderen Umständen, von denen Sie nichts wissen und die ich Ihnen in diesem Augenblick auch nicht näher erläutern kann, und deshalb bestätige ich Ihnen, dass Ihr Vater tatsächlich vor einem Monat hier war, um erstens ein Dokument zu formulieren und zu unterzeichnen und zweitens seinen letzten Willen schriftlich niederzulegen. So viel möchte ich Ihnen sagen, jedoch nichts über den Inhalt des Testaments. Das verbietet mir die Achtung vor meinem Beruf.«

Maria sah ein, dass sie keine aufschlussreicheren Auskünfte zu erwarten hatte. Doch ihr Leben stand auf dem Spiel. Sie überlegte fieberhaft.

»Hören Sie, Sie müssen verzeihen, aber ich befinde mich in einer sehr heiklen Lage, und Sie ahnen nicht, wie dankbar ich Ihnen wäre, wenn Sie mir, für den Fall, dass mein Vater, was Gott verhüten möge, uns bald verlässt, wenigstens einen kleinen Anhaltspunkt geben könnten, welche Entschei ...«

Der Notar fiel ihr barsch ins Wort:

»Sie sind Senyora Roderich, und mir gegenüber wird dieser Name immer eine Gewähr darstellen. Doch wenn ich jetzt meine Schweigepflicht breche und den Inhalt des Testaments preisgebe, wäre das nicht nur ein Fehler, sondern ein schweres Vergehen, das ich mir weder erlauben kann noch will. Es tut mir leid. Das Testament Ihres Vaters – sofern es bei dieser Fassung bleibt, was äußerst wahrscheinlich ist – wird nach Erfüllung der formellen Voraussetzungen in Anwesenheit aller Betroffenen eröffnet und verlesen werden. Ich bedaure, aber den Anhaltspunkt, um den Sie mich bitten, kann ich Ihnen nicht geben.«

Maria sah ihre Schlacht verloren und bemühte sich, ihre Verwirrung zu überwinden und wieder ein wenig Haltung anzunehmen.

»Entschuldigen Sie, Herr Pagès, mit Bestimmungen und formellen Voraussetzungen kenne ich mich nicht aus. Ich bin nur gekommen, weil … Entschuldigen Sie.«

»Ich verstehe Sie sehr gut, Senyora Roderich.«

»Bitte nennen Sie mich Maria, ich bin diese Anrede nicht gewohnt, schon gar nicht von jemandem, der meiner Familie so nahe steht.«

Der Notar lächelte. Seit die junge Frau sein Büro betreten hatte, wartete er auf den Moment, den folgenden Satz auszusprechen, und jetzt ließ er sich jedes Wort auf der Zunge zergehen:

»Nun, ich nenne Sie Senyora Roderich, weil es die Anrede ist, die der Eigentümerin der Principal gebührt.«

Maria war innerlich in hellem Aufruhr. Was hatte dieser Mann da gerade gesagt? Der Notar neigte sich ihr zu.

»Ihr Vater, Andreu, hat sein Testament gemacht, das ist wahr. Und wahr ist auch, dass ich über den Inhalt dieses Testaments nichts sagen kann. Aber Sie haben nicht richtig zugehört, denn ich habe auch gesagt, dein Vater, verzeihen Sie, Ihr Vater habe vor dem Testament ein anderes Dokument verfasst. Nun gut, dieses Dokument, unterschrieben und notariell beglaubigt, macht Sie zur Eigentümerin der Principal und fast aller Besitztümer der Roderichs in Pous. Und da dieses Dokument auf ausdrücklichen Wunsch Ihres Vaters zuerst entstanden ist, wenn auch nur ein paar Minuten früher als das Testament, gehören die erwähnten Güter bereits Ihnen. Ganz gleich, was im Testament steht, La

Principal ist schon jetzt Ihr Eigentum, unabhängig vom weiteren Schicksal Ihres Vaters. Und ich möchte hinzufügen, dass Ihr Vater Sie unendlich und über alles geliebt hat, dessen können Sie sich absolut sicher sein. Auch das kann ich beglaubigen.«

Während er sprach, streichelte der Notar Pagès immerzu das Telegramm in seiner Tasche, demzufolge er alles, was er dem Mädchen bisher gesagt hatte, sagen durfte.

Marias Blick flackerte; der Sturm in ihrem Herzen und die Gedankenflut in ihrem Kopf standen ihr ins Gesicht geschrieben. Ihr Vater hatte ihr die Principal schon zu Lebzeiten vermacht? Und alles andere auch? Noch vor der Familienzusammenkunft? Und sie hatte ihm den Tod gewünscht? Ein Schauder rann ihr über den Rücken.

Nachdem sie sich mit höflicher Zurückhaltung verabschiedet hatten und die junge Frau wieder gegangen war, wurde Enric Pagès' Miene traurig. Er nahm die Hand mit dem dünnen Blatt Papier aus der Tasche: Das Telegramm von Robert Roderich, in dem dieser ihn über den Tod seines Freundes unterrichtete. Der Notar wusste, wie unberechenbar das Leben war; das hatte er in seiner Kanzlei schon viele Male bestätigt gesehen ... Auch jetzt wieder, da Andreus Lieblingskind fast gleichzeitig mit dieser Nachricht hereingeplatzt war. Ja, die unerwartete Besucherin hatte ihn mit ihren Befürchtungen und Begehrlichkeiten überrumpelt. Er wusste nicht, ob er sich richtig verhalten hatte. Aber das war jetzt auch nicht mehr von Bedeutung. Er spürte nur, wie sich sein Rücken immer mehr krümmte, je lebendiger die Erinnerungen an den Freund wurden, der ihm den Weg ins Nichts vorausgegangen war.

Auf dem Rückweg wandte Raül, der Ronèc in einem flinken Trab hielt, ab und zu den Kopf und schielte aus dem Augenwinkel zu Maria hinüber, deren Gebaren sich vollkommen verändert hatte. Sie sprach leise, zerstreut, und er merkte, wie es in ihr brodelte, während sie ihm befahl, das Pferd anzutreiben, und dabei blicklos ins Leere starrte.

Tatsächlich durchlebte Maria ein Wechselbad der Gefühle. Sie hatte sich in ihrem Vater getäuscht, und nun lief ihr die Zeit davon. Hatte sie die Traurigkeit dieses Mannes mit Abneigung verwechselt? Vielleicht lag es an seiner unzugänglichen Art ... Tagelang hatte sie ihn verflucht, und all diese Verwünschungen hallten jetzt in ihrem Herzen wider. Wenn sie zurückdachte, konnte sie sich nicht entsinnen, dass er sich ihr jemals genähert oder eine liebevolle Geste für sie gehabt hätte. Immer unerreichbar und schweigsam. Ist das die Art, wie Männer lieben? Oder schaffen sie es nur nicht, die Rätsel des Herzens zu entschlüsseln? Sie wissen selbst nicht, was in ihnen abläuft, und noch weniger, es auszudrücken. Dabei durfte es nicht bleiben. Sie würde sofort nach Barcelona fahren, und auch wenn sie ihm nicht gestehen konnte, dass sie das Geheimnis kannte, würde sie ihm ihre Dankbarkeit vermitteln.

»Treib Ronèc an, los, Galopp! Und wenn wir zu Hause ankommen, bringst du mich schleunigst nach Rius zum Bahnhof. Wir brechen gleich wieder auf, ich packe nur schnell ein paar Sachen zusammen. Meinem Vater geht es sehr schlecht, und ich will zu ihm.«

»Der arme Senyor. War das die Nachricht, die Cinto Ihnen überbracht hat?«, erwiderte Raül und spielte den Ahnungslosen. »Keine Sorge, ich gebe Ronèc Wasser, und wenn Sie wieder herunterkommen, kann es gleich losgehen. Der arme Senyor ...«

Úrsula hatte den Hufschlag gehört und kam aus dem Haus gerannt. Sie hatte Tränen in den Augen und schwenkte ein Schreiben, und als sie Maria sah, stieß sie schluchzend hervor:

»Maria, Maria, kaum dass du weg warst, war Cinto noch mal hier. Ich habe es gelesen, denn er hat so ein bestürztes Gesicht gemacht, dass ich gedacht habe ... Maria, dein Vater ...«

Und sie begann zu weinen.

Der Leichnam Andreu Roderichs wurde nach Pous gebracht, um ihn dort standesgemäß zu bestatten, und von überall aus der Region, dem ganzen Land und sogar aus dem Ausland kamen Beileidsschreiben. Amtspersonen, kirchliche Würdenträger, Großgrundbesitzer, Händler, Vertreter, Importeure ..., sie alle bekundeten ihre Betroffenheit.

Die Gebrüder Roderich trafen alle vier am Bahnhof von Rius ein, wo Raül sie abholte, und kaum waren sie von der Kutsche gesprungen, führten sie auch schon das Regiment auf der Principal. Die alte Ordnung war im Handumdrehen wieder hergestellt, als hätte es diese vierzehntägige Abwesenheit nur in Marias Einbildung gegeben. Sie be-

schloss, mit keiner Silbe zu erwähnen, was sie von dem Notar erfahren hatte, und zog sich auf ihren alten Platz zurück, hinter allen anderen, und nahm von dort aus still an dem Trubel teil, den der Tod einer solchen Berühmtheit für die Familie mit sich bringt.

Vom ersten Moment an hatte Robert das Kommando übernommen. Es war seine Rolle, und er spielte sie ausgesprochen gut. Er ergriff die Initiative, was Zeremonien, Dokumente, Einladungen, das gesamte Protokoll betraf, und organisierte alles mit großer Sorgfalt. Er kümmerte sich um den korrekten zeitlichen Ablauf, die Inszenierung der Trauerfeier, die Sitzordnung der Gäste und zeigte im Umgang mit den Dörflern die Souveränität eines Roderich, gepaart mit der Offenheit seiner Jugend. Er präsidierte die Totenmesse, traf die nötigen Entscheidungen für das Begräbnis, unterschrieb die Papiere, zahlte die Auslagen, alles in allem eine Meisterleistung in Entschlusskraft und Umsicht.

Er entfaltete seine gesellschaftlichen Kompetenzen, bis die Kutsche mit den letzten Gästen Pous wieder verlassen hatte. Anschließend sagte er seinen Geschwistern, er werde sich ins Arbeitszimmer des Vaters zurückziehen, um eine Aufstellung der hohen, aber nun mal notwendigen Kosten der Beerdigung zu machen. Akribisch schrieb er jeden Posten und den entsprechenden Betrag in ein ledergebundenes Buch, in Erwartung der Nachlassregelung. Dann nahm er sich noch etwas Zeit, um die Akten auf dem Schreibtisch zu sichten, falls etwas Dringendes anstünde oder irgendeine Angelegenheit sofortige Maßnahmen erfordern sollte, so zumindest erklärte er es später seinen Geschwistern. Dass er auch eine bestimmte Schublade seines Vaters durchsucht hatte, um sich über die Ergebnisse der letzten Weinernten zu informieren, erzählte er ihnen nicht. Gleich am nächsten Tag würde er den Rat befolgen, den ihm der Notar Enric Pagès im Lauf der Trauerzeremonie gegeben hatte, und Raül mit dem Totenschein und den persönlichen Dokumenten des Verstorbenen nach Felius schicken, damit die Testamentseröffnung in die Wege geleitet werden konnte.

Zur Abendessenszeit, nachdem die Besucher gegangen und alle Verpflichtungen erfüllt waren, setzten sich die vier Männer an den gedeckten Tisch. Erschüttert vom plötzlichen Tod ihres Vaters, erschöpft von den langen, prunkvollen Feierlichkeiten, hingen sie ihren Gedanken nach. Sie waren hungrig. Rosa hatte ein vollständiges Menü zubereitet, denn ihrer Meinung nach sollten sie sich in diesen ruhelosen Tagen so gut ernähren, als kämen sie von der Feldarbeit.

Zuletzt betrat Maria Roderich das Speisezimmer. Sie hatte sich umgezogen und zurechtgemacht und wirkte ungewohnt erwachsen. Als sie Robert auf dem Platz des Vaters am Kopfende des Tisches sitzen sah, äußerte sie keinerlei Erstaunen, sondern setzte sich anstandslos auf den einzigen freien Stuhl. Sie sagte guten Abend, und alle erwiderten ihren Gruß.

Rosa und Úrsula trugen die Speisen auf, und Joan, der in religiösen Dingen schon seit längerem das Wort führte, sprach ein Gebet; vielleicht ein wenig zu weitschweifig und affektiert, dennoch fand er passende Worte für diesen Abend nach der Bestattung. Nach dem Amen machten sie sich über das Essen her und wurden allmählich lockerer. Zuerst brachen sie mit vereinzelten, noch schüchternen Bemerkungen das Schweigen, doch bald schon plauderten sie wie eine Gruppe junger Leute, die durch einen Schicksalsschlag verstört waren und Ablenkung suchten von den Ungewissheiten einer Zukunft ohne ihren Vater. Sie vergaßen ihre Spannungen und riefen einander Momente des vergangenen Tages ins Gedächtnis, sprachen über die Gäste und erinnerten sich an den einen oder anderen Zwischenfall, wie zum Beispiel die Szene, als Bischof Marull während der Zeremonie gestolpert und dem Messdiener auf den Fuß getreten war, was dieser mit einem lauten »Verdammt!« quittiert und damit für einige Belustigung gesorgt hatte. Am meisten hatte Joan gelacht, denn er kannte den Bischof persönlich und wusste, wie tollpatschig er war.

Unvermittelt fragte Lluís, der angehende Rechtsanwalt, wie lange es denn nun dauern werde bis zur Testamentseröffnung. Aller Augen richteten sich auf den Ältesten, dessen Antwort klang wie ein Befehl: Man müsse die Anweisungen des Notariats abwarten. Und in verändertem Ton, als spräche er zu sich selbst, setzte er hinzu:

»Vater muss ein Vermögen in Aktien und auf Bankkonten haben. Mal sehen, wie ich das am Vernünftigsten anlege.«

Ein Schweigen entstand, das Lluís jedoch gleich wieder brach, als hätte auch er bereits darüber nachgedacht.

»Aber, Robert, du hast so viel Arbeit mit deiner Praxis und mit so etwas doch auch gar keine Erfahrung ... Meinst du wirklich, du solltest das selbst übernehmen? Wäre es nicht besser, es einer dieser Kanzleien anzuvertrauen, die sich auf sichere und rentable Geldanlagen spezialisiert haben?«

Robert antwortete nicht sofort; er tupfte sich die Lippen mit der bestickten Serviette ab, sah Lluís herausfordernd an und sagte mit beherrschter Stimme:

»Das wird derjenige entscheiden, den Vater zu seinem Erben erklärt hat, und gemäß unserer Familientradition werde das mit großer Wahrscheinlichkeit ich sein. Auf jeden Fall ist es gut zu wissen, dass mein Bruder, der Herr Rechtsanwalt, mich zur Leitung des Familienunternehmens nicht befähigt sieht.« Und er aß weiter, als handelte es sich bei diesem Thema nur um eines unter vielen.

Staunend entdeckte Maria einen neuen Charakterzug an ihrem Lieblingsbruder. Robert war immer ihr Beschützer gewesen und im Umgang mit ihr zärtlich, verständnisvoll ... Auch jetzt war sein Tonfall sanft, doch schwang darin ein neues Gefühl der Macht und ein unbeugsamer Wille, diese auch auszuüben. Die Art, wie er Lluís zurechtgewiesen hatte, zeigte, mit welcher Selbstverständlichkeit er seine Geschwister bereits als Untergebene betrachtete, und Maria empfand dies als sehr ungehörig, solange der Inhalt des Testaments nicht bekannt war. Und solange nicht alle von jenem anderen Schriftstück wussten, das sie zur Besitzerin der Principal und aller Ländereien einschließlich des Weinkellers machte ... Natürlich fiele Robert als Haupterben eine unstrittige Gewalt über seine Geschwister zu, doch mit einem Mal erschien es Maria, als gierte er regelrecht danach. Aber vielleicht war es auch einfach nur Übereifer nach vielen Stunden der Anspannung, in denen er die Familie repräsentieren, wichtigen Persönlichkeiten und ihren Gattinnen schmeicheln und die vornehme Haltung eines Roderich wahren musste. Und das alles hatte er sehr gut hinbekommen.

Während ihr das noch durch den Kopf ging, hörte sie ihn sagen:

»Auch abgesehen von Wertpapieren und Bargeld birgt dieses Haus offenbar ein Riesenvermögen.«

Die Brüder blickten verwundert auf. Die Principal? War die nicht am Ende? Hatte die Reblaus dem Stammhaus der Familie nicht den Garaus gemacht? Marias Miene war erstarrt. Ein Messer schien sich ihr direkt ins Herz zu bohren.

»Wisst ihr das nicht? Ist euch das nicht klar? Hier lagern mehrere hunderttausend Flaschen unseres Weines, die auf dem ausgedörrten Markt astronomische Preise erzielen werden, und das praktisch ohne Kosten für uns. Das wird uns kurzfristig eine Menge Geld einbringen, und so brauchen wir keine Aktien oder Häuser zu verkaufen, um die nächsten Jahre gut über die Runden zu kommen.«

»Aber Vater sagte doch, es gäbe nur noch ein bisschen Wein, der uns vielleicht eine kleine Hilfe sein könnte ...?«, wandte der Seminarist ein.

»Ein bisschen? Zwei komplette Ernten! Eine schon in Flaschen, und die andere fertig zum Abfüllen«, versetzte Robert mit triumphierendem Unterton.

»Und wenn der Wein dann alle ist?«

»Ganz einfach, Joan. Wir holen so viel heraus, wie wir können, und dann überlegen wir, was wir mit der Principal machen.«

Endlich lächelte der Erbe. Die Brüder lächelten mit ihm, und Maria deutete ein Nicken an, blieb jedoch ernst.

»Aber das Haus hat Vater doch Maria versprochen.«

Schweigen senkte sich über die Runde. Der Einwurf war von Lluís gekommen. Alle außer Robert sahen Maria an, die nicht wusste, wie sie dreinblicken sollte. Da ließ sich der Älteste vom Kopfende des Tisches aus schneidend vernehmen:

»Wir werden sehen, was im Testament steht.«

»Ja, schon, aber er hat uns schwören lassen ...«, begann Lluís noch einmal.

»Ich war nicht dabei. Warten wir das Testament ab.«

Lluís verstummte und sah zu Boden, doch Maria hatte das Gefühl, als wühlten ihr hundert Klingen im Leib. Um keinen Preis durfte sie die Beherrschung verlieren. Sie musste gelassen bleiben und den anderen zuhören, herausfinden, was in ihnen vorging und wie sie ihre Schwester in die neue Konstellation einzupassen gedachten. Und zwar ohne einen Mucks.

Es war eine stockdunkle Nacht. Maria schlief nicht. Es wurmte sie, dass ihr großer Bruder es völlig normal fand, sie bei allen Entscheidungen außen vor zu lassen, nur weil sie von den Fünfen das einzige Mädchen war. Zudem fühlte er sich, was die Zukunft der Principal betraf, offenbar an keinerlei Schwur gebunden, selbst wenn er den anderen damit in den Rücken fiel. Trotz alledem war sie nicht schwach. In den folgenden Tagen würde sich einiges klären, was ihr Schicksal endgültig besiegelte, und sie würde mit aller Kraft um die Rettung dieses Hauses kämpfen. Ihres Hauses. Und wenn Herr Pagès die Wahrheit gesagt hatte … Sie würde in Pous bleiben müssen, das schon, weit weg von einem erstrebenswerten Stadtleben. Aber auf der Principal würde sie nie wieder das arme Schwesterchen sein, mit dem jeder umspringen konnte, wie er wollte. Nie wieder würde sie sich auf den letzten freien Stuhl setzen. Nie wieder, damit war ein für alle Mal Schluss, und darum würde sie kämpfen, selbst wenn es sie das Zerwürfnis mit ihren Brüdern kostete. Der bevorstehende Streit näherte sich wie eine schwarze Wolke, doch in diesen Tagen, die sie gemeinsam im Haus wohnten, würde sie sich umgänglich und fügsam geben und so tun, als wäre sie mit allem einverstanden, was die Vorsehung oder ihr Bruder Robert für sie bereithalten mochte.

So vergingen mehrere Tage, bis der Notar sie zur Testamentseröffnung einbestellte. Senyor Pagès empfing sie im Talar, wie es dem Anlass gebührte: Er musste den letzten Willen seines besten Freundes verlesen. Andreus unerwarteter Tod hatte ihn tief getroffen, und dieser Amtsakt mit seinen Nachkommen war für ihn wie eine Umarmung zum Abschied. Sie hatten sich auf der Universität kennengelernt, wo Andreu Betriebswirtschaft studierte, um sich für die Leitung der Principal zu rüsten, und er Jura, weil er schon von klein auf davon geträumt hatte, Notar zu werden. Von diesem Ziel hatte er sich nie abbringen lassen, auch wenn es vielen prätentiös und absonderlich erschien. Nichts konnte seinen Ehrgeiz bremsen, und er bestand harte Auswahlprüfungen, die ihn zwar gesundheitlich angeschlagen, es ihm aber auch ermöglicht hatten, in immer renommierteren Kanzleien genügend Erfahrung zu sammeln, bis er sich schließlich für Felius bewarb und gegen seine Konkur-

renten durchsetzte. Mit Leichtigkeit hätte er die Karriereleiter weiter hinaufsteigen und einflussreichere und lukrativere Positionen haben können, aber er hatte sein Ziel erreicht: Er wollte der Herr Notar von Felius werden, seine Aufgabe würdig und redlich erfüllen, den Seinen nahe sein und mit zwei munteren, treuen Hunden lange Spaziergänge über die Ländereien des alten Familienbesitzes machen, der jetzt ihm gehörte. Als er nach Felius zurückkehrte, um sich dort niederzulassen, nahmen die beiden Freunde ihre frühere Verbindung wieder auf. Diese mochte den Elan der Jugend eingebüßt haben, dennoch gelang es ihnen, ihre Freundschaft mit neuen Gemeinsamkeiten und Vertraulichkeiten zu beleben. Beide waren sie verwitwet, beide kannten sie die Abgründe der Einsamkeit und beide bemühten sie sich, mit einer gewissen Eleganz zu altern. Es schien, als hätten sie noch etliche Jahre und viele Gespräche vor sich, und da war Andreu plötzlich gestorben. Ja, er wollte die beste seiner Roben tragen.

Die Empfangsdame forderte die Roderichs auf, an dem großen ovalen Tisch in einem Nebenraum des Büros Platz zu nehmen. Als der Notar hereinkam, hielt er zwei braune Umschläge in der Hand, beide versiegelt, der eine größer als der andere, und legte sie auf den Tisch. Noch im Stehen begrüßte er jedes einzelne der fünf Geschwister und nannte es beim Vornamen. Dann setzte er sich an eine der Schmalkurven des Tisches, wo ein holzgeschnitztes Federkästchen, ein Halter für Tintenfass und Löschpapier und ein besonderer Sessel den Platz für den Vorsitzenden der Runde erkennen ließen.

Obwohl er an der Trauerfeier teilgenommen, sie zur Familiengruft begleitet und ihnen soeben erneut die Hand gedrückt hatte, sprach er sie alle nacheinander noch einmal namentlich an:

»Maria, dein Vater sagte mir zwar schon, du seist sehr hübsch, aber so hübsch habe ich mir dich nicht vorgestellt. Endlich lernen wir uns einmal kennen. Herzlich willkommen.«

Maria lächelte höflich und begriff, dass der Notar ihren früheren Besuch mit keiner Silbe erwähnen würde. Ein warmes Gefühl von Verbundenheit durchströmte sie.

»Robert«, fuhr Pagès fort, »wir haben uns vor einem knappen Jahr gesehen, sei auch du willkommen. Du, Ernest, wirst, wie ich weiß, die-

ses Jahr deinen Abschluss in Pharmazie machen. Und du, Lluís, trittst in meine Fußstapfen und hast gut die Hälfte deines Studiums bereits hinter dir, nicht wahr? Ah, und über dich, Joan, höre ich von Bischof Marull, du seist der Primus des Priesterseminars. Ich heiße euch alle willkommen.«

Er betonte jedes Wort und sprach vor allem die Namen sehr deutlich aus, wobei er ihnen der Reihe nach in die Augen sah.

»Ihr alle wisst, wie eng ich mit eurem Vater befreundet war, und ich brauche euch nicht zu sagen, dass mich sein Tod schmerzt wie ein persönlicher Verlust. Wenn ich euch also mein Beileid ausspreche, heißt das, ich fühle im wahrsten Sinne des Wortes mit euch.« Er machte eine Pause und wirkte einen Moment wie geistesabwesend. »Nun gut …, jetzt sind wir jedenfalls hier, um seinen letzten Willen anzuhören, zu respektieren und zu erfüllen, und trotz unseres Vertrauensverhältnisses muss ich dabei die Schritte einhalten, die das Gesetz und die guten Sitten meinem Amt vorschreiben.«

Langsam ließ er sich nieder, schaute auf die Umschläge und ergriff einen davon. Darauf stand ein Name.

»Öffnen wir also das Testament eures Vaters. Aber zuvor habe ich eurer Schwester, Maria Roderich i Basses, ein Dokument auszuhändigen. Ob sie euch den Inhalt bekanntgeben möchte, liegt bei ihr.«

Stille. Damit hatten sie nicht gerechnet. Die Brüder tauschten unverhohlene Blicke. Der Notar streckte den Arm aus und reichte Robert, der als Erstgeborener neben ihm saß, das Kuvert. Der las den Namen seiner Schwester und gab es an Lluís weiter, worauf dieser es mit einem Blitzen in den Augen Maria hinhielt, die ihren Platz am gegenüberliegenden Tischende hatte. Sie legte es vor sich und bedeckte es mit beiden Händen, als wollte sie es streicheln. Der Notar beobachtete sie ein paar Sekunden, und als er sah, dass sie keine Anstalten machte, den Umschlag zu öffnen, fuhr er fort:

»Nun gut, verlesen wir jetzt das Testament, das euer Vater mir an eben diesem Tisch diktiert hat. Diese Niederschrift datiert vom 2. September des laufenden Jahres 1893 …«

Und damit begann er, die Eingangsformel vorzulesen, wobei er den obligatorischen Teil ein wenig zu beschleunigen versuchte und es den-

noch verstand, mit seiner Stimme, kleinen Gesten, kurzen auf seine Zuhörer gerichteten Blicken und fein nuancierten Betonungen dem Akt die angemessene Feierlichkeit zu verleihen.

Nach diesem ersten Absatz hielt er inne. Die Pause bedeutete, dass sich die Zeremonie ihrem Höhepunkt näherte. Der Stelle, an der es ums Vererben und Erben der Güter ging. Und der Bürden.

Als er fortfuhr, war sein Ton verändert.

»Erbe aller meiner Güter und Titel, meines gesamten Barvermögens und Besitzes ist mein ältester Sohn Robert Roderich i Basses.«

Enric Pagès schaute ihn an, gerade lange genug, um den Anfang eines neuen Abschnitts zu markieren. Auch die Brüder beobachteten ihn aus dem Augenwinkel, waren jedoch nicht überrascht. Der Alleinerbe zeigte keine Genugtuung, vielmehr legte sich ein Ausdruck von Würde und Verantwortung über seine Züge, während er aufmerksam darauf wartete, dass der Notar weiterlas.

»Unter den folgenden strikt einzuhaltenden Bedingungen:

1) Sollte ich sterben, bevor meine Söhne Ernest, Lluís und Joan ihren Abschluss in dem Fach haben, das sie zu dem Zeitpunkt studieren, zu dem ich dieses Testament aufsetze, wird der Erbe mit sofortiger Wirkung und für die gesamte Restdauer ihres Studiums alle Kosten für dasselbe übernehmen und ihnen zusätzlich eine Summe von fünfundsiebzig Peseten monatlich für einen auskömmlichen Lebensunterhalt gewähren. Dabei gelten folgende Regelungen:

a) Dieses Geld ist ausschließlich für den Studienabschluss und die Kammerzulassung zu verwenden.

b) Wird das Studium abgebrochen oder der entsprechende Titel nicht erlangt, entfällt nicht nur das Geld für den Unterhalt, sondern es werden dem Betroffenen alle später in diesem Vermächtnis aufgeführten Erbrechte entzogen.

c) Die unter Punkt b) erwähnten Erbrechte werden automatisch dem Erben zugeschlagen.

2) Nach Abschluss ihres Studiums zahlt der Erbe jedem meiner anderen Söhne die Summe von achttausendfünfhundert Peseten aus und übereignet jedem seiner Brüder eine Etage mit jeweils zwei

Wohnungen im Haus im Carrer de la Universitat in Barcelona,
und zwar aufsteigend in der absteigenden Reihenfolge ihrer Ge-
burt und gezählt ab dem zweiten Stockwerk.«

Ernest stammelte:

»Ich verstehe kein Wort.«

Und noch bevor der Notar zu einer Erklärung ansetzen konnte, fuhr
Joan dazwischen:

»Ist doch klar. Ernest, Vater sagt, dass Robert den ersten Stock be-
kommt, und wir anderen dem Alter nach immer die nächsthöhere Eta-
ge. Mir als dem Jüngsten steht demnach die oberste zu.«

Der Notar hielt es für geboten, sich einzumischen.

»Ich möchte euch bitten, eure Zweifel und Interpretationen auf spä-
ter zu verschieben. Lasst es uns zuerst ganz lesen, danach erkläre ich es
euch Punkt für Punkt.«

Er las weiter bis zur letzten Seite, auf der die Unterschrift des Vaters
stand, und machte eine weitere Pause, bevor er den Rest verlas:

»Ich vermache Francesca Farrés das Haus namens Cal Llaurador de
Pous und einen Betrag von zehntausend Peseten.«

»Und wer ist diese Frau?«

»Úrsula, Joan. Paquita Farrés ist Úrsula, deine Amme. Und meine
auch ...«, sagte Robert ruhig.

»Kann mir mal jemand erklären, warum er einem Kindermädchen
ein Haus hinterlässt und mehr Geld als seinen Söhnen?«

Pagès, den schon die erste Unterbrechung geärgert hatte, erteilte ihm
diesmal eine Abfuhr, zumal es hier um persönliche Dinge ging, die an
dieser Stelle des Protokolls nichts zu suchen hatten.

»Joan, hinterher, unter vier Augen, werde ich dir die Gründe für die-
ses Vermächtnis in allen Einzelheiten darlegen, wenn du möchtest. Aber
jetzt bitte ich dich um Ruhe und Respekt. Es fehlt nur noch eine letzte
Klausel, und ich denke, ihr seid es eurem Vater schuldig, ihn bis zum
Schluss ehrerbietig anzuhören.«

Gereizt hielt er inne. Dieser Junge mit seiner weibischen Art brachte
ihn auf die Palme ... Er wartete, bis alle ihn wieder erwartungsvoll
ansahen, und las:

»Und meiner geliebten Tochter Maria vermache ich den ersten Stock

des Hauses im Carrer de la Universitat, einschließlich aller dort vorhandenen Gegenstände und Wertsachen plus zehntausend Peseten.«

Der Notar atmete tief durch, ordnete die Bögen und sah die Geschwister an.

»So, jetzt sind wir fertig.«

»Ist mit dem ersten Stock die Schlossetage gemeint?«, fragte Robert, wobei er rot anlief und seine Lippen schmal wurden.

Pagès, der aus Erfahrung wusste, wenn ein Gewitter aufzog, bemühte sich um Entspannung der Atmosphäre, indem er so sanft wie möglich sagte:

»Ja, der erste Stock des Hauses Carrer de la Universitat ist der, den euer Vater die Schlossetage nannte.«

»Das heißt, er macht mich zu seinem Erben, überlässt aber die Schlossetage, das Symbol unserer Familie in Barcelona, meiner kleinen Schwester? Also, ehrlich, hier muss ein Irrtum vorliegen, oder ich begreife es nicht.«

Maria saß stumm da, ohne aufzusehen, fast als betete sie. Die Nachricht, dass ihr Vater ihr die Schlossetage zugesprochen hatte, überraschte sie fast noch mehr als ihren Bruder. Der Notar schlug jetzt einen beinahe herrischen Ton an. Manchmal musste man ein Aufbegehren schon im Keim ersticken.

»Ich bin der Notar von Felius und war der beste Freund eures Vaters. Was er verfügt hat, ist sein fester Wille und wohlbedacht. Damit ihr es genau wisst: Er brachte ein Papier mit, auf dem er alles bereits notiert hatte. Und er bat mich ausdrücklich, diesen Punkt ans Ende des Testaments zu setzen. Die Schlossetage gehört Maria, das ist die unumstößliche Entscheidung eures Vaters.«

Pagès sah Maria an, die zwar immer noch nichts sagte, aber den Blick hob und Robert ohne jede Herausforderung in die Augen sah. Er wirkte konfus. Er, der niemals die Haltung verlor, war wie verwandelt, er rang die Hände, der Schweiß brach ihm aus, seine Züge waren verkrampft, die Augen voller Groll, offensichtlich fehlte nicht viel, und er würde aus der Haut fahren.

»Ich verstehe das nicht, verflucht noch mal!«

Der Notar entgegnete harsch:

»*Robert, du brauchst es nicht zu verstehen, du musst es nur akzeptieren.*«

Aber Robert war inzwischen völlig außer sich.

»*Heißt das etwa, ich muss akzeptieren, dass dieses Mauerblümchen sich in der Residenz der Roderichs in Barcelona breitmacht und ich, der Erbe, nicht einmal über das Haus verfügen kann, das in der Hauptstadt für den Namen unserer Familie steht? Und stattdessen in einer Wohnung hause, die irgendeiner meiner kleinen Brüder haben sollte? Allmächtiger, jetzt reime ich es mir zusammen! Natürlich! Die ganze Zeit, die ich mich für meine Prüfungen abgerackert habe, hat das Töchterlein genutzt, um dem Vater Honig um den Bart zu schmieren!*«

Er schrie jetzt, sein Gesicht war tiefrot, sein Blick jagte zwischen seinen Brüdern hin und her und verlangte nach ihrer Unterstützung, während seine Arme spastisch zuckten. Er war nicht wiederzuerkennen, als er mit dem Finger auf Maria zeigte, ohne sie dabei anzusehen.

»*Da tut sie immer so hilflos! Und hat schließlich nie etwas gelernt außer Sticken und ...*« *Ruckartig wandte er sich ihr zu. Aus schmalen Augen starrte er sie an, als wollte er sie mit dem Blick durchbohren. Jetzt sprach er direkt zu ihr, seine Stimme klang schrill:* »*Ja ... Du ... Allmählich durchschaue ich dich, und jetzt hör mir gut zu: Du packst noch heute deine Sachen, verlässt die Principal, deren Erbe nämlich ich bin, und verziehst dich in deine Schlossetage. Ich will dich nicht mehr sehen, nie wieder. Nie im Leben wohne ich in einem Haus, in dem du das Sagen hast. Nie im Leben! Aber auf der Principal will ich dich nicht mehr sehen, damit du es nur weißt. Raff alles zusammen, was du brauchst, denn ich werde dafür sorgen, dass du nie wieder einen Fuß hineinsetzt. Hast du das kapiert? Nie wieder!*«

Roberts Stimme war zu immer wilderem Gebrüll angeschwollen, bis er sich mit einer wütenden Handbewegung schließlich selbst Einhalt gebot. Er warf sich in seinen Stuhl zurück, um den Druck der Lehne gegen die Wirbelsäule zu spüren, verstummte und zog ein Taschentuch heraus.

Der Notar hatte ihn toben lassen. Robert schnaufte, er war knallrot und schweißnass, seine Augen tränten und seine Nase lief. Jetzt war die Reihe an Pagès, diesen Flegel, der so die Beherrschung verloren hatte, in seine Schranken zu weisen. Doch noch während er Luft holte, um den jungen Mann daran zu erinnern, dass sein Vater ihn zum Millionär gemacht hatte, indem er ihm ein Dutzend Häuser, viele Hektar Bauland, Wertpapiere und Geld hinterließ, sah er, wie Maria sich erhob, bedächtig und selbstsicher, in der Hand den jetzt geöffneten Umschlag. Sie nahm das Dokument heraus, ohne es anzusehen, legte es auf den glatten Mahagonitisch und schob es ihrem Bruder hin.

Robert, mit verkniffenen Lippen, doch plötzlich stutzig geworden, faltete mit noch immer bebenden Händen das Blatt auseinander und fing an zu lesen. Sein Zittern verwandelte sich in absolute Erstarrung. Was auf diesem Papier stand, brachte den Boden unter seinen Füßen ins Wanken. Und dies war der Moment, in dem Maria, aufrecht stehend und mit einer erstaunlichen Härte in den Augen, die Worte aussprach, die eine neue Epoche einleiten sollten:

»Robert Roderich, wenn ich es richtig sehe, hat unser Vater mich geopfert und auf die Principal verbannt, damit ihr in Barcelona studieren, arbeiten und das Leben führen könnt, das mir verwehrt ist. Er hielt es, vielleicht zu Recht, unter den gegebenen Umständen und zum Wohle der Familie für das Beste. Ihr Männer fandet es normal, die Tochter des Hauses zwischen den vier Wänden eines maroden Luxusdomizils bei lebendigem Leib zu begraben und sie einen Weinkeller bewachen zu lassen, dessen Erlöse euch zugutekommen sollten.«

Pagès hörte ihr fasziniert zu. Er sah die Intelligenz der Mutter und die Autorität des Vaters verschmolzen in diesem scheinbar schwachen Vögelchen, das genau in diesem Augenblick die Flügel ausbreitete, um sich zum ersten Mal in die Lüfte zu erheben.

»Um mich dafür zu entschädigen, hatte er meine Brüder schwören lassen, mir niemals mein Eigentum streitig zu machen. Du warst nicht anwesend, das stimmt. Aber so, wie wir unseren Vater kannten, wäre keiner von uns auf die Idee gekommen, dass du darüber nicht Bescheid wusstest, und selbst wenn dem so gewesen wäre, hätten wir uns nicht vorstellen können, dass du dich von diesem Schwur abkehren würdest. Und jetzt hast du dich selbst bloßgestellt. Heute habe ich auch begriffen, wie vorausschauend Vater mir das Opfer vergolten hat, das er mir abverlangte … Ich bin zutiefst überrascht und gerührt.«

Einen Moment lang drohte sie, die Fassung zu verlieren. Sie hielt kurz inne, sie wollte ihre Rede um jeden Preis zu Ende bringen.

»Übrigens, Bruder, als du dieses Schreiben gelesen hast, warst du wie gelähmt, und nicht etwa, weil dir an der Principal auch nur das Mindeste läge. Worum es dir in Wahrheit geht und was dich so in Rage bringt, ist der Wert der Flaschen im Keller. Ich schätze, es sind ungefähr fünfhundertsechsundachtzigtausend, falls es dich interessiert. Das sage ich dir nur, damit du nachher auf dem Heimweg deine Einbußen überschlagen kannst.«

Es schmerzte den Notar, einmal mehr an der Eröffnung eines Testaments beteiligt zu sein, das gerecht sein wollte und doch zu beinahe mörderischen Auseinandersetzungen zwischen Geschwistern führte. Andererseits war es ihm eine Freude, diese Frau zu erleben …

»Fast alles hatte unser armer Vater vorausgeplant, nur eines nicht: seinen Tod. Er glaubte, noch lange genug zu leben, um die Flaschen verkaufen und den Gewinn in die neuen Geschäfte seiner Familie investieren zu können. Er wusste auch, dass La Principal, sobald der Wein verkauft wäre, nur noch einen wenig rentablen Landbesitz von ideellem Wert darstellen würde. Um mich abzusichern und als Ausgleich für das mir aufgezwungene Leben als Hüterin des Symbols unserer Vergangenheit, hat er mich, das verstehe ich heute, vorsorglich als Erbin des Symbols unserer Zukunft eingesetzt, der Schlossetage, auf die du so vehement Anspruch erhebst.«

Sie war noch nicht fertig, das war allen klar.

»Nun gut, Robert Roderich, im Testament meines Vaters steht: Du bist sein Erbe. Und bis jetzt hast du noch keine Spur von Freude oder auch nur Dankbarkeit für diese immense Erbschaft verlauten lassen. Bisher hast du uns nur die Zähne gezeigt, deine Reißzähne, um genau zu sein. Das Schicksal und der Wille unseres Vaters haben das Familienwahrzeichen in Barcelona und das in Pous, wo unsere Familie ihren Ursprung hat, mir zugedacht, einschließlich der fast sechshunderttausend Flaschen im Keller und des Vermögens, das sie einbringen werden. Also werde ich Raül beauftragen, dich und deine Brüder, soweit sie dich begleiten mögen, dorthin zu fahren, wo bis heute dein Zuhause war. Pack zusammen, womit du gekommen bist, und verschwinde. Du

kannst nur behalten, was du heute wegschaffst, alles andere siehst du nie wieder.« Sie holte tief Atem. »Werde mit dem großen Besitz, den dir dein Vater hinterlassen hat, glücklich oder unglücklich, ich wünsche dir nichts Böses. Und sollte es irgendwann im Leben einmal unumgänglich sein, dass sich unsere Blicke kreuzen, werde ich lächeln und Haltung bewahren, verlass dich drauf, aber ich werde dich nie wieder mit den Augen einer Schwester ansehen.«

Robert hatte die gewohnte Gelassenheit zurückgewonnen. Alles an ihm schien wieder an seinem Platz. Seine Schönheit, sein Hochmut, sein Blick, den er über die Brüder wandern ließ, als nähme er seine Truppe in Augenschein. Er stand auf, und sie taten es ihm nach. Alle bis auf einen. Sie verabschiedeten sich von Pagès, der sie höflich hinausgeleitete. Als Letzter verließ ihr kleiner Bruder Joan den Raum. Bevor er die Tür hinter sich schloss, drehte er sich um und schaute Maria an, die seinen Blick erwiderte. Dann senkte er die Lider und folgte Robert und Ernest. Am Tisch saß nur noch Lluís.

Wie auf Kommando fing Maria hemmungslos an zu weinen; sie musste sich nicht länger zusammenreißen und durfte ihren Tränen freien Lauf lassen. Ja, eine neue Epoche hatte begonnen. Die Alte war Herrin über die Principal und noch nicht einmal zwanzig Jahre alt.

»… und mehr kann ich Ihnen dazu nicht sagen, Herr Inspektor.«

»Sie haben es also alle widerspruchslos hingenommen.«

»Ja, natürlich. Man kann den Menschen nicht ins Herz schauen, aber soweit ich weiß, ging alles gut. Unter Geschwistern geht es ja auch gar nicht anders.«

Der Inspektor sagte nichts. Er machte ein paar Notizen in sein schwarzes Büchlein und dachte bei sich, die alte Frau tische ihm ein Märchen auf. Zu gut erinnerte er sich an die Befragungen, die er und Inspektor Velarde am Tag des Verbrechens in Pous durchgeführt hatten, und an die Aussagen von Dorfbewohnern, nach dem Tod des letzten Senyor Roderich sei die Familie auseinandergebrochen, und auf der Principal sei man sich spinnefeind. Trotzdem war mit dem einen oder anderen Detail vielleicht etwas anzufangen. Nicht viel. Geduld.

»Na schön, Úrsula. Eine interessante Version.«

Ohne die feine Ironie zu erfassen, schwindelte die Amme weiter, wie nur alte Leute schwindeln können.

»Ich habe nicht ein Komma hinzuzufügen.«

»Gut. Also, ich muss mich jetzt auf den Rückweg machen, und Senyora Magí ist noch immer nicht zurück. Bestellen Sie ihr einen Gruß von mir und sagen Sie ihr, ich käme wieder vorbei. Und um nicht noch einmal unverrichteter Dinge wieder gehen zu müssen, werde ich ihr Tag und Uhrzeit meines Besuchs zuvor per Telegramm ankündigen.«

»Sobald ich sie sehe, richte ich es ihr aus, Herr Inspektor. Aber sagen Sie mal, warum müssen Sie die Senyora eigentlich so dringend befragen?«

»Besser, ich sage Ihnen nichts. Aber keine Sorge, es ist nichts Wichtiges, eine reine Formsache.« Mit einer Entschlossenheit, die keinen Zweifel daran zuließ, dass er tat, was er wollte und wann er wollte, stand er auf. Úrsula jedoch konnte nicht an sich halten.

»Ja, Herr Inspektor, schon recht. Und verzeihen Sie, ich bin von Natur aus wirklich nicht neugierig, aber auf ihrem Notizbuch steht so etwas wie ›Mord auf der Principal‹, und …«

Der verbindliche Ton, den er ihr gegenüber bislang angeschlagen hatte, war vollends aus seiner Stimme gewichen, als er ihr barsch das Wort abschnitt:

»Bis bald … Geben Sie der Senyora Bescheid.«

6
DIE MACHT DER BEGIERDE

Donnerstag, 7. November 1940

All die abendlichen Kaminfeuergeschichten ihrer Mutter – wie sie die Principal wieder zum Leben erweckt hatte, wie sie sich geweigert hatte, nach der Reblaus Haselnussplantagen anzulegen, und stattdessen, gegen den Rat der meisten Gutsbesitzer, das Risiko eingegangen war, neue Weinstöcke zu pflanzen -- kamen ihr wieder in den Sinn. Während sie ihren Erinnerungen nachhing, betrachtete Maria Magí die harmonisch verteilten Bäume in dem herbstlichen Tal, die Ocker-, Gelb-, Grün- und Rottöne der Cariñena-Stöcke. Ah, diese Novemberfarben, die ihr Mas Gran umgaben. Ihr Befehl, die Rebstöcke auszureißen, machte ihr zu schaffen, und sie spürte den Drang, die Landschaft mit dem Blick zu umfangen, als wollte sie all diese Schönheit in sich aufnehmen, um sie für immer zu bewahren.

Erst kürzlich hatte Herr Torres, der Vorsitzende der großen Weinkooperative von Rius, sie unter vier Augen gewarnt: »Was in Frankreich geschieht, kann unsere ganze Region ruinieren und auch die Principal in den Abgrund stürzen. Denken Sie über Alternativen nach. Dieser Krieg, die Deutschen in Paris, unser Land in zwei Teile gespalten, da ist es sehr wahrscheinlich, dass die französischen Kellereien unseren Wein nicht mehr wollen. Ein besetztes, zerrissenes Land ist kein guter Absatzmarkt, und dieses könnte das letzte Jahr sein, in dem sie bei uns kaufen. Das alles kann nur böse enden. Wir, unten im Flachland, haben nach dem Reblausdesaster in der Haselnuss die beste Lösung gesehen. Doch Senyora Roderich, Gott hab sie selig, entschied sich gegen unsere Empfehlung für den Wein. Behalten Sie das, was ich Ihnen sage, für sich, aber handeln Sie schnell.

Weinberge, Rebstöcke, Trauben, Wein …, das ist eine dem Untergang geweihte Welt.«

Als Hitler Polen überfiel, war sie gerade aus dem Exil zurückgekehrt. Und als im vergangenen Juni die Deutschen in Paris einmarschierten, hatte sie schon ein ungutes Gefühl gehabt. Doch dieses Alarmsignal eines mit dem internationalen Handel so vertrauten Mannes wie Torres hatte letztlich den Ausschlag gegeben.

Zwei Wochen lang sprach man in Pous von nichts anderem. Die Principal pflügte die besten Weinberge der Abadia um, und niemand begriff, warum. Die Senyora hatte den Verstand verloren. Zwar hörte man Gerüchte über die Franzosen, aber die hatten auch diesmal die gesamte Ernte zu einem guten Preis gekauft und versprochen, im nächsten Jahr wiederzukommen.

Marias Blick hing noch immer versonnen zwischen den Pappeln, ihren Farben und Schatten, ihren ausgewogenen Formen und feinen Nuancen. Dann zog die Gestalt eines Mannes, der den Weg heraufkam, ihre Aufmerksamkeit auf sich: Llorenç. Er überquerte die Ebene und strebte auf das Haus zu. Sie hatte nach ihm geschickt, und während sie ihm entgegensah, überlegte sie, wie lange jener zweite Vorfall jetzt wohl zurückliegen mochte. Fünf oder sechs Jahre? Eher länger: Sie mussten beide Anfang zwanzig gewesen sein, denn es war kurz nachdem sie die Alte zu Grabe getragen hatten. Noch heute erschien es ihr ungeheuerlich, wie sie es hatte wagen können, so etwas zu tun. Sie erinnerte sich noch haarklein. Und es kam ihr nicht wie die Erinnerung an eine wahre Begebenheit vor, sondern wie ein böser Traum.

ERINNERUNG AN EINEN BÖSEN TRAUM

»Sie haben mich rufen lassen, Senyora?«

Oh ja! Sie hatte ihn in die Bibliothek gelockt, um endlich einem Verlangen nachzugeben, das schon an Besessenheit grenzte. Llorenç trug ein sauberes weißes Hemd und einen Gürtel um die Taille. Er hatte sehnige Glieder und eine schöne Körperhaltung.

»Ja, habe ich. Kannst du ein bisschen näher kommen?«

Sie wartete, ohne sich von der Stelle zu bewegen. Sie hatte erst vor kurzem geerbt und fühlte sich in ihrer neuen Rolle noch nicht sicher, aber sie war die Herrin. Llorenç dagegen wusste nur eins: Er musste ihr gehorchen. Weil sie die Herrin war und weil sie, seit sie ihn mit Ricard ertappt hatte, den Schlüssel zu einem Geheimnis besaß, mit dem sie ihn vor aller Welt blamieren konnte. Einen Meter von ihr entfernt blieb er stehen. In ganz selbstverständlichem Tonfall sagte sie:

»Noch ein Stück. Damit ich dein Gesicht gut sehe.«

Er näherte sich ihr bis auf etwa eine Spanne, wobei er sie verstohlen von der Seite ansah. Seit jenem Tag im Pferdestall hatte er der Senyora nicht mehr in die Augen geblickt.

Dann streckte sie behutsam die Hand aus und langte ihm in den Schritt. Er rührte sich nicht. Die Stille war fast greifbar. Ihr schien, das, was sie da in der Hand hatte …, ja, es war sein Geschlecht, und nach wenigen Sekunden fühlte sie, wie es zu pulsieren begann. Er stand weiterhin reglos da – diese Wangen, seine rosigen Wangen – und hielt die Augen starr auf die Unterseite des Balkons gerichtet. Doch sobald sie die Hand um sein Geschlechtsteil schloss, spürte sie, wie es reagierte. Allmählich veränderte sich sein Gesichtsausdruck, und sie entwickelte mehr Geschick.

»Machst du deine Hose auf?«

Verwirrt öffnete er die Knöpfe. Sie schob die Hand in seine Unterhose, fand darin dieses warme, lebendige Ding und holte es hervor. Ohne den Blick von seinem Gesicht zu wenden, begann sie, ihn zu masturbieren. Llorenç, ratlos, entgeistert, spürte, wie ihn die Lust überwältigte. Sie sah ihn leicht die Lippen öffnen, und, oh ja, seine Augen verschleierten sich wie damals im Stall. Maria machte weiter, beobachtete dabei die kleinen Veränderungen seiner Gesichtszüge, um zu erraten, wie sie ihm den größten Genuss verschaffte. Seine Erregung wuchs immer mehr, und er versuchte, sie an sich zu ziehen. Sie drehte den Kopf weg, masturbierte ihn jedoch unablässig weiter, sah seine jetzt wollüstig aufgeworfenen Lippen, die fiebrigen Augen, die geblähten Nüstern … Sein ganzer Körper war pure, keuchende Lust, er flüs-

terte »Maria«, kam zum Höhepunkt, verdrehte die Augen, bis man
nur noch das Weiße sah, und verströmte stoßweise alles, was er in sich
hatte.

Kaum war es vorbei, schlug er die Augen nieder; Maria dagegen, sein
Glied noch immer in der Hand, schaute ihn aufmerksam an, als wollte
sie zusehen, wie sich seine Züge wieder ordneten.

Unvermittelt ließ sie ihn los, ging zur Tür und sagte nur:
»Putz das weg.«

Gütiger Gott. Wie hatte sie sich dazu hinreißen lassen können? Welches Gift entfesselte derartige Triebe in ihr? Sie war in Llorenç verliebt, seit sie ihn mit Ricard erlebt hatte, und sein Gesicht, sein eigentümlich sinnlicher Körper erregten sie, wann immer sie ihn sah. Sie sehnte sich nach diesem Mann. Ja, sie begehrte, brauchte, liebte nur diesen Mann.

Nach dieser Sache übertrug sie ihm die Verantwortung für die Sedia. Nicht um ihn für die Demütigung zu entschädigen, sondern um ihn in ihrer Nähe zu wissen, ihn um sich zu haben und ihre eigene Erregung zu spüren.

Jetzt, sieben Jahre später, folgte sie ihm mit den Augen, bis er unter dem Vordach verschwunden war. Sie hatte ihn zu sich beordert, weil sie etwas mit ihm besprechen wollte. In wenigen Sekunden würde er oben sein. Sie strich sich übers Haar, zog ihre Bluse über der schmalen Taille zurecht und straffte ihren Körper. Dann setzte sie sich an den Kamin, in dem noch ein kleines Feuer brannte, und fragte sich, ob sie sich nicht zu viel für einen Tag vorgenommen hatte. Gerade erst hatte sie befohlen, ihre Weinberge zu roden, und gleich als Nächstes beschlossen, sich dem Widerstreit ihrer Gefühle zu stellen, diesem unaufschiebbaren Verlangen. Sie wollte den Weg freigeben oder für immer versperren. Am besten bat sie ihn, sich ihr gegenüber zu setzen … Sie spürte seine Gegenwart, sie hätte die Entfernung fast auf den Meter genau angeben können, ohne sich umzudrehen.

»Komm rein, Llorenç. Ich will mit dir reden …«

»Entschuldigen Sie die Verspätung«, sagte er, als er vor ihr stand.

»Die Senyora hat einen Auftrag für mich?«

»Keinen Auftrag, Llorenç. Es geht nicht um die Arbeit, ich will nur mit dir reden. Setzt du dich bitte dorthin, damit ich dich ansehen kann?«

Llorenç errötete. Er konnte es nicht vermeiden. Schon seit seiner Kindheit trieb ihm die kleinste Aufregung das Blut in die Wangen. Vor allem der Senyora gegenüber, die diese konfuse Mischung aus Furcht, Verlockung und kindlicher Kumpanei in ihm auslöste. Als Neus, seine Mutter, ihre Arbeit auf der Principal aufgenommen hatte, war er zwei Jahre alt gewesen, genauso alt wie die Tochter des Hauses. Die Alte, die Maria niemals erlaubt hätte, auf der Straße mit irgendwelchen Dorfbengeln zu spielen, sah in der Ankunft der neuen Köchin und des kleinen Llorenç eine gute Lösung, damit das Mädchen in der Sicherheit der häuslichen Umgebung und unter mütterlicher Aufsicht Gesellschaft hätte. Der Standesunterschied war für die beiden Kinder leicht zu überwinden, der Sohn der Köchin und die Tochter der Herrin hatten ähnliche Träume, machten die gleichen Entdeckungen und spielten zusammen fast wie Geschwister. Das riesige Anwesen mit seinen vielen Zimmern, Dachböden, Schränken, Kellern, Rumpelkammern, Weinpressen, Pferdeställen, Schweinekoben, Hühnerhöfen … bot ihrer kindlichen Fantasie unerschöpfliche Möglichkeiten. Der kleine Llorenç verbrachte die meiste Zeit in der Wohnung der Herrschaft unter der wohlwollenden Obhut der Alten, die ihn liebgewann und sogar einige Jahre für sein Schulgeld aufkam. Später, als sie heranwuchsen, nahm die Distanz zwischen ihnen allmählich zu, ohne dass sie selbst es bemerkt hätten. Unausweichlich begann ihre unterschiedliche Herkunft ihren Alltag zu bestimmen. Maria brauchte immer mehr Zeit zum Lernen, während Llorenç im Alter von vierzehn Jahren und weil seine Herrin große Stücke auf ihn hielt, mit der Ausbildung zum Landarbeiter und Stallknecht beginnen durfte. Lehrling zu sein bedeutete, von morgens bis abends brav und gewissenhaft zu schuften, denn nur so hatte er die Chance, in ein paar Jahren von der Alten angestellt zu werden und jeden Monat seinen

Lohn zu beziehen. Und so war es dann auch mit den Besuchen des Jungen in der oberen Etage vorbei, denn in seiner neuen Rolle als Arbeiter konnte man ihm die Freiheit, sich nach Belieben in den Privaträumen seiner Herrschaft zu bewegen, nicht länger gewähren. In der Beletage des Anwesens wurde Llorenç durch Caterina ersetzt, zwei Jahre jünger als Maria und nach Ansicht der Alten der geeignetere Umgang für ihre Tochter. Dennoch dauerte die Freundschaft der beiden fort, bis zu jenem unheilvollen Tag im Pferdestall. Seitdem schien Maria ihn oftmals zu hassen und erniedrigen zu wollen, um sich bei nächster Gelegenheit wieder für ihn einzusetzen. Und stets herrschte zwischen ihnen eine unterschwellige Spannung, die sie gefangenhielt wie ein Netz.

»Llorenç, ich habe Anweisung gegeben, uns nicht zu stören. Was ich dir sagen werde, ist nicht leicht in Worte zu fassen und ausschließlich für deine Ohren bestimmt.« In ihren Augen las er so etwas wie Verlegenheit, doch dann lächelte sie und sprach weiter. »Du brauchst keine Angst zu haben, du hast nichts zu befürchten. Und um es gleich vorwegzunehmen: Sollte das, was ich dir anvertrauen werde, ein Problem für dich sein oder dir ungehörig erscheinen oder deinen Wünschen und Gefühlen zuwiderlaufen, wirst du aus diesem Sessel aufstehen, als hätte dieses Gespräch niemals stattgefunden, und bist zu nichts verpflichtet.«

»Ist recht, Senyora.« Er versuchte, auf dem ungewohnt breiten Polstermöbel eine bessere Sitzposition zu finden; in seiner Haltung lag etwas Lauerndes.

»Gut. Als Erstes möchte ich klarstellen, dass ich mich jetzt nicht als Herrin der Principal an dich wende. Sondern einfach als eine Frau, die nicht mehr, aber auch nicht weniger ist als du.«

Llorenç' Blick war untertänig und zugleich voller Zuneigung. Seine Art, sie anzusehen, hatte Maria immer erstaunt, es lag darin eine Sinnlichkeit, hinter deren Sanftmut sich eine starke Kraft versteckte.

»Sieh mal, Llorenç, dein Leben und mein Leben sind seit jeher eng miteinander verbunden. Ereignisse, die nun schon lange zurückliegen, haben unsere Beziehung geprägt, und obwohl wir zusammen aufgewachsen sind und unter demselben Dach wohnen, haben wir, nein, ich sollte sagen, habe ich nie den Mut aufgebracht, darüber zu reden. Und das werde ich jetzt ohne Umschweife tun, indem ich dir zunächst gestehe, in was für einen inneren Aufruhr es mich damals versetzt hatte, dich mit Ricard im Stall zu sehen, bei eurem … Schäferstündchen.«

Während sie zweifelte, wie sie den Satz zu Ende bringen sollte, schaute Llorenç einen Moment lang zu Boden, hob den Blick jedoch sofort wieder.

»Die Jahre sind vergangen, Llorenç, ich leite dieses Haus und bin älter geworden. Aber es gibt Gefühle, die im Herzen festsitzen … und bis heute überdauert haben … Und du kannst dir nicht vorstellen, wie sehr ich mich angestrengt habe, sie loszuwerden.«

Maria hielt inne, das Wichtigste kam offenbar erst noch. Sie sah ihm direkt in die Augen.

»Du sollst wissen, dass ich mich für das Verhalten schäme, das ich dir gegenüber in den letzten Jahren an den Tag gelegt habe, und ich möchte dich dafür um Verzeihung bitten. Das ist heute mein allergrößtes Anliegen.«

Ein leichtes Beben in ihrer Stimme, das Llorenç noch nie wahrgenommen hatte, verriet ihm die Tragweite dieses Bekenntnisses.

»Vergib mir, dass ich dich nach der Sache im Stall bei meiner Mutter verpetzt habe. Wir waren erst fünfzehn, ich weiß, das könnte mich rechtfertigen. Aber so jung ich auch gewesen sein mag, damit zu meiner Mutter zu laufen war dennoch nicht die Reaktion eines erschrockenen kleinen Mädchens. In Wahrheit hatte diese verfluchte Macht von mir Besitz ergriffen, die wir Eifersucht nennen. Ja, ich habe dich verpfiffen, weil ich erbittert und wütend war und … weil ich dich begehrte.«

Sie stockte und fuhr dann in zutraulichem Ton fort:

»Ich bin nicht sofort zu meiner Mutter gerannt, weißt du? Zuerst bin ich in mein Zimmer gegangen, um zu überlegen, womit ich dich am meisten verletzen könnte, und habe dann den kürzesten Weg gewählt, weil ich wusste, wie hart das für dich wäre und dass du durch die Folgen meines Verrats für immer gebrandmarkt würdest.«

Wieder schaute sie ihm in die Augen. Er hielt ihrem Blick stand, ohne einen Muskel zu rühren. »Auch für das, was fünf Jahre später passiert ist, bitte ich dich um Entschuldigung. Obwohl es schon so lange her war, konnte ich nie vergessen, was ich dir damals angetan hatte, spürte aber den unwiderstehlichen Drang, dir noch mehr weh zu tun. Es war ein ständiges Pendeln zwischen Abscheu und Begierde. Nun ja, wie auch immer, aus dieser inneren Verwirrung heraus habe ich dich dann in den Salon rufen lassen und … Wie erbärmlich. Ich weiß bis heute nicht, wie ich den Mut aufgebracht habe, aber das Bedürfnis, dich anzufassen, dich zu fühlen, war so obsessiv wie der Wunsch, dich zu kränken und zu demütigen. Ungeheuerlich, aber ich habe es getan. Ich bin gestorben vor Lust. Und dass ich deine Abhängigkeit von mir ausnutzte, war mir völlig klar.«

Sie blickten einander weiter in die Augen.

»Anschließend wollte ich die Sache begraben und vergessen. Ich habe mich sogar bemüht, es wiedergutzumachen, indem ich dir die Verantwortung für die Sedia übertrug. Trotzdem ist es mir nicht gelungen, die Wunden sind nicht verheilt, ich bin nie über das hinweggekommen, was ich dir angetan habe, und die Sehnsucht nach dir beherrscht mich nach wie vor. Ich konnte dich nie aus meinem Kopf verbannen … und auch die Begierde nicht aus meinem Körper, obwohl ich es weiß Gott versucht habe.«

Jetzt war sie es, die die Augen niederschlug. Llorenç hatte sie noch nie so erlebt, unsicher, zerknirscht, beschämt. Sie war eine schöne Frau. Langsam hob sie den Kopf. Ihre Miene war wieder gelassen.

»Ich bin ein bisschen reifer geworden, Llorenç, und heute kann ich mir eingestehen, dass ich das alles nur getan habe, weil ich dich will. Ich will dich, und ich habe versucht, dich mit den übelsten Waffen der Liebe zu unterwerfen, mit Eifersucht und Überlegenheit. Ich habe dich hergebeten, um dir alles zu erklären, um dir zu sagen, dass du mir seit dem Tag im Pferdestall gefällst; ich begehre dich und träume davon, mit dir zusammenzusein. Es fällt mir nicht leicht, darüber zu reden. Frauen sind es nicht gewohnt, solche Themen zur Sprache zu bringen. Aber ich kann mich nicht mehr wie ein kleines Mädchen benehmen. Und wie ein Mann auch nicht. Ich weiß mich nur zu benehmen wie die Senyora …, und wäre doch so gern nichts weiter für dich als eine Frau.«

Llorenç hörte ihr ruhig zu, kein Schatten trübte seinen Blick. Er fühlte sich verpflichtet, ihr irgendwie zu antworten.

»Ich bin völlig perplex, Maria, ich weiß überhaupt nicht, was ich sagen soll.«

»Du brauchst gar nichts zu sagen. Heute bin ich die Bittstellerin, und für dieses Mal wirst du über uns beide entscheiden. Aber lass mich noch was sagen, denn wenn wir den Dingen jetzt nicht auf den Grund gehen, gibt es keine Zukunft für uns. Über eine Sache müssen wir sprechen, Llorenç, auch wenn es uns beiden peinlich ist. Ich weiß, du bist schwul … vom anderen Ufer, wie die Leute sagen. Und nicht nur, weil ich dich mit Ricard erwischt habe. Nach allem, was ich dir gebeichtet habe, kannst du dir sicher denken, dass ich dich beobachtet, dir nachspioniert habe. Auf der Principal ist das nicht schwierig, und ich bin überzeugt, du magst Männer. Das weiß ich hundertprozentig, du brauchst es mir nicht einmal zu bestätigen. Aber du spielst auch mit Mädchen herum«, sie schmunzelte. »Und die wirken, nebenbei bemerkt, am nächsten Morgen sehr vergnügt.«

Während sie redete, verlor Maria immer mehr ihre Befangenheit, als räumte sie, indem sie ihre Gefühle aussprach, endlich auf mit Vorurteilen, Verklemmtheit und falsch verstandener Würde.

»Llorenç, jahrelang hat mich deine, Verzeihung, Abartigkeit rasend gemacht vor Zorn, Widerwillen, Eifersucht, aber heute ist es mir einerlei. Für die Priester bist du der Teufel, für die von der Nationalen Bewegung ein gefährlicher Perverser und für die Leute im Dorf eine halbe Schwuchtel. Darauf gebe ich nichts, du gefällst mir trotzdem, und wenn wir schon dabei sind, werde ich dir noch etwas ganz offen sagen: Es ist mir nicht nur gleichgültig, vielleicht mag ich es sogar, dass du … anders bist.«

Llorenç war konsterniert. Darüber hatte er noch nie mit jemandem geredet, der nicht ebenso veranlagt gewesen wäre wie er. Und jetzt brachte es eine Frau freimütig zur Sprache und erklärte, aus eben diesem Grund gefalle er ihr! Er stand unter Schock, und Maria, der das nicht verborgen blieb, machte eine Pause, um ihr Thema noch einmal anders anzugehen.

»Eine Frau in meinem Alter braucht einen Mann, um sich lebendig zu fühlen, und ich kann dabei an keinen anderen denken als an dich. Auch wenn ich befürchte, dieses Gespräch könnte vielleicht zu gar nichts führen, glaube ich oder will ich unbedingt glauben, dass du mich auf eine Weise ansiehst, als ob, wie soll ich sagen, als fühltest du dich zu mir hingezogen, trotz allem, was ich von dir weiß, und obwohl ich dir so viel Anlass gegeben habe, mich zu hassen. Du musst mir die unverblümte, plumpe Frage verzeihen, die ich dir jetzt stellen werde: Llorenç, willst du mein Geliebter werden? Ich meine das … im allerweitesten Sinne. Aber es muss deine freie Entscheidung sein, und wenn du nein sagst, wird sich nach außen hin nichts ändern, ehrlich, das schwöre ich dir. Du verlässt dieses Zimmer, und ich werde weiterhin die Frau sein, die ihr Senyora nennt, und du wirst mich, trotz allem, was ich dir gesagt habe, weiterhin respektieren. Im Gegenzug werden meine Gefühle keinerlei Auswirkungen, hör mir gut zu!, nicht den geringsten Einfluss auf unser dienstliches Verhältnis haben. Hast du mich verstanden? Das gilt sowohl für dich als auch für deine Familie. Aber pass auf, denn was jetzt kommt, ist mir sehr wichtig: Wenn du ja sagst, verlange ich Loyalität, absolute Loyalität, aber ich werde nie, nie von dir verlangen, dass du mir treu bist, sondern immer Verständnis haben, wenn du anderweitig suchst, was ich dir nicht geben kann. Verstehst du?«

»Ja«, sagte Llorenç und stand unvermittelt auf. Sie sah ihn an, doch mehr sagte er nicht. Er kauerte sich vor den Kamin und legte ein paar Weinranken in die schwelende Glut. Ruhig, ohne jede weitere Geste, ohne ein Wort. Im Raum war das Knistern des wieder entflammten Feuers zu hören. Noch immer schweigend richtete Llorenç sich auf, hob den Kopf, drehte sich langsam zu ihr um, sah ihr in die Augen, und mit dem Anflug eines Lächelns sagte er:

»In Ordnung. Wie wollen wir es machen?«

Etwas Uraltes erwachte in Marias tiefstem Inneren. Sie wusste nicht, was, aber ihr war, als hätte sich in ihr ein neuer Raum geöffnet. Ein zartes Glücksgefühl durchströmte ihre Brust. Ein Gefühl, das ihr vollkommen unbekannt war.

»Komm … Entschuldige: Wenn du möchtest, kannst du heute Nacht in mein Zimmer kommen.«

»Ich komme, sobald die anderen schlafen. Ich bin glücklich, Maria, ich weiß nicht, was ich sonst sagen soll.«

»Das genügt mir.«

Sie schauten einander an. Llorenç blieb unschlüssig stehen. Er traute sich nicht, sie zu berühren.

7

EIN BESONDERER ABEND

Donnerstag, 7. November 1940

Als Úrsula die lauten Stimmen der Arbeiter und das Klappern der Hufeisen auf dem Pflaster hörte, empfand sie den Lärm als tröstlich. Die Stallungen befanden sich unter der Küche, und der Zugang war hinter dem Haus, um die Haupteinfahrt der Principal freizuhalten für die Kutschen und die Sänfte. Endlich würde sie sich die Tortur, der dieser Polizist aus Rius sie unterzogen hatte, von der Seele reden können. Sie hörte die Tür der Eingangshalle und dann Maria, die schnurstracks die Treppe hinauf und in ihre Gemächer ging. Neus und Caterina kamen schnaufend herein, Neus mit einem Korb voller Kohlköpfe und ihre Tochter mit einem voller Blumenkohl. Munter schwatzend schüttelten sie die Erde von dem Gemüse und schnitten die äußeren harten Blätter weg, die Caterina später den Kaninchen geben würde. Úrsula sah ihnen zu, ohne auf ihr Geplapper zu achten. Nach fünf Minuten hielt sie es nicht mehr aus, lief aus der Küche, ohne mit diesen beiden Quasselstrippen ein Wort zu wechseln, und stieg die Treppe hinauf in den ersten Stock. Sie wollte niemandem von der durchlittenen Marter erzählen, bevor sie nicht mit Maria gesprochen hatte. Als sie Marias Salon betrat, war diese gerade im Begriff, sich ins Schlafzimmer zurückzuziehen.

»Oje, Kind, ich muss sofort mit dir reden.«

Von Maria schien ein ungewöhnliches Leuchten auszugehen, sie war noch schöner als sonst, die Augen strahlender, die Wangen rosiger ... Die Amme bemerkte es wohl, konnte sich aber mit solchen Feinheiten jetzt nicht aufhalten:

»Du ahnst nicht, was für einen Tag ich hinter mir habe!«

»Ach komm, ein altes Weib wie dich regt doch so leicht nichts mehr auf«, erwiderte Maria lächelnd. »Also, was hat meine liebe Úrsula so aus dem Häuschen gebracht? Worüber tratscht man in Pous denn gerade?«

Maria ging durchs Zimmer und wusste, dass Úrsula ihr wie immer auf den Fersen folgte. Während sie ihre Bluse aufknöpfte, sah sie die Alte belustigt an. Die Miene der Amme blieb ernst, als sie in finsterem Ton verkündete:

»Ein Inspektor vom Hauptkommissariat in Rius war hier und hat nach dir gefragt.«

»Ach, wie nett.« Maria lächelte unbeirrt weiter; sie war nicht bereit, sich diesen glücklichen Abend von irgendetwas verderben zu lassen. »Vermutlich um uns Grüße vom Gouverneur zu überbringen, nicht wahr?«

»Maria!« Úrsula legte diesen hochdramatischen Ausdruck in ihren Blick, den sie so gut beherrschte. »Er wollte dich sehen und nicht wieder gehen, ohne mit dir gesprochen zu haben. Ich glaube, das war kein Freundschaftsbesuch.« Jetzt legte Úrsula es darauf an, ihrer Kleinen einen tüchtigen Schrecken einzujagen: »Er ist dann erst mal zum Bürgermeister, vermutlich, um ihn über dich und die Principal auszuhorchen, und danach kam er wieder und hat auf dich gewartet. Erst als es dann dunkel wurde, fuhr er in einem offiziellen Polizeiwagen davon … Eine knappe halbe Stunde ist das vielleicht her.«

»Der Bürgermeister, dieser Schleimer? Sollen wir ihn herzitieren und ihm ein bisschen beim Katzbuckeln zusehen? Komm schon, Úrsula, weder du noch ich noch sonst jemand hier hat meines Wissens ein Verbrechen begangen. Lass gut sein. Mach dir keine Sorgen.«

»Ach nein? Der hat gesagt, er würde wiederkommen.« Weil Maria nicht aufhörte zu lächeln, ließ Úrsula ihre Stimme zu einem bedrohlichen Grollen anschwellen. »Und wenn du dann wieder nicht da bist, will er ein Telegramm schicken und dich zum Verhör einbestellen.«

»Na, das wäre doch ein guter Vorwand, mal nach Rius zu fahren und mir einen neuen Regenschirm zu kaufen, heute Morgen habe ich festgestellt, dass meiner schon ziemlich aus der Mode ist.« Derweil hatte sie den Rock abgestreift und trug nur noch ein beigefarbenes Satinunterkleid. Warum, zum Teufel, sollte sie sich Gedanken machen, wenn ein Polizist die Principal besuchte? Schließlich waren es die Ihren, die an der Regierung waren, die das Sagen hatten und die anderen einsperrten.

Als die Amme Marias gute Laune auch damit nicht erschüttern konnte, zog sie ihren letzten Trumpf:

»Also, er hat mir eine Menge Fragen gestellt ...«

»Ach ja? Die du ihm höflich beantwortet hast. Ich hoffe, du hast ihn nicht kurzerhand an die Luft gesetzt.«

»Ich musste ihm erklären, warum deine Mutter das Gut geerbt hatte, obwohl es vier Brüder gab.«

»Na, da hat er aber weit ausgeholt. Hast du dir etwas Schönes zurechtgesponnen?«

»Vom Spinnen verstehe ich nichts, Maria«, erwiderte Úrsula gereizt. »Aber er vielleicht, er hat nämlich alles in eine schwarze Kladde geschrieben.«

»Was du nicht sagst, ein Polizist, der des Schreibens mächtig ist! Diesen Fortschritt haben wir bestimmt Franco zu verdanken. Und weiter?«

Úrsulas großer Augenblick war gekommen. Jetzt würde der Kleinen die Spucke wegbleiben. Wenn sie das hörte, würde sie sich erst mal aufs Bett setzen müssen.

»Vorn auf dem Notizbuch stand was drauf. Und weißt du, was?«

»Nein, Úrsula, aber ich nehme an, es wird mich umhauen.«

»Mord auf der Principal.«

Maria musste sich tatsächlich setzen. Ihre Miene war mit einem Schlag so ernst wie gewohnt.

»Sag das noch mal.«

»Mord auf der Principal.« Es klang wie die reißerische Ankündigung eines Theaterstücks.

Maria senkte nachdenklich den Kopf. Ihres Wissens waren in diesem Haus während des Krieges keine Schandtaten geschehen. Das einzige Verbrechen, das man mit der Principal in Verbindung bringen konnte, war der tote Mann in dem Sack, den Amadeu an jenem Morgen vor vier Jahren auf der Bank neben dem Tor gefunden hatte. Ricard, der ehemalige Vorarbeiter. Es war eine Zeit des Wahnsinns gewesen, Menschen starben aus tausenderlei Gründen, vor allem in den ersten Stunden der Nationalen Erhebung.

Soweit sie sich an die Berichte von Leuten erinnerte, die die drei fürchterlichen Kriegsjahre in Pous erlebt hatten, war der Fall tatsächlich nie aufgeklärt worden. Er blieb eines von vielen ungelösten Rätseln, eine der Grausamkeiten, die der Krieg mit sich brachte. Úrsula und sie waren damals nicht hier, sie machten Sommerferien im Strandbad von Capdemon und waren gleich anschließend ins Exil gegangen.

Im Laufe dieser Überlegungen breitete sich nach und nach das Glücksgefühl wieder in ihr aus. Was hatte sie mit dem Tod dieses armen Kerls zu schaffen? Ihretwegen konnten hundert Polizisten kommen. Wann immer sie wollten. Nur zu!

»Reg dich ab, Úrsula. Ich kann mir denken, wie unangenehm das für dich gewesen sein muss, aber ...«

Und dann versicherte sie Úrsula über zehn Minuten lang, dass es für sie beide keinen Grund zur Sorge gebe und sie nichts zu befürchten hätten. Sie listete ihr auf, warum es vollkommen ausgeschlossen war, sie mit dem, was damals passiert war, in Zusammenhang zu bringen, und sagte, sie werde mit Freuden diesen Polizisten empfangen und ihm, wenn nötig stundenlang, alles erklären, was er wissen wolle. Sie werde ihm helfen, so gut sie könne, und die Sache wäre erledigt. Maria beobachtete, wie die scharfe Falte auf Úrsulas Stirn fast verschwand. Für Maria war das der Moment, sie in die Arme zu nehmen und ihr zu sagen, sie müsse sich keinen Kummer machen, ihre Kleine wisse sich schon zu helfen. Mit ein paar Liebkosungen, die, wie sie wusste, ihre Wirkung nie verfehlten, gelang es ihr schließlich, Úrsula zu beschwichtigen.

Der alten Amme war Maria das Liebste auf der Welt, und wenn ihre Kleine fröhlich war, war sie es auch. Und Maria kam ihr nicht nur fröhlich vor, sondern überglücklich. Entweder sie war zufrieden mit den Entscheidungen, die sie getroffen hatte, oder sie schmiedete neue Pläne. Úrsula wartete, bis Maria fertig angezogen war, und sie schien ihr voller Energie und Schwung, in der Blüte ihrer dreißig Jahre.

Maria fing ihren versonnenen Blick auf und schmunzelte.

»Was ist? Gefalle ich dir?«

»Sehr, mein Schatz, du strahlst regelrecht. Was ist denn los?«

»Eine Menge. Sag, schläfst du immer noch so schlecht?«

»Ich habe Mühe einzuschlafen, das weißt du doch.«

Maria sah sie schelmisch an und senkte die Stimme.

»Solltest du heute Nacht jemanden die Treppe raufkommen hören, tu mir den Gefallen, laut zu schnarchen.«

»Wer soll denn heraufkommen?«

»Als ob du das nicht wüsstest, Úrsula!«

Die Amme betrachtete sie, Liebe und Mitleid lag in ihren Zügen.

»Ach, Kind, wie lange dir der schon im Kopf herumspukt. Kannst du dir nicht anderswo einen Mann suchen und ihn heiraten? Warum musst du dir unnötig das Leben schwermachen mit einem aus dem Haus, der obendrein auch noch für dich arbeitet und …«

»Und?«

Wenn es darum ging, ihr kleines Mädchen zu beschützen, hatte Úrsula noch nie ein Blatt vor den Mund genommen.

»Und kein ganzer Mann ist, Maria, das weißt du doch selbst am besten.«

»Na ja, er verfügt über alles, was ein Mann braucht.«

»Kind, ich will dich nicht kränken, aber er wird dir niemals allein gehören.«

»Und wenn ich gar nicht will, dass er mir gehört?«

»Du bist verrückt.«

»Mag sein. Aber wenn er die Treppe hochschleicht, jage ihm bitte keinen Schrecken ein.«

»Kind, du beunruhigst mich.«

»Aber Úrsula, ist er etwa kein guter Junge?«

»Der beste von allen.«

»Na also. Dann freu dich, deine Kleine ist glücklich, und heute Nacht werde ich mir einen über fünfzehn Jahre alten Traum erfüllen.«

Sie schlang ihr einen Arm um die Taille und kitzelte sie unter der Achsel. Úrsula kreischte:

»Du bist wirklich verrückt!«

»Stimmt, Úrsula, ich bin total verrückt, und binde mich nicht fest, ich will fliegen, fliegen … Verrückt vor Liebe? Verrückt vor Leidenschaft? Vollkommen egal, ich will fliegen.«

Wieder küsste sie ihre Amme, die hin- und hergerissen war zwischen Freude und Angst. Maria sah sie lachend an.

»Komm schon, wenden wir uns ernsthafteren Dingen zu: Sag Neus bitte, sie soll nur etwas Leichtes zum Abendessen richten.«

»Verstehe schon, damit meine Kleine besser fliegen kann …«

Und endlich lächelte auch die Amme.

Sie gingen die Treppe hinunter und stießen im Speisezimmer auf Llorenç. Úrsula wurde steif, als sie ihn fragen hörte:

»Senyora, werden wir morgen die Sedia brauchen?«

»Nein, Llorenç, sicher nicht.«

»Dann bis morgen, Senyora.«

»Gute Nacht.«

Llorenç hatte so selbstverständlich geklungen, dass Maria Zweifel beschlichen, ob er es sich womöglich anders überlegt hatte und ihr auf diese Weise eine Absage erteilen wollte.

»Vielleicht kommt er gar nicht.«

»Er wird früher da sein, als du denkst.«

Hinter den schmalen Schlitzen, aus denen ihre Augen hervorlugten, erinnerte sich Úrsula an Andreu – den Großvater der Kleinen, nicht zu glauben! –, der sich abends vor den anderen mit denselben Worten verabschiedet hatte. »Bis morgen, Úrsula, gute Nacht.« Und zwei Stunden später hatten sie einander fiebernd in den Armen gelegen.

Die Amme aß fast nichts, stellte Maria nur das Gemüse hin, das Neus gekocht hatte, und wartete in der Küche, bis sie aufgegessen hatte. Nachdem Maria nach oben gegangen war, räumte sie noch ein wenig auf und ging dann auch in ihre Kammer. Schlicht, karg, ein Schrank, der neunundsiebzig Jahre Leben beherbergte, zwei Stühle, ein Tischchen neben dem Bett, ein Nachtgeschirr, zwei

Öllampen, falls der Strom ausfiel, an der Wand ein eiserner Garderobenhaken und ein Foto ihrer Tochter, das ihr vor dem Schlafengehen immer die Tränen in die Augen trieb. Sie schlief stets unter nur einer Decke, ob im September oder im Februar. Darunter trug sie allerdings mehr oder weniger viele Schichten und hatte jetzt im November bereits zwei Nachthemden an. Im Dezember kamen dann Strümpfe, Unterhosen und eine Strickjacke dazu. Wenn es schneite, zog sie noch ein altes Flanellkleid darüber, das sie nur zu diesem Zweck aufhob. Sie legte sich hin, und in Erwartung der Schlaflosigkeit dachte sie an Maria, die Freude in ihrem Gesicht, ihre funkelnden Augen … Die Liebe verwandelt die Frauen innerlich und äußerlich, niemand wusste das besser als sie. Heute hatte die Kleine sie an ihre Mutter erinnert, als die frisch verliebt gewesen war. Und wie immer, wenn Úrsula in ihrem Gedächtnis nach Ereignissen grub, deren Zeugin sie in den letzten fünfundsechzig Jahren auf der Principal geworden war, griff sie sehr weit zurück.

DIE HOCHZEIT VON DER ALTEN UND SENYOR MAGÍ
MÄRCHEN

Im Laden von Roser Grau, wo es alles Mögliche gab – Strohschlappen, Lebensmittel, Eggen …, – war es brechend voll. Und es geschah, dass eine Frau, kurz nachdem sich die neue Senyora der Principal mit ihren Geschwistern zerstritten hatte, bemerkte: »Da ist dieses Mädchen noch so jung und doch von heute auf morgen eine alte Frau geworden.« Dieser Ausspruch machte die Runde, und seither war sie für jedermann nur noch »die Alte«.

Anfang des Jahres 1894 war Maria Roderich bereits abgehärtet und regierte das Erbe ihres Vaters kompromisslos und mit fester Hand. In wenigen Monaten hatte sie sich vom Töchterchen zur mächtigsten Frau des Dorfes gewandelt und ihr behütetes Leben im Schoß der Familie gegen eine zermürbende Einsamkeit getauscht. Dessen ungeachtet setzte sie, Schritt für Schritt und koste es, was es wolle, ihr Vorhaben in die Tat um. Nach eineinhalb Jahren investierte sie das Geld aus dem Verkauf der im Keller gelagerten Flaschen in die Neubepflanzung aller Weinberge der Principal, sie entschied sich für Pfropfreben auf amerikanischen Wurzelstöcken, wohingegen die meisten anderen Gutsherren Haselnussplantagen anlegten. La Principal wurde erneut zum Inbegriff von Macht und Reichtum in Pous.

Anfangs hatte die Alte vor, die Weinkellerei Roderich wieder in Betrieb zu nehmen und Weine für zwei Vermarktungswege herzustellen: einen Teil, um ihn en gros zu verkaufen, und einen anderen, um die Produktion von hochwertigen Flaschenweinen fortzuführen, mit der ihr Vater begonnen hatte. Die Kelter erneut in Gang zu setzen war zwar teuer und zeitaufwendig, doch verfügte die Principal über die notwendige Ausrüstung, geschultes und erfahrenes Personal, ein noch aktuelles Netz von Händlern und Vertretern und mehr als genug Geld für einen Neubeginn.

Auf den Feldern war das Auspflanzen der neuen Stöcke schon in vollem Gange, als ein Gerücht alle ihre Pläne ins Wanken brachte. Angeblich waren bei der Weinkooperative in Rius Repräsentanten französischer Kellereien aus der Gegend von Bordeaux erschienen, die, im Wissen um die Qualität der Moste aus der Abadia, die Winzer zum Anbau von Garnacha und Cariñena zu überreden versuchten. Im Gegenzug versprachen sie, die gesamte Ernte aufzukaufen, um mit den Oechsle-Graden und der Farbe, die diese Traubensorten in der Abadia entwickelten, ihre eigenen Weine zu veredeln.

Die Hartnäckigkeit dieses Angebots untergrub nach und nach die ursprünglichen Absichten der Alten. Nicht dass es ihr an Unternehmungsgeist oder Risikobereitschaft gefehlt hätte, doch wenn sie das Leben ihres Vaters Revue passieren ließ, seine ständigen Verhandlungen, sein ewiges Bangen um steigende oder fallende Marktpreise, die endlosen Reisen und die harten Diskussionen um Prozentsätze und Provisionen, kamen ihr Zweifel. Der Ertrag eines Weinbergs unterlag einem festen, unabänderlichen Rhythmus. Mit der Wiederbepflanzung war es nicht getan, danach mussten die Weinstöcke drei bis fünf Jahre lang wachsen, bis sie gute Früchte hervorbrachten. Dazu kamen die Kosten für neue Maschinen, Tausende von Flaschen, Korken, Etiketten und die

Anschaffung geeigneter Fässer, in denen der Wein ein bis zwei Jahre reifen sollte. Alles in allem bedeutete das viel langfristig gebundenes Geld, bevor auch nur eine einzige Flasche verkauft werden konnte.

Dem gegenüber stand eine einfache Rechnung: Weinstöcke setzen, abwarten, bis sie trugen, den Franzosen die Trauben überlassen und die Hand aufhalten. Der zugesagte Kilopreis war recht hoch, und La Principal konnte viel liefern. Man musste nur die Arbeiter möglichst schlecht bezahlen, und dafür würde sie schon sorgen.

Abgesehen von all diesen Faktoren gab es auch noch einen weiteren, den sie nicht unterschätzen durfte: Sie war eine Frau, und der Wein war das Blut einer Männerwelt, dominiert von großspurigen Machos. Sich mit diesen Geschäftsleuten auseinanderzusetzen war wie durch ein mit Haien verseuchtes Riff zu schwimmen, und der Duft einer Frau schien die niedersten Instinkte zu wecken. Viele empfanden es regelrecht als Beleidigung, mit ihr verhandeln zu müssen. Doch damit nicht genug. Denn sie war nicht nur weiblichen Geschlechts, sondern obendrein erst zwanzig Jahre alt, und indem sie diese beiden Defekte durch Charakterstärke und Willenskraft wettzumachen verstand, stellte sie für diese Art von Männern – sofern es überhaupt eine andere gibt – eine unzumutbare Demütigung dar. Maria musste einen schweren Entschluss fassen, und das raubte ihr den Schlaf. Die alte Kellerei ihrer Familie stillzulegen widerstrebte ihr zutiefst. Dennoch rang sie sich dazu durch.

In Pous, wo man an das vornehme Auftreten Senyor Andreus gewöhnt war, der schon durch seine bloße Anwesenheit Autorität ausgestrahlt hatte, hätte niemand diesem jungen Mädchen die erfolgreiche Leitung der Principal zugetraut. Doch das Gut entwickelte sich rasch wieder zum reichsten der ganzen Gegend. Sie konnte zufrieden sein, sie hatte alles richtig gemacht und war ihrer großen Sorgen schon bald ledig. Nun galt es nur noch, den Alltag auf den Ländereien zu beaufsichtigen, das Personal an kurzer Leine zu halten und der heiligen Basilissa gelegentlich eine Kerze anzuzünden, damit sie Regen sandte, aber nicht so viel, dass die Trauben verfaulten.

Innerhalb des Hauses setzte die Alte nach und nach ihre eigene Ordnung durch. Sie nahm Veränderungen vor, verringerte die Anzahl der

Dienstboten und erhöhte die der Arbeiter, regelte Abläufe neu und brach mit alten, sinnlos gewordenen Gewohnheiten. Auch ihren Wohnbereich gestaltete sie um und räumte die Einrichtung, Schränke, Bilder, Teppiche …, so lange hin und her, bis sie eines Tages fand, dass ihre Umgebung jetzt ihren Vorstellungen entsprach. Und nachdem sie endlich zu ihrer Lebensweise gefunden hatte, erwies sich die Alte als gar nicht so unausstehlich, wie man sie – und sie sich selbst – immer dargestellt hatte. Obgleich ihre Wutausbrüche weiterhin die Wände erzittern ließen und niemand davon verschont blieb, gab es in den Winkeln ihrer Seele doch auch Zartgefühl, nicht allzu viel, aber wenn es sich zeigte, machte gerade sein Seltenheitswert es umso anrührender.

»Jedes Teil an seinen Platz«, sagte sie gern. Und so flossen die Tage auf der Principal geruhsam und ohne nennenswerte Zwischenfälle dahin. Jedes Teil erfüllte seinen Zweck unter dem straffen Regiment der Herrin. Bis beim Dorffest des Jahres 1900 das Wunder geschah, das die ganze Principal erschüttern sollte. Die Alte verliebte sich.

Alles begann beim Tanz am Samstagabend, der sogenannten kleinen Kirmes, die auf das erste Juliwochenende fiel. Die freudig erwartete Veranstaltung fand im Kasino statt. Dem Orchester La Caribeña, das in jenem Jahr aufspielen sollte, eilte ein so guter Ruf voraus, dass sämtliche Tanzlokale von Rius sich um die Musiker stritten, von denen es hieß, es seien sogar echte Kubaner darunter, die hier im Exil lebten. Die Alte war siebenundzwanzig Jahre alt und warf sich in Schale, als besuchte sie ein gesellschaftliches Großereignis in der Hauptstadt und nicht den Tanzabend eines abgelegenen Bergdorfes. Ging es ihr dabei um die Leute? Nein, ihr ging es um die Musik.

Maria liebte Musik, die Harmonie der Töne besänftigte ihren reizbaren Geist, und sie machte sich nur schön, um sich auch äußerlich in Einklang mit diesem Hochgenuss zu fühlen. Ihr gefiel jede Art von Musik, aber die aus Amerika und die österreichischen Walzer begeisterten sie besonders. Sie versuchte, sich nichts anmerken zu lassen und den Anschein der Seriosität zu wahren, doch wer genau hinsah, mochte ein leichtes Zucken ihrer Hüften und ein rhythmisches Wippen ihrer Beine wahrnehmen.

Úrsula begleitete sie, was der Bewaffnung mit einem Karabiner gleichkam. *Maria nahm sie nur mit, um nicht allein gehen zu müssen, wogegen die Amme sich als Schutzwall gegen jedweden Annäherungsversuch verstand. In Wahrheit jedoch hatte Úrsula damit nicht viel Mühe, denn Marias ernste Aura, ihr Stand als mächtigste Frau von Pous und ihr berüchtigter Jähzorn hielten ohnehin jeden Mann über fünfundzwanzig davon ab, sie zum Tanz aufzufordern; da fischte die Dorfjugend lieber in weniger riskanten Gewässern. Zwar gab es durchaus den einen oder anderen, der Maria nur sporadisch sah oder von außerhalb kam und staunend feststellte, dass es sich bei der sogenannten Alten von Pous um eine junge, äußerst attraktive Frau handelte. Doch noch ehe aus Verwunderung Begehrlichkeit werden konnte, schlug Úrsulas stechender Blick jeden, der keine Selbstmordabsichten hegte, in die Flucht.*

Die Familie Roderich verfügte über eine komplette Loge, die nur sie beide benutzten. Dort waren sie ungestört, und Maria konnte in aller Ruhe das tun, wozu sie gekommen war: die neuesten Musikstücke anhören, sich von den Klängen forttragen lassen aus einer Umgebung, die sie als schäbig empfand, und in eine Welt eintauchen, wo mehr Ordnung, Harmonie und Weltoffenheit herrschten.

Und so hielten die beiden, fein herausgeputzt, Einzug im Ballsaal des Kasinos, nachdem sie eine Orchesterpause abgewartet hatten, um der Aufmerksamkeit des gesamten Publikums gewiss zu sein. Voran Maria Roderich, strahlend schön, und hinter ihr Úrsula, stocksteif und von Kopf bis Fuß in alle nur denkbaren Grautöne gewandet, einschließlich der Unterwäsche, worauf sie großen Wert legte. Gemessenen Schrittes und sparsam grüßend überquerten sie das Parkett von einem Ende zum anderen, um zu ihrer Loge zu gelangen. Im Saal wurde es merklich stiller, aller Augen waren auf sie gerichtet, und darauf kam es an.

Der Ballsaal des Kasinos war ein rechteckiger Raum mit musikalisch anmutenden Deckenornamenten. Rundum reihten sich die ovalen Balkons der Logen, die nur den Bühnenbereich und die gegenüberliegende Tür aussparten. Durch diese Anordnung ergaben sich vier größere Ecklogen und zwei besonders imposante rechts und links der Bühne. Eine davon, die linke, gehörte den Roderichs. Tatsächlich stellte die riesige Loge einen ebensolchen Blickfang dar wie das Geschehen auf der Bühne, und die beiden Frauen saßen für jeden, der den Saal betrat, wie auf dem Präsentierteller.

Unterhalb der Logen standen drei Stuhlreihen rund um die Tanzfläche, und dort saßen die meisten Dorfbewohner und ein paar auswärtige Besucher. Es war alles wie immer. Jeder kannte jeden. Die wenigen Fremden waren Gäste der einheimischen Familien und kamen fast jedes Jahr, nichts Neues also, und die Alte konnte sich voll und ganz der Musik hingeben. Das Orchester spielte gut, der Klarinettist und die erste Geige verliehen den Melodien Klarheit und Anmut. Der Sänger hingegen, obwohl er die Töne traf und keine schlechte Stimme hatte, klang gefühllos wie ein Stück Holz.

Sie hatten etwa eine halbe Stunde zugehört, und Úrsula wollte ihrer Herrin eben mitteilen, sie müsse sie einen Moment alleinlassen, um aufs Klosett zu gehen, das sich am anderen Ende des Saales befand. Doch da bemerkte sie Marias unverwandt auf eine bestimmte Stelle gerichteten Blick und strengte ihre Augen an, um herauszufinden, was die Aufmerksamkeit ihrer Kleinen so fesselte. Sie entdeckte ihn sofort, sie hatte sich schon so etwas gedacht: Ein junger Mann, weder groß noch klein, weder hässlich noch schön, weder dick noch dünn, aber sehr ungewöhnlich gekleidet. Nicht elegant, eher originell. Sie beschloss, ihr Bedürfnis aufzuschieben, denn in einem so kritischen Moment durfte sie dem Kind keinesfalls den Beistand entziehen.

Kurz darauf begann Úrsula, die Krallen zu wetzen, der junge Mann hatte nun schon zum dritten Mal vielsagend zu Maria herübergeschaut. Natürlich würde sie das Wasser halten, sie hatte ihre unnützen Organe noch bestens unter Kontrolle. Der Unbekannte war in Begleitung des jungen Grau, Spross einer guten Familie, die als etwas zu liberal galt, um so reich zu sein. Wenig später beobachtete die Amme, wie sich die zwei, ganz in ihr Gespräch vertieft, in Bewegung setzten und durch den Saal schlenderten. Doch derartige Manöver hatten keine Chance gegen die weise Voraussicht einer Frau wie Úrsula, die die unkeuschen Absichten dieser beiden Kerle sofort durchschaute. Sie warf ihrer Herrin einen warnenden Seitenblick zu, doch die starrte nur wie gebannt diesen Jungen an und schien alles andere vergessen zu haben. Úrsula beschloss, sie aus ihrer Verzückung zu reißen.

»*Soll ich dir ein Glas Granatapfelsirup holen?*«

Keine Reaktion. Nur Marias schmachtender Blick, untermalt von den Orchesterklängen.

»*Möchtest du einen Granatapfelsirup?*« *Úrsulas Ton wurde schon leicht schrill und verlangte dringend nach einer Antwort.*

»*Was sagst du?*«

»*Dass dir ein Schluck Granatapfelsirup sicher guttäte!*«, *schrie Úrsula, jetzt in heller Aufregung.*

»*Aber, Úrsula, ich habe meinen Wermut noch nicht einmal angerührt*«, *sagte Maria, ohne die Augen von dem Fremden zu wenden, der jetzt geradewegs auf die Loge zusteuerte. Und als er mit unbefangenem Lächeln und einer leichten Verbeugung fragte:* »*Möchtet Ihr tanzen?*«, *erwiderte Úrsula klar und entschieden:*

»*Nein.*«

Doch Maria Roderich war bereits aufgestanden und schritt durch das Tosen der Musik auf den Tanzboden zu. Hätte ein unerwartetes Tacet das Orchester in diesem Moment verstummen lassen, man hätte das Surren einer Fliege oder Úrsulas Flüche hören können, denn zuzusehen, wie die Alte sich herabließ zu tanzen, selbst wenn es mit einem Auswärtigen war, hatte den Pousern die Sprache verschlagen.

Es erklang ein Walzer von Strauß, der in diesem Jahr Furore machte; sie begannen zu tanzen und bemerkten gar nicht, dass sie bald das einzige Paar auf der Tanzfläche waren, weil alle anderen sich zurückgezogen hatten, um den Blick auf das einmalige Schauspiel nicht zu versperren.

»*Ich heiße Narcís Magí. Darf ich Euch nach Eurem Namen fragen?*«

»*Maria Roderich*«, *antwortete sie nervös, denn sie wusste nicht recht, wie sie sich in einer solchen Situation verhalten sollte.*

»*Ach, Ihr seid das!*«

»*Ich?*«

»*Ihr seid die Herrin der Principal.*«

»*Woher wisst Ihr das?*«

»*Euer Haus ist das reichste im Dorf. Selbst in Rius fällt Euer Name häufig, und hier in Pous ist er in aller Munde …*«

Er stockte; dieser Freimut einem Mädchen gegenüber, das er eben erst zum Tanzen aufgefordert hatte, gehörte sich nicht. Der junge Mann hielt einen Augenblick inne, ehe er ergänzte:

»Man spricht gut und mit Hochachtung von Euch.«

»Ich werde die Alte genannt, obwohl ich erst siebenundzwanzig bin, und die Leute behaupten, ich sei eine launische Tyrannin, die ihren Arbeitern Hungerlöhne bezahlt.«

»So viel hat man mir nicht erzählt, und niemand hat mir gesagt, dass Ihr so gut tanzt. Mögt Ihr Musik?«

»Ja, aber in Pous bekommt man kaum welche zu hören.«

»Ihr solltet die Konzerte des Gran Cercle in Rius besuchen.«

»Das sind zwei Stunden mit der Kutsche hin und zwei zurück.«

»Die Roderichs haben doch ein Haus in Rius.«

»Drei, glaube ich. Aber ich weiß gar nicht, warum ich Euch erklären soll ...«

»Ihr habt recht. Verzeiht.«

»Eine gute Kinderstube besteht darin, niemals um Verzeihung bitten zu müssen. Haben Eure Eltern Euch das nicht beigebracht?«

Maria hatte ihn necken wollen, sah jedoch mit Verblüffung, wie ihrem Tanzpartner die Tränen in die Augen stiegen. Er hob den Blick und schaute ins Leere, wusste jedoch, dass Maria seine Verstimmung sehr wohl bemerkt hatte.

»Lasst nur. Meine Eltern sind vor kaum einem Monat ums Leben gekommen. Sie waren auf der Überfahrt von London hierher und haben Schiffbruch erlitten.« Er machte eine Pause. Offensichtlich kostete es ihn große Anstrengung, nicht zu weinen.

»Das tut mir sehr leid, ich wollte nicht ...«

»Schon gut. Ihr habt nur das Pech, mit einem verwöhnten Einzelkind zu tanzen, das zu nah ans Wasser gebaut hat.« Mit feuchten Augen, noch immer um Beherrschung ringend, nickte er plötzlich entschlossen und sah Maria ins Gesicht. »Na schön, gebt mir eine Minute, um mich auszusprechen, und dann lassen wir es auf sich beruhen, einverstanden? Ich bin in diesem Zustand, weil ein solcher Tod mit einem Schlag Verbindungen zerbricht, Pläne zunichtemacht und immer schwerer zu verkraften ist als ein angekündigter Tod, eine Krankheit, während der *man sich auf das Unabwendbare einstellen kann. Worüber ich nicht hinwegkomme, was mich fix und fertig macht, ist, mich nicht von ihnen verabschiedet zu haben, nicht im letzten Augenblick an ihrer Seite gewesen zu sein. Und das Schlimmste ist, ihnen nicht einmal eine Ruhestätte geben zu können, weil ihre sterblichen Überreste auf dem Meeresgrund liegen … Jede Nacht werde ich von grauenvollen Bildern heimgesucht, sehe das Haar meiner Mutter im Wasser wehen.«*

Der Walzer näherte sich seinem rauschenden Finale und endete mit einem Schlussakkord wie Donner. Úrsula hatte schon rote Augen, so starr fixierte sie das Paar, und als die Musik verklungen war, stand sie auf, um Maria wieder auf ihren Platz zu lassen. Sie verzog den Mund, und ihre Stirnfalte wurde schärfer, als sie begriff, dass Maria gar nicht daran dachte, in die Loge zurückzukehren. Úrsula erhob sich auch nach den beiden folgenden Tänzen, blieb dann aber sitzen, weil die in der Nachbarloge, die Pellicers, schon anfingen zu feixen.

Die junge Frau tanzte mit diesem Narcís, bis der Tusch ertönte, mit dem das Orchester das Ende des Balles verkündete. Nach dem letzten Takt blieben beide voreinander stehen.

»Also dann, vielen Dank, es war mir eine Freude, Euch kennenzulernen.«

»Danke«, entgegnete sie.

»Werdet Ihr auch morgen kommen?«

»Nein.«

»Dann fahre ich zurück nach Rius.«

»Gute Nacht und einen guten Heimweg.«

»Gute Nacht.«

Am Tag nachdem Úrsula fassungslos mitangesehen hatte, wie sich die beiden mehr als ein Dutzend Tänze lang angeregt unterhielten, sagte sie sich, sie sollte wohl lieber anfangen, diesen Narcís nett zu finden, da sie höchstwahrscheinlich viele Jahre lang seine Unterhosen würde waschen müssen.

Verglichen mit der üblichen Verlobungszeit von fünf bis sechs Jahren, in denen die Vorfreude künftiger Eheleute oft schon zu erlahmen begann, war die ihre fast schändlich kurz. Sechs Monate. Das allein war in Pous bereits eine Sensation, doch als auch noch bekannt wurde, dass das Paar keine pompöse Hochzeit im Dorf feiern, sondern in einer schlichten Kirche in Barcelona heiraten würde, wo ein Jugendfreund des Bräutigams Priester war, wurde getratscht, geflucht und hämisch über gewisse körperliche Dringlichkeiten hergezogen. Der Aufruhr steigerte sich noch, als sich herumsprach, dass außer Úrsula niemand aus dem Dorf geladen war. Und die hätte mit Freuden ihre nie versiegende Muttermilch für einen Erdrutsch hergegeben, damit die Straße nach Pous für alle Zeiten unpassierbar wäre.

Die Extravaganzen des Paares bereiteten den Dorfbewohnern noch weitere Überraschungen. Zum Beispiel, als er nach Pous zog, statt sich mit ihr in Rius niederzulassen, wo sich für reiche Leute fast so viele Möglichkeiten für ein schönes Leben boten wie in Barcelona. Abgesehen davon war der Junge bekanntlich der Erbe der Magís, die ihm eines der größten Vermögen der Stadt hinterlassen hatten, ein Vielfaches dessen, was Maria Roderich geerbt oder in den wenigen Jahren, die sie der Principal vorstand, erwirtschaftet hatte.

Als der junge Ehemann seine Sachen bringen ließ, verschlug es dem ganzen Dorf den Atem. Drei zweiachsige Fuhrwerke, gezogen von sechs Kaltbluthengsten, groß und prächtig anzusehen, kamen hintereinander die Steigung zum Tor der Principal herauf und erregten mit dem Rattern der Räder, dem Klappern der Hufe auf dem Pflaster und den Rufen der Männer, die die Tiere antrieben, allgemein Aufmerksamkeit. Oben angekommen, stellten sie die Kutschen zunächst draußen ab, alle drei hätten keinesfalls in die Einfahrt gepasst.

Nachdem der erste Wagen rückwärts hineinmanövriert war, begannen die Fuhrleute, unterstützt von vielen Arbeitern der Principal, die kostbare Fracht zu entladen, und brachten Reisetruhen und Koffer mit Kleidung und persönlichen Dingen des neuen Herrn zum Vorschein. Unterdessen waren die Dörfler zusammengeströmt und hatten sich in der Nähe des großen Tores versammelt, von wo aus sie dem aufwendigen Unternehmen zusahen und aus dem Staunen über die Unmenge Gepäckstücke gar nicht herauskamen. Denn das war noch längst nicht alles; als anschließend in Stoff gehüllte Gegenstände herausgehoben wurden, begann sofort ein großes Rätselraten: Dies könnte eine Statue sein, jenes ein Bild, ach was, Dutzende von Bildern in jeder Grö-

ße, Kerzenleuchter, Steinzeug, Porzellan, Glas in verschnörkelten Formen ..., ein überwältigender Luxus.

Als der Wagen leergeräumt war, begannen die Spekulationen über die Ladung des zweiten; bereits die erste Truhe war so schwer gewesen, dass vier kräftige Knechte sie nur mit Mühe anheben konnten. Senyor Narcís, der bis jetzt alles mit Gleichmut beobachtet hatte, eilte herbei und bat die Männer mit ausgestreckten Armen, damit sehr vorsichtig zu sein: »Das sind Bücher«, rief er. Und sie entluden Kisten und Kästen voller Bücher, Truhen mit noch mehr Büchern, mit Kordel gebündelte Bücher ... Die Leute wunderten sich, was so viel Bildung und Kultur in Pous zu suchen hatte, doch der Bücherstrom riss nicht ab, bis die zweite Kutsche leer war. Sie stapelten alles im Eingangsbereich auf, den schon allein die Bücher zum größten Teil beanspruchten. Doch es ging noch weiter; im dritten Wagen befanden sich weitere Bücherkisten, und während man sie herauswuchtete, erschien dahinter nach und nach etwas sehr Großes, ein sorgsam verpackter Gegenstand, den auf Anhieb niemand erkennen konnte. Angespanntes Schweigen breitete sich aus; alle Zuschauer versuchten krampfhaft zu erraten, was das wohl sein mochte, das derartige Vorsichtsmaßnahmen erforderte und unter so viel Stoff, gepolsterten Hüllen, Schnüren und Seilen verborgen war ... Die Unruhe wuchs, als Senyor Narcís es jetzt für nötig hielt, beim Abladen persönlich das Kommando zu übernehmen. Die Mutmaßungen gingen in alle Richtungen: Für eine Kommode war es zu groß, für ein Bett zu asymmetrisch, ein Schrank hatte nicht so eine Form, und so wurde die Liste immer länger. Jedenfalls war es mächtig schwer, denn der Kutscher des dritten Wagens holte aus einer Truhe Riemen und Gurte, die er unter den acht stämmigsten Männern verteilte. Unter ungeheuren Anstrengungen, rotgesichtig, mit geschwollenen Adern, brüllend und fluchend zerrten sie das Riesending bis zum Rand der Ladefläche, schoben es darüber hinaus, bis es zur Hälfte in die Luft ragte und schon fast Übergewicht bekam, um es dann mit der Hilfe derer, die unten warteten, zu kippen und schließlich zu Boden gleiten zu lassen. Dann hoben sie es an und schleppten es mit kurzen Schritten, keuchend und schimpfend, bis zur Eingangstür der Principal. Nach einer Verschnaufpause trugen sie noch weitere sicher verpackte Teile aus der Kutsche und stellten sie dazu. Als schließlich alles beieinander war, sagte Senyor Magí zu den Arbeitern: »*Die Tür ist breit genug und die Treppe auch. Zu zwölft sollten wir es fast komplett montiert in den großen Salon schaffen können, so wird das Gehäuse weniger leiden.*« *Daraufhin entstand unter den Umstehenden erneut Tumult, denn die hatten sich schon damit abgefunden, dieses Rätsel nicht lösen zu können, und begriffen nun, dass der Apparat vor ihren Augen zusammengebaut werden sollte.*

Senyor Magí begann behutsam, den maßgeschneiderten Überzug aufzuknöpfen. Unter der obersten Schicht befand sich eine weitere, noch dickere. Als er auch an dieser die erste Reihe Knöpfe öffnete, zeigte sich ein glänzender schwarzer Streifen, der allmählich breiter wurde, bis sich die gesamte Umhüllung herunterziehen ließ, was der neue Herr dann auch mit einem Ruck tat und so die Vorderseite des geheimnisvollen Möbelstücks freilegte.

Ach so, ein Klavier. Ein großer Flügel, schwarz, spiegelblank ..., unglaublich. Alle bewunderten das Instrument, und Maria bekam feuchte Augen. Ah, die Musik, endlich hielt die Musik Einzug in dieses Haus, die Musik, die ihr Leben verändert und ihr die Liebe zu diesem Mann beschert hatte. Im Dorf ging es tagelang um nichts anderes.

Auch nachdem Senyor Narcís in Pous eingerichtet war, benahm er sich ganz und gar nicht so, wie es ein Mann nach landläufiger Meinung tun sollte. Weder besuchte er das Kasino zum Domino- oder Kartenspielen, noch stellte er sonntagmittags beim Aperitif seine Frau und sein Vermögen zur Schau, auch im Kaffeehaus sah man ihn nicht, und zu allem Überfluss ging er nie in die Kirche, nicht einmal, um die Alte zu begleiten, die nach wie vor keine einzige Messe ausließ. Er veranstaltete auch keine Jagdgesellschaften, dabei wäre es so einfach gewesen, seine Freunde aus Rius einzuladen, die viel Geld bezahlten, damit ihnen jemand aus der Gegend bei der Pirsch auf Rebhuhn oder Wildschwein zur Hand ging ... Die Liste der Absonderlichkeiten des neuen Herrn der Principal war sehr lang.

Maria Roderichs Tatkraft hatte sich durch die Heirat und Narcís' Anwesenheit verdoppelt. Sie arbeitete mehr denn je und ergriff Maßnahmen zur Verbesserung des Weinbaus, die teils Bewunderung, teils

Misstrauen auslösten, aber fast immer zu guten Ergebnissen führten. Und mit der Zeit wurde sie zur berühmtesten Frau der Provinz.

Mit all dem war es aus, als Narcís Magí starb. Die Alte verriegelte jene Fenster zur Welt, die sie nur mit seiner Hilfe hatte aufstoßen können. Und als wollte sie sich dafür rächen, dass er sie so plötzlich verlassen hatte, sperrte sie ihren Geist in eine dunkle Kammer, versank immer tiefer in religiösem Fanatismus und liebäugelte mit den reaktionärsten aus Italien und Deutschland herüberschwappenden Anschauungen. Als wäre Narcís nur ein glückseliger Traum in ihrem umtriebigen Leben gewesen. Als hätte Gott ihr in seiner unendlichen Barmherzigkeit durch den Tod des Gatten den rechten Weg gewiesen. Die Alte erstickte ihre Sehnsucht nach der Gedankenwelt ihres Mannes, indem sie ihr eigenes Denken in die entgegengesetzte Richtung lenkte. Zu dieser Zeit begannen auch die Versammlungen mit Pilar Vas, einer Frau, die in den dreißiger Jahren eine Gruppe Mitstreiterinnen um sich scharte und mit ihnen die Sección Femenina *der Spanischen Falange von Rius gründete. Die Alte war antiquiert und konservativ, das lag in der Familie, aber niemals hätte sie in diesen Neigungen eine Ideologie gesehen. Jetzt drangen ihr die Predigten der Geistlichen bis ins Mark, und die Sitzungen mit den schwärmerischen Damen, die stets über die neuesten Strömungen aus Italien und dem Vatikan auf dem Laufenden waren, rissen sie zu Begeisterungsstürmen hin. Sie engagierte sich mit solchem Eifer, dass sie schon nach zwei Jahren zu den bedeutendsten Aktivistinnen der faschistischen Bewegung in der Abadia zählte.*

Neunzehnhundertdreiunddreißig – vielleicht um die Höllenfahrt der Republik, in der sie die letzten Jahre verbracht hatte, nicht mehr miterleben zu müssen – starb die Alte.

Úrsula döste vor sich hin, ließ sich von ihrer Schlaflosigkeit jedoch nicht beunruhigen. Presentació, die Hebamme, die in ihrer Freizeit auch als Heilerin tätig war, hatte es ihr prophezeit: »Alle zehn Jahre schläfst du eine Stunde weniger.« Wahrscheinlich war das Kontingent in ihrem Alter längst aufgebraucht. Tatsächlich nickte sie nur von Zeit zu Zeit ein, hatte aber nie das Gefühl, tief geschlafen zu haben.

Llorenç war kaum zu hören, vermutlich ging er barfuß. Hübsch war er ja, ein bildschöner Kerl, aber die Kleine sollte ihn nicht in ihr Bett holen. Das führte nur zu Gerede und anderen Problemen, die noch schwerer zu begreifen und zu lösen sein würden. Dieser Junge trieb sich seit frühester Jugend mit Männern herum, älteren Männern, wie Ricard. Herrje, Ricard. Der Sohn der Nebots. Welche Untaten er auch immer auf dem Gewissen gehabt haben mochte, er hatte es nicht verdient, so zu sterben.

Im Stockwerk darüber lag auch Maria wach. Vom Bett aus spürte sie das leichte Beben der Dielen. Sie hatte eine Öllampe auf den Nachttisch gestellt, es sollte nicht zu hell sein, aber wenn Llorenç kam, musste er ja etwas sehen. Als er die Tür öffnete, schaute er sie nicht an, sondern drehte ihr den Rücken zu, um die Tür zu schließen und den Riegel vorzuschieben, der sonst nie benutzt wurde. Dann, noch immer abgewandt, entkleidete er sich und schlüpfte rasch zu ihr ins Bett. Alles ohne ein Wort, ohne einen Blick. Es fühlte sich seltsam an, sie kannten sich von klein auf.

Sie umarmten einander, und sie dachte, wie recht sie gehabt hatte. Dieser Körper war ihr Paradies.

8

BODEGA VALL COSTA

Maria Costa stellt ihren Citroën 2CV vor dem Verwaltungsgebäude der Weinkellerei ab und steigt in den Lexus. Kein guter Wagen, wenn man ins Gebirge will, aber er macht viel her und ist leise. Sehr leise. Und auf langen Autobahnfahrten, wenn sie irgendwo im Ausland den neuen Jahrgang der Kellerei Vall Costa präsentieren muss, verwandelt sie den Wagen in einen Konzertsaal. Dies ist eine ihrer wenigen Leidenschaften, und die Suche nach verschiedenen Versionen ihrer Lieblingsstücke ist ein Hobby, das schon an Besessenheit grenzt. Vor jeder Reise trifft sie eine großzügige Auswahl an CDs mit ihren bevorzugten Symphonien, Klavierkonzerten, zeitgenössischen Werken, Liedern ... Sie nimmt viele mit, mehr als sie in der verfügbaren Zeit würde hören können. Es hat sie immer gereut, die Klavierstunden aufgegeben zu haben, aber der Drang, sich ihrer Mutter zu widersetzen, hatte dazu beigetragen, ihr das Instrument zu verleiden.

Sie will noch kurz zu Hause vorbeischauen, um sich zu verabschieden und ihren kleinen Koffer zu holen. Ihren Vater ärgert es immer, wenn sie ihm spöttisch erklärt, um als Frau Geschäfte zu machen, sei es besser, wenig Klamotten und viel Wein im Gepäck zu haben.

In dem großen Haus verfügt ihr Vater über reichlich Platz, um der Nostalgie und dem Groll seiner einundneunzig Jahre zu frönen. Als Maria Costa beschloss, nach Pous zurückzukehren und die Kellerei der Principal wieder in Betrieb zu nehmen, plante sie bereits den Ausbau der Mansarde, wo sie nach eigenem Entwurf einen neuen Raum in kühnem Design eingerichtet hat, lichtdurchflutet, mit Fenstern zu einer Dachterrasse voller Blumen und Glyzinien, umgeben von niedrigeren Ziegeldächern und einem weiten Ausblick.

Sie parkt das Auto vor dem großen Haupttor und läuft beschwingt ins Haus. Ganz jung ist sie nicht mehr, aber sie hat gut auf sich geachtet. Sie treibt Sport, sooft sie kann, und seit ihrer Rückkehr auf die Principal empfindet sie nach all den Jahren in der Großstadt das Landleben als erfrischend.

Sie steigt die Treppe hinauf zum Zwischengeschoss. Dämmrige Beleuchtung, viele Teppiche, Schubladenschränke, Kommoden, große Tische, kleine Tische, Stühle, Kamine, Kachelöfen, Leuchter, Schmiedeeisen, alte Porträtgemälde, der Geruch von Geheimnissen, Vasen, ebenso zerbrechlich wie kostbar, jeder Winkel vollgestopft mit nutzlosen Dingen. Und mittendrin das Klavier, ein prunkvoller Bechstein-Flügel. Alles in allem, wie sie sarkastisch zu sagen pflegt, das komplette Museum der Principal.

Ein Museum, in dem ihr Vater sich wohlfühlt und sie Depressionen bekommt. Noch sieht sie ihn nicht, doch der fahle Lichtschein, der aus Opa Narcís' Bibliothek dringt, lotst sie direkt zu ihm. Ihr Vater ist in die Lektüre einiger DIN-A4-Bögen versunken, die er aus dem Drucker genommen hat. Der Rechner ist simpel genug, so dass er ihn nach einer kurzen Einweisung gerade so weit zu bedienen gelernt hat, um einen Text zu schreiben.

Als der alte Mann Schritte hört, hebt er den Kopf und lächelt müde. Durch die Tür tritt das Beste, was er im Leben hat, der einzige von Herzen geliebte Mensch, der ihm noch geblieben ist: Maria, seine Tochter. Unabhängig, klug, unternehmungslustig, modern, frei. Alles, was ihm nicht gelungen oder nicht vergönnt war.

Maria küsst ihn auf die Stirnglatze; das Haar um die Ohren und im Nacken ist noch immer nicht weiß. Mit gespielter Neugierde sieht sie ihn an und wirft dann einen Blick auf seine Papiere.

»Ich fahre jetzt, Papa. Bist du immer noch damit zugange?«

»Wann habe ich das eigentlich angefangen …? Vor fünf Jahren, seit fünf Jahren bin ich jetzt damit beschäftigt. Aber es ist so gut wie fertig. Gut, dass du kommst, ich wollte es dir nämlich geben.«

»Sag bloß, das ist für mich.«

»Für wen denn sonst? Meinst du etwa, ich wollte ein Buch schreiben?« Dabei kichert er und fügt hinzu: »Du kannst es ja mitnehmen, und vielleicht in einer ruhigen Minute …«

»Papa, ich habe keine ruhige Minute. Ich passe schon auf, dass ich keine habe, denn wenn ich auf Geschäftsreise bin, bin ich auf Geschäftsreise. Ich treffe die Leute, die ich kenne, versuche, Kontakte zu denen zu knüpfen, die ich nicht kenne, und wenn ein bisschen Zeit bleibt, schaue ich mir die Weinhandlungen der Stadt an, um mir einen Eindruck zu verschaffen, wie sie laufen. Und nachzusehen, ob wir in ihrem Angebot vertreten sind.«

»Trotzdem würde ich mich freuen, wenn du es mitnähmst.«

»Na gut, ich nehme es mit. Womöglich entdecke ich ja ein neues literarisches Talent namens Llorenç Costa. Dass du intensiv daran gearbeitet hast, habe ich ja gesehen. Wovon handelt es?«

»Von mir, von dir, von früher. Du weißt schon, diese Macke der Greise, die wir uns vergeblich dagegen wehren, in der Versenkung zu verschwinden … Und dieser ganze Altersschwachsinn … Wie dem auch sei, wenn du irgendwann mit dem Lesen anfangen kannst, sag mir, was du davon hältst. Es ist freilich schlecht geschrieben, es hat mir ja nie jemand beigebracht, aber was da steht, ist wahr und könnte interessant für dich sein. Schon gut, wechseln wir das Thema: Wohin fährst du diesmal?«

»Erst nach Marseille, was ich mir wahrscheinlich schenken könnte, weil das eigentlich nicht unser Markt ist. Du weißt ja, dass die Franzosen sich schwertun, uns als Konkurrenz zu akzeptieren. Aber am Alten Hafen gibt es jetzt einen Laden, den ich mir ansehen möchte. Ich habe gehört, sie hätten einige Weine aus der Abadia im Sortiment. Zuerst sehe ich nach, ob wir dabei sind, und dann stelle ich mich dem Geschäftsführer vor. Ich übernachte dort und fahre am nächsten Morgen nach Genf. Da bleibe ich einen Tag und noch einen in Zürich. Dann geht es Richtung Norden nach Düsseldorf, wo ich mit unserem Vertriebspartner verabredet bin. Und danach kommt der wichtigste und heikelste Teil der Reise, das Treffen mit dem Großhändler in Frankfurt. Dort verkaufen wir mehr als die

Hälfte dessen, was wir nach Deutschland schicken. Und in einer Woche bin ich wieder daheim.«

»Du solltest das alles per Flugzeug machen. Das wäre schneller und einfacher.«

»Täusch dich nicht. Schneller vielleicht, aber einfacher sicher nicht. Klar, mit dem Auto ist es teurer als mit dem Flugzeug, aber dafür kann ich aus der Reise viel mehr herausholen, weil ich flexibel bin: Ich kann meinen Aufenthalt verlängern, wenn ich will, meine Pläne ändern, mich nach anderen Leuten richten. Mach dir keine Sorgen, ich höre Musik … und bändele mit jungen Studenten an, die auf reife Frauen stehen. Ich habe meinen Spaß. Darum werde ich auch keine Zeit haben, deine Memoiren zu lesen.«

»Aber du nimmst sie mit.«

»Du bist so stur wie …«

»Wie du.«

Maria grinst und streichelt ihm über den kahlen Kopf. Sie liebt ihren Vater. Sie hat gut daran getan, nach Pous zurückzukommen und das Geschäft zu übernehmen. Fünfzehn Jahre ist das her. Wahnsinn, wie die Zeit vergeht.

»Stimmt, ich bin noch sturer als du.«

»Zu unserem Glück. Ohne dich wäre hier alles kaputt.«

»Schon gut, werde nicht sentimental. Ich gehe jetzt, pass auf dich auf und lass dich von Dolors nicht mästen. Du weißt ja, was der Arzt gesagt hat: Je dünner wir sind, desto länger werden wir essen. Also los, her damit.«

Sie nimmt die Mappe, in der Llorenç das Manuskript verstaut hat, obwohl sie weiß, dass sie es nicht würde lesen können. Sie wird es auf den Rücksitz legen und einen Moment dafür finden müssen, sobald sie wieder zu Hause ist. Als sie sich abwendet, spürt sie den Blick seiner lebhaften Augen im Rücken. Ja, sie sind noch immer lebhaft, sogar im Schein dieser englischen Laterne, die zwar sehr hübsch aussieht, aber wenig Licht gibt. Sie hebt den Arm und wedelt auf eine bestimmte Weise mit den Fingern. Es ist Jahre her, dass sie die Minelli in diesem Musikfilm die Finger so bewegen sah, aber die Geste hat sie sich sofort und für alle Zeiten zu eigen gemacht.

Auf der Treppe zu ihrem Dachboden nimmt sie zwei Stufen auf einmal. Oben ist ihr Reich, nicht besonders groß, aber gemütlich und dank der großen Fenster sehr hell. Sie kann nicht verstehen, warum die meisten Dorfbewohner in dunklen Häusern leben, mit kleinen Fenstern, so dass im Winter drinnen permanent Nacht herrscht und der Kampf gegen die Kälte zum Alltag gehört. Sei's drum. Es gibt Dinge, die nicht zu ändern sind. Ihr beigefarbener Koffer ist fertig gepackt. Das Nötigste, um sich bei Bedarf schick zu machen, und ein paar Toilettenartikel. Sie darf die Schlüssel für Barcelona nicht vergessen. Dort wird sie die Nacht verbringen, in der riesigen Wohnung, die ihr zu alt und zu groß ist und die sie lediglich auf der Durchreise benutzt. Spät abends findet man dort kaum einen Parkplatz, aber für gewöhnlich hat sie Glück.

So auch diesmal. Während sie die Tür zur Beletage aufsperrt, weiß sie, dass ihr gleich der gewohnte Geruch entgegenschlagen wird. Vor drei Jahren hat sie einmal eine dieser Spezialfirmen beauftragt, ihr eine Invasion von Männern zu schicken, die als Marsmenschen verkleidet und bis an die Zähne mit Putzgeräten bewaffnet übers Haus herfallen, um es von Grund auf zu reinigen. Und sie waren ausgesprochen gründlich, übersahen kein Detail, drangen in jeden Winkel und brachten eine ganze Menge neuer Mittel gegen alte Probleme zum Einsatz. Alles vergebens. Schon nach einer Woche hat der Mief wieder die Oberhand gewonnen. Sobald ihr Vater nicht mehr am Leben ist, wird sie keinen Augenblick zögern, sie wird diese verdammte Schlossetage mitsamt dem Mobiliar und allem Krimskrams verkaufen und bestimmt ein paar Millionen damit machen. Sie betritt die Wohnung und will nur noch ins Bett; auf dem Weg durch Diele, Flur und Speisezimmer schaltet sie ein paar Lichter ein, hartnäckig verfolgt von dem schalen Geruch. Nicht einmal ihr eigenes Zimmer hat sie herrichten und renovieren mögen. Sie legt sich in das antike Bett auf die moderne Matratze, schließt die Augen und träumt von Marseille und seinem Alten Hafen.

9
DIE ASCHE EINES SYMBOLS

Dienstag, 19. November 1940

An jenem neunzehnten November, als die Morgenröte eben einen strahlenden Tag ankündigte, machten die Männer der Principal die Last- und Zugtiere bereit. Unter Amadeus Führung würden sie zum Mas Gran gehen, sich mit denen treffen, die dort ihr Nachtquartier hatten, und gemeinsam zum Pla de la Rosa ziehen, einem ebenen, großflächigen Weinfeld. Das Kronjuwel der Roderichs. Mit endlosen Reihen von Cariñena-Stöcken, die vor kaum vierzehn Tagen abgeerntet worden waren und an denen noch herbstliche Blätter und kleine Trauben hingen.

Amadeu, der vom Kommandieren viel verstand, rief alle zusammen, um die Aufgaben zuzuteilen, und kurz darauf schwärmten die Männer aus, um mit einer unerwarteten und schweren Arbeit zu beginnen: der Entmastung des Flaggschiffs, auf dem sie und ihre Väter ihr Brot verdient hatten. Sie würden die Weinberge roden, die die Herrschaft reich gemacht und ihre eigenen Familien ernährt hatten. Es war ein Frevel. Oder schlimmer noch, ein Irrsinn. So viele Wintertage, an denen sie früh morgens mit steif gefrorenen Fingern und dampfenden Nasen die Reben eine nach der anderen beschnitten und sich bemüht hatten, die Schere genau nach den Regeln der alten Schule zu führen, und jetzt sollte auf Wunsch einer Dame, die anscheinend ihre fünf Sinne nicht beieinander hatte, alles gefällt werden.

Die alten Pouser waren außer sich. Die Principal gehörte allen, sie war das bedeutendste Wahrzeichen ihres Dorfes. Darüber war man sich einig und sagte es auch laut: Das Abhacken der Weinstöcke war die Entscheidung einer Geistesgestörten. Seit dem Mirakel war dieses Mädchen nicht mehr ganz bei Trost und bekam nichts auf die Reihe. »Damit bringt sie eine Menge Leute um ihre Arbeit.« »Sie ruiniert das reichste Haus weit und breit.« »Wenn die Alte könnte, würde sie sich aus ihrem Grab erheben und ihrer Tochter Einhalt gebieten.« Das vorwurfsvolle Gekeife war überall zu vernehmen, vom Casino bis zum Kaffeehaus, wo es sogar das Klacken der Dominosteine auf den Marmortischen übertönte.

Im Inneren der Principal dagegen herrschte angespannte Ruhe. In ihrer Befehlszentrale in der Bibliothek empfing die Senyora Informationen, notierte sich Einzelheiten und unterstrich Daten und Anmerkungen in einem ledergebundenen Buch. Hin und wieder stand sie auf und studierte die ausgebreiteten Karten, in die sie mit Hilfe des Katasteramtes alle Ländereien hatte einzeichnen lassen. So konnte sie die Anzahl der Haselsträucher, die dort Platz finden würden, ziemlich genau abschätzen.

Ja, sie hatte befohlen, die Weinstöcke auszureißen, um Haselnüsse zu pflanzen. Nachdem sie persönlich die Preise für Jungpflanzen bei den Baumschulen eingeholt hatte, ließ sie sich beraten, welche Arten sich für trockene, küstennahe oder feuchte, fruchtbare Böden am besten eigneten. Außerdem plante sie, verschiedene Varianten zu kombinieren, was der Bestäubung förderlich wäre. Sie hatte den möglichen Ertrag und die Dauer der Amortisation berechnet, ohne sich auf die Angaben der Gutsherren aus Rius zu verlassen. Dort war die Erde fett, die Bearbeitung leicht und Wasser im Überfluss vorhanden. Die Ebene von Rius war mit der dürren Berglandschaft von Pous nicht zu vergleichen. Marias Sträucher würden von den paar Tropfen leben müssen, die vom Himmel fielen, und würden weniger Früchte tragen.

Allmählich drängte die Zeit. Das Auspflanzen sollte im Januar, Februar und März geschehen. Alles, was bis Mitte April nicht in der Erde war, würde nicht mehr angehen. Um zu überleben, waren die Setzlinge auf den Regen im April und Mai angewiesen, und so große Flächen wie die der Principal erledigte man nicht in ein paar Tagen.

Tags zuvor, an einem Montag, war Úrsula morgens in die Bibliothek gekommen, hatte die Gelegenheit genutzt, um ein wenig Staub zu wischen, und gesagt:

»Kind, Amadeu lässt fragen, ob er dich sprechen kann.«

Maria war nicht überrascht. »Schick ihn rauf.«

Úrsula hätte schwerlich zugelassen, dass ein Arbeiter allein durch die Wohnung der Herrschaft stapfte, zumal sie unbedingt über alle Probleme ihrer Kleinen Bescheid wissen musste. Also kam sie mit ihm zusammen wieder nach oben. Maria empfing sie im Salon, und nach einem eher brummigen Gruß stieß Amadeu hervor:

»Senyora, wir sind nur zwei Tage im Verzug. Morgen werden wir mit dem Beschneiden der letzten Stöcke fertig sein, und ich wollte Euch um Erlaubnis bitten, dann am Mittag die Ranken verbrennen zu dürfen. Wenn Ihr einverstanden seid, hacken wir übermorgen die Stöcke ab. Dann gibt es kein Zurück mehr.«

Der letzte Satz klang wie ein Menetekel. Maria nickte und sagte leise »ja«. Als daraufhin beide schwiegen, setzte Úrsula sich wieder in Bewegung, und Amadeu, die Mütze in der Hand, folgte ihr zur Treppe. Maria blickte ihnen nach und lächelte: Dieser große, vierschrötige Kerl tappte brav hinter Úrsula her, die zwar alt geworden war, aber in jedem Moment wusste, wohin sie trat.

Am nächsten Morgen, noch vor dem ersten Hahnenschrei, regte sich der Mann, in dessen Armen sie die Nacht verbracht hatte, und stand auf. Er sammelte im Dunkeln seine Kleider ein, unbeholfen zwischen den unvertrauten Möbeln. Im Halbschlaf hörte Maria ihn umherstolpern, und für sie klang jedes Geräusch nach dem Beginn eines neuen Lebens. Einer Vorahnung des Glücks.

Unterdessen hantierte Neus im Erdgeschoss mit Milchtöpfen, Brotscheiben, Speck, Eiern und Tomaten. Als Llorenç die Küche betrat, sagte er, wie jeden Tag, »Guten Morgen, Mutter« und setzte sich an den Tisch vor seine Milchschale. Sie wechselten keinen Blick und kein Wort. Es gab nichts zu bereden, alles verstand sich von selbst. Neus betrachtete ihn stolz. Ihr Junge, der eine Schwuchtel zu werden drohte, war jetzt schon elf Nächte in Folge zur Herrin ins Bett gestiegen, und Maria schien er ausgesprochen gutzutun.

Eine Stunde später ging Úrsula nach oben, schlug so lärmend

wie möglich die Fensterläden zurück und stellte das Frühstück auf den Nachttisch. Maria räkelte sich faul und selig und verlangte, Úrsula solle für Punkt zehn Uhr die Sedia bereitstellen lassen. Die Alte grummelte vor sich hin, wenn sie schon die ganze Nacht lang Schweinereien mit ihrem Sänftenträger mache, hätte sie ihm das ebenso gut selbst sagen können. Vor ihrer Amme brauche sie sich doch nicht zu verstellen. Senyoras, die an einem einfachen, gutgebauten Arbeiter einen Narren gefressen hätten, habe es seit jeher gegeben, doch ihr sei die Sache nicht ganz geheuer … Dieser Junge tummele sich schließlich an beiden Ufern.

Maria aber war mit ihren Gedanken ganz woanders. Sie wollte im Mas Gran persönlich den Vorsitz über das Ende einer Epoche führen und Präsenz zeigen, damit jedermann sie verantwortungsbewusst für ihre Entscheidungen einstehen sah.

Unterwegs klopfte ihr Herz im heftigen Schwanken zwischen zwei Gefühlen. Zum einen war sie sich darüber im Klaren, dass sie unsichere Zeiten heraufbeschwor, indem sie mit einer zwei Jahrhunderte alten Weinbautradition brach und alles auf eine Karte setzte. Und zum anderen schwelgte sie in der Entdeckung von Llorenç' unerwartet zärtlicher Hingabe.

Als sie den Hof auf dem Pla de la Rosa erreichten, unweit des Mas Gran, herrschte dort rege Betriebsamkeit. Alles sah aus wie sonst bis auf den gewaltigen Rebenberg, der sich auf dem alten, nicht mehr benutzten Dreschplatz türmte. Normalerweise hätten sie den Pflanzenschnitt auf kleinere Haufen geschichtet, trocknen lassen und dann nach und nach verbrannt. Das Reisiggebirge war beeindruckend.

Amadeu sah sie und kam verschwitzt und mürrisch aus dem Weingarten.

»Guten Morgen, Senyora.«

»Guten Morgen, Amadeu. Kommt ihr voran?«

»Ja, Senyora. Wir sind mit dem Schneiden fast fertig. Das haben wir zuerst gemacht, weil wir sonst schlecht zwischen die Reihen kommen, um die Stöcke zu bearbeiten. Ich meine, um das zu tun, was Ihr befohlen habt: sie ausreißen.«

In Amadeus Tonfall schwang Verbitterung, und seine Stimme klang gepresst.

»Sehr gut. Da habt ihr ja einen mächtigen Berg zusammengetragen. Man sieht ihn schon von weitem.«

»Ja, Senyora. Wir werden ihn noch vor dem Essen abfackeln. Das Holz ist noch ein bisschen grün, aber in dieser Masse wird es schon ordentlich brennen. Dann fällen wir die Stöcke so bodennah wie möglich, und zum Schluss gehen wir mit der längsten Pflugschar durch die Erde, um die Wurzeln herauszuholen.«

Das Schweigen der Senyora beendete das Gespräch. Während Amadeu zurück an die Arbeit ging und den Tagelöhnern laut Anweisungen erteilte, stieg sie aus dem Tragsessel und blieb zwischen den Strünken stehen.

Llorenç fragte:

»Senyora, sollen wir die Sänfte unters Vordach bringen?«

»Nein, stellt sie dort auf den Dreschplatz neben den Reisighaufen. Und helft den anderen bis zum Mittagessen.«

Still sah sie zu, wie die drei Männer die Sedia davontrugen. In ihrem Blick lag Wehmut, doch ihre Augen waren von strahlender Schönheit, ihre Wangen glühten, und ihre Lippen schmerzten von all den Küssen. Ihr Leben nahm eine Wende. Und das ihres Landes auch.

Sie schlenderte durch die Reihen verstümmelter Weinstöcke. Diese Männer, die sie für verrückt hielten, hatten keine Vorstellung von ihrer Qual. Ihr war bewusst, dass sie nicht nur ihren generationenalten Familienbesitz, sondern, schlimmer noch, eine Lebensweise, eine Landschaft vernichtete. Nie wieder würde sie die herbstlichen Weinberge sehen, wenn sacht das Laub zu fallen begann und Grün, Gelb, Braun und Rot zu einem Farbenspiel von einzigartiger Schönheit ineinanderflossen.

Nach einer Weile sah sie mit leichtem Schrecken, wie die Arbeiter das Weinfeld verließen und sich dem großen Haufen näherten. Schon machten sie aus Ranken Brandfackeln, um den Berg in Flammen aufgehen zu lassen. Sie beschleunigte ihren Schritt, bis sie beinahe rannte. Plötzlich erschien es ihr unerhört, dass sie das Feuer ohne sie anzündeten. Wie konnten sie es wagen, was fiel ihnen ein, damit anzufangen, ohne dass sie persönlich das Kommando gegeben hatte? Es stand ihr zu. Es war ihr großer Augenblick ... Schließlich rief sie: »Wartet, wartet!«

Amadeu hörte sie und hob den Arm, um die anderen aufzuhalten. Was hatte dieses dämliche Weibsbild denn jetzt noch? Wollte sie den Haufen etwa eigenhändig in Brand setzen?

Maria eilte herbei und stellte sich mitten unter die Männer, die sie insgeheim auslachten. Langsam wandte sie sich Llorenç zu, sah ihm in die Augen und befahl:

»Ihr drei, nehmt die Sedia und packt sie auf den Scheiterhaufen!«

Die Träger rührten sich nicht, als hätten sie sie nicht verstanden, und schauten konsterniert ihren Vormann an. Llorenç, der mit ernster Miene Marias Blick erwidert hatte, verzog das Gesicht mit einem Mal zu einem Grinsen, das allmählich immer breiter wurde. Ja, jetzt war bei ihm der Groschen gefallen.

»Los, Jungs, fasst mit an, schaffen wir die Sedia da oben drauf.«

Die anderen gehorchten, wenn auch mit Mühe, denn unter dem Gewicht bohrte sich ihnen das Gestrüpp ins Fleisch. Doch sie erklommen den Berg und stellten den Tragsessel auf den Gipfel, aufrecht, als sollte jemand dort oben darin Platz nehmen. Llorenç kletterte als Erster wieder herunter und fing hastig an, trockenes Gras und Zweige aufzulesen. Kaum hatte er sich einen Anzünder daraus gedreht, fixierte ihn die Senyora erneut und befahl:

»Steckt es an. Steckt es an! Nun macht schon, worauf wartet ihr? Steckt es endlich an!«

Die Männer gingen auf die Seite, aus der der Wind kam, und setzten den Stoß in Brand. Anfangs sah man nur weißen Rauch, aus dem dann die ersten Flammen züngelten, und schließlich, als hätte das Feuer den Qualm verschlungen, brannte der ganze Haufen lichterloh.

Während die Flammen immer höher schlugen und die Sedia erreichten, wurden die Männer still. Wie hypnotisiert reckten alle den Kopf nach oben, als nötigte ihnen die helllodernde Silhouette noch immer Respekt ab. Plötzlich warf Llorenç die Arme in die Höhe und stieß ein langes, wildes Geheul aus, wobei er zu dem Tragsessel hinaufstarrte, als verfluchte er ihn. Niemand wusste, was er sich von der Seele brüllte, doch nach und nach verwandelte es sich in ein Jauchzen, eine Explosion der Begeisterung. Ja, genau in dem Moment, als die Sedia nur noch eine zuckende Fackel war. Das Feuer verbrannte das Sinnbild der Principal zu Asche.

Alle Männer stimmten in Llorenç' Jubelschrei ein, fielen einander in die Arme, reckten die Fäuste zum Himmel, sprengten unsichtbare Ketten. Die Senyora schmunzelte über die Reaktion ihrer Arbeiter, wenngleich sie nicht überrascht war, denn sie wusste sehr wohl, wie viel dieser Sessel bedeutet hatte. Und auch wenn niemand etwas davon ahnte, war sie ebenfalls im Begriff, sich uralter Fesseln zu entledigen.

In Sekundenschnelle hatte sich ihr Thron in Rauch aufgelöst. Oh ja, für ihre johlende Arbeiterschaft stand diese Verbrennung für das Ende einer Ära. Für den Sieg über eine demütigende, armselige Vergangenheit. Was in Wahrheit jedoch weniger für die Männer als vielmehr für ihre Senyora selbst galt. Für Maria war es tatsächlich der Beginn einer neuen Ära.

ZWEITER TEIL

IO
VERTRAULICHKEITEN

Freitag, 22. November 1940

Inspektor Recader erwachte bedrückt. Als er am Vorabend den Herrn Kommissar um den Opel gebeten hatte, um morgens noch einmal nach Pous zu fahren, hatte dieser ihm geantwortet, er wolle ihn, bevor er irgendetwas unternehme, in seinem Büro sehen, er müsse ihn sprechen. Und dabei hatte er sehr ernst geklungen.

Wie immer war Recader früh aufgestanden. Er verließ das Haus gern wie aus dem Ei gepellt, und dafür nahm er sich Zeit. Er wusch sich gründlich, wechselte die Klinge, bevor er sich rasierte, zog frische Unterwäsche an und holte einen seiner beiden Anzüge aus dem Schrank. Wie jeden Morgen kniff er die Bügelfalten der Hose in Form und bürstete das Sakko, besonders gründlich an Schultern und Kragen. Schuppen waren ihm zuwider.

Sich gepflegt zu kleiden war mühsam, wenn man weder verheiratet noch reich genug war, um sich eine Haushaltshilfe zu leisten. Als er fertig war, ergriff er das schwarze Notizbuch und den Versandbeleg für das Telegramm, das er Maria Magí zwei Tage zuvor geschickt hatte, und steckte beides in die rechte Jackentasche. Seinen Dienstausweis schob er mit mechanischer Geste in die Innentasche, und in der Diele vor dem großen Spiegel überprüfte er noch einmal seine Gesamterscheinung. Bevor er die Tür öffnete, nahm er den Regenmantel vom Haken, denn das Wetter schien nicht sehr freundlich, und machte sich flotten Schrittes auf den Weg zum Kommissariat. Sein Besuch auf der Principal lag zwei Wochen zurück, und er wollte die Sache nicht abkühlen lassen.

Er klopfte an die Bürotür des Kommissars, und von drinnen ertönte das Kommando des Heeresobersten: »Kommen Sie rein, Recader.« Bei der Begrüßung hatte der Inspektor nicht den Eindruck, dass sein Vorgesetzter schlecht gelaunt war, im Gegenteil, er wirkte eher amüsiert, als er in wohlklingendem Kastilisch sagte:

»Nehmen Sie Platz, Recader, nehmen Sie Platz …«, während er Papiere in eine graue Kartonmappe sortierte und in die Schreibtischschublade räumte. Dann nahm er eine Zigarette aus einem Päckchen Ideales und bot ihm auch eine an, was keine hohle Geste war, denn in jenen Zeiten konnten nur wenige das Selbstdrehen vermeiden.

»Nein, danke, Herr Kommissar, ich fange lieber gar nicht erst damit an.«

»Recht haben Sie, Recader, völlig recht. Kommen wir also zum Punkt, wie es meine Art ist. Und eine Sache gleich vorneweg: Alles, was wir jetzt besprechen, bleibt unter uns. Das ist ein Befehl. Wenn ich es Ihnen erklärt habe, werden Sie verstehen.«

Er riss ein Streichholz an, und während er es der Zigarette näherte, schloss er halb die Augen, als blendete ihn das Licht.

»Es geht um den Fall, in dem Sie die Ermittlungen wieder aufgenommen haben und den Sie in Ihrem Bericht als ›Mord auf der Principal‹ bezeichnen. Aber bevor ich weiterspreche, sagen Sie mir eins: Sind Sie in den letzten Tagen zu irgendeinem Ergebnis gelangt?«

»Nein, Herr Kommissar, eigentlich gibt es nur lauter lose Enden. Keine Indizien, kein Motiv, und der Krieg hat jede Spur früherer Ermittlungen getilgt, sofern es überhaupt welche gegeben hat. Heute beabsichtige ich, mit Ihrer Erlaubnis, Senyora Maria Magí, der Besitzerin der Principal, einen Besuch abzustatten. Sie hat sicher nichts damit zu tun, aber immerhin hatte man ihr die Leiche vor die Tür gelegt. Vielleicht hat das gar nichts zu sagen, doch wäre es interessant, die Meinung dieser Frau zu kennen. Dank ihrer gesellschaftlichen Stellung weiß sie möglicherweise das eine oder andere, das wir auch wissen sollten.«

»Und ob das interessant wäre, Recader, und ob. Deshalb habe ich Sie kommen lassen, weil die Geschichte anfängt, hochinteressant zu werden. Ich weiß, Sie lieben Ihren Beruf und üben ihn gern aus. Sie sind gewissenhaft und werden gute Arbeit leisten. Trotzdem möchte ich …«

Er hielt inne, zog an seiner Zigarette und atmete lange aus.

»Verflixt, Recader, reden wir Klartext. Von jetzt an ist alles, was ich Ihnen sage, streng vertraulich. Und hören Sie, ich muss mich auf Sie verlassen können, das ist wichtig.«

»Sie können sich auf mich verlassen, Herr Kommiss …«

»Also, vor ein paar Tagen war ich zu einem offiziellen Abendessen geladen, um den Namenstag der Gattin des Zivilgouverneurs zu feiern, die, wie Sie wissen, eine Nichte unseres Herrn Arbeitsministers ist. Dort waren sämtliche Würdenträger der Provinz: der Militärgouverneur, der Bürgermeister von Rius, der Provinzchef der Falange, ein Neffe des Generalobersten … ein paar Regierungsmitglieder, Kirchenprominenz, und unter denen Bischof Roderich.«

Noch ein langer Zug, und während er den Rauch ausstieß, sah er den Inspektor fest an – die Begegnung mit dem Bischof musste der Anlass für dieses Gespräch sein.

»Ein hagerer Mann, kultiviert und höflich. Keiner von diesen fetten, zeternden Bischöfen, die …, na gut, lassen wir das. Während des Essens hatte ich keine Gelegenheit, mit ihm zu sprechen, weil er natürlich an der Seite der Gastgeberin die Tafel präsidierte, aber anschließend standen einige auf und gingen in einen Nebenraum, weil die Gattin des Gouverneurs es ja bekanntlich auf der Lunge hat, und ihr Mann hatte gebeten, nicht in ihrer Nähe zu rauchen. Und da wurde er mir vorgestellt. Er ist auch Raucher, sofern man das Paffen dieser englischen Zigaretten rauchen nennen kann. Sie riechen komisch, wie parfümiert. Nichts für Männer.«

Stolz betrachtete er den Rest der Ideales zwischen seinen Fingern. Er schnupperte dem Rauch hinterher und hob die Brauen.

»Als ich ihm sagte, dass ich der Provinzkommissar bin, wurde er neugierig. Er wollte wissen, wo in Spanien ich beheimatet sei, an welchen Schlachten ich im Krieg teilgenommen hätte und ob ich verwundet worden sei. Seit man mich zum Chef dieses Kommissariats ernannt hat, ist es meine Pflicht, Leute in Machtpositionen auf ihre Gesinnung abzuklopfen, also hatte ich mich über seinen Werdegang informiert. Er entstammt einer angesehenen Familie, aber eigentlich hat man ihn kurz nach Kriegsende deshalb zum Bischof berufen, weil sein Vorgänger vor dem neuen Regime die Flucht ergriffen hatte und das Bistum verwaist war. Es gab auch noch andere Gründe, die tun aber hier nichts zur Sache. Auf jeden Fall bekannte sich der neue Bischof mir gegenüber frank und frei zu den Unseren. Das tut heutzutage zwar jeder, aber er schien mir aufrichtig.«

Zögerlich blies er den Rauch aus.

»Um ein wenig Konversation zu machen und weil Religionsfragen nicht meine Stärke sind, fragte ich ihn, ob er in unserer Provinz geboren sei. Er sagte, in einem unbedeutenden Dorf namens Pous. Ich tat erstaunt, und um das Gespräch nicht einschlafen zu lassen, erzählte ich ihm, dass wir dort gerade einen Fall wiederaufrollen. Und da, halten Sie sich fest, Recader, gab er seine steife Haltung plötzlich auf, zeigte sogar lebhaftes Interesse. Ach, nur so ein alter Fall, meinte ich, nur die Leiche eines Erstochenen, die man am 18. Juli 1936 gefunden habe. Als er das Datum hörte, schloss er die Augen, als dächte er nach, und dann sagte er mit einem Mal, die Geschichte sei ihm bekannt. Der Tote habe vor seinem Elternhaus gelegen, der Principal, er sei der Jüngste der Roderichs, einer der letzten Männer der Familie, die dort gelebt hätten. Die weiteren Einzelheiten sind unerheblich, doch während wir zurück in den Speiseraum zu den anderen gingen, die schon beim Kaffee waren, hielt er noch mal inne. Es sei ihm seinerzeit etwas anvertraut worden, das ich vielleicht erfahren sollte. Und wenn ich ihm Diskretion schwüre, könne ich ja am nächsten Tag um sechs Uhr nachmittags in den Bischofspalast kommen. Ganz beiläufig ließ er fallen: ›Sie und wir müssen einander helfen‹. Ganz beiläufig … Aber wissen Sie, was ich denke? Diese Kleriker sagen nie etwas, das nicht zu ihrem eigenen Vorteil ist.«

Er drückte den Stummel seiner Ideales aus und setzte sich auf seinem Stuhl zurecht.

»Ehrlich gesagt, hatte ich überhaupt keine Lust auf einen Besuch im Palast, denn zwischen Soutanen werde ich schnell kribbelig, und dabei bin ich gläubig, einer von den ganz Frommen, aber trotzdem … Außerdem ist Bischof Roderich ein so distinguierter Mensch, dass man richtig Hemmungen bekommt, einer von diesen Gelehrten, die sich am liebsten selbst reden hören und nur ab und zu eine Frage stellen, wenn ihnen zwischendurch mal einfällt, dass man ja auch noch da ist.«

Sein Gesicht verzog sich zu einer spöttischen Grimasse.

»Sehen Sie, Recader, ich hatte vorher nie den Palast eines Bischofs betreten, und, meine Güte, schon nach fünf Minuten begriff ich, warum sie so große Macht haben. Verflucht, Recader, die wissen es sich viel besser einzurichten als wir. Die sind begütert, unauffällig, einflussreich, leben im Pomp und sind für sich, und zu allem Überfluss stehen sie auch noch unter dem besonderen Schutz Gottes. Deshalb legt unsere Führung auch so viel Wert darauf, mit ihnen auf gutem Fuß zu stehen und sie nicht zu reizen.«

Er machte eine Pause, als müsste er seine Gedanken ordnen, und fuhr dann fort:

»Ein zierlicher junger Kaplan empfing mich unter Bücklingen, sehr zeremoniell, führte mich zu Bischof Roderich, und nachdem er vor ihm auf die Knie gefallen war und ihm den Ring geküsst hatte, zog er sich zurück. Dieses Kaplänchen sieht seinen Bischof zigmal am Tag, aber wenn er jemanden zur Audienz geleitet, dann mit den entsprechenden Ritualen, damit der Besucher möglichst eingeschüchtert vor den Hierarchen tritt. Es hat zwar alles mehr Raffinesse, aber eigentlich geht es auch bei ihnen zu wie beim Militär. Man könnte vielleicht sagen, sie sind ihrer Obrigkeit weniger geräuschvoll, dafür aber umso tiefer ergeben. Bei uns ist es immer der größte Haudegen, der das Kommando führt, bei ihnen ist es der Schlauste und Tückischste. Wir werden auf das Töten des Körpers gedrillt und sie auf das Töten der Seele. Was weitaus schwieriger ist.«

»Das Retten der Seele, wollten Sie wohl sagen.«

»Nein, Recader, nein. Das Töten.«

Unbehaglich rutschte er auf seinem Stuhl hin und her und schlug einen anderen Ton an:

»Aber zum Thema. Als ich vorgelassen wurde, saß der Bischof auf so einem verziertem Podium. Mir wies er einen Sessel an, der bequem, aber viel niedriger war. Er trug seine bischöflichen Gewänder, goldene Ringe, eine goldene Brille, goldene Kreuze ... Wie zum Teufel kommen diese Leute zu so viel Gold? Ich nahm also Platz und war ganz Ohr. Es würden Kindheitserinnerungen folgen, andere Nichtigkeiten, dachte ich mir, bis er mich schließlich um einen Gefallen bitten würde, denn darauf läuft es fast immer hinaus. Und mit dem Bischof muss man sich nun mal gut stellen. Man könnte ihn ja irgendwann mal brauchen. Dort oben gewiss. Und hier unten auch.«

Er schmunzelte weise.

»Er knüpfte sogleich an unser Gespräch vom Vorabend an und fragte mich, ob ich den Fall selbst leitete, ich verneinte, sagte, ich hätte den besten Polizisten des Kommissariats damit betraut, wir stünden erst am Anfang unserer Ermittlungen und tappten noch gänzlich im Dunkeln. Daraufhin erzählte er mir aus seiner Kindheit, von seinen Eltern und dem Leben auf diesem Gut. Nicht zu glauben, Recader, richtig feudal! Als ich schon fürchtete, ich müsste jetzt den gesamten Stammbaum über mich ergehen lassen, schweifte er ab und sagte, er sei bei seinem Auszug noch keine zwanzig Jahre alt gewesen und nur ein einziges Mal auf die Principal zurückgekehrt, neunzehnhundertdreiunddreißig, als seine Schwester gestorben war. Denn die habe es damals so gedeichselt, dass sie das Haus und einen Großteil des väterlichen Vermögens erbte. Er sagte *gedeichselt*, sprach allerdings ohne Geringschätzigkeit von ihr, als hätte er ihr vergeben.«

Er nahm eine neue Zigarette aus der Schachtel, schloss wieder die Augen, als er das Streichholz anriss, und zog zweimal, bis die Spitze der Ideales rot glühte. Sein Blick folgte dem Rauch, während er noch einmal bekräftigte:

»Die sind echt gut! Und sie verleihen eine männlichere Stimme. Nachdem ich mir also eine halbe Stunde lang seine senilen Erinnerungen angehört hatte und mich langsam fragte, was ich dort eigentlich wollte – da ließ er die Bombe platzen. Und jetzt passen Sie auf, Recader, denn es ist eine Bombe. Er sei von Amts wegen mit dem

Gemeindepriester von Pous bekannt, einem gewissen Pfarrer Salvador, den er, seit der Krieg vorbei und er Bischof ist, ungefähr einmal im Monat sehe. Und dieser Priester habe ihn vor einigen Tagen gebeten, die Beichte ablegen zu dürfen, ›als handelte es sich um eine Angelegenheit von höchster Dringlichkeit‹, wie der Herr Bischof sich ausdrückte. An der Stelle unterbrach er sich, wurde ernster und hielt mir einen blumigen Vortrag, mit dem er mir im Grunde nichts weiter zu verstehen gab, als dass er sich offenbar anschickte, mir ein Beichtgeheimnis zu verraten, einfach so, ohne Gegenleistung, nur um mir einen Gefallen zu tun. Ich müsste ihm lediglich bei Gott schwören, es diskret zu behandeln und in keinem Bericht und keinem offiziellen Dokument zu verwenden. Ich schwor bei allem, was mir heilig ist, und dachte bei mir, damit würde dieser Bischof das Beichtgeheimnis gleich doppelt verletzen. Und schon plauderte er aus, dieser Dorfpriester hätte kürzlich einem bußfertigen jungen Mann die Beichte abgenommen, der angeblich einen Mord begangen und um Absolution gebeten hatte. Ich weiß nicht, ob es normal ist, dass sich ein Bischof gegen ein so rigides Sakrament wie das der Beichte vergeht, und das gegenüber einem Polizisten, den er kaum kennt, auch wenn der einen wichtigen Posten innehat. Ich halte das für nicht sehr loyal. Der alte Heuchler sagte, den Namen könne er mir nicht nennen, aber der reuige Sünder wohne auf der Principal. Wie viele Männer dort lebten und wer von ihnen jung sei, würde er mir noch mitteilen. Nach ein paar verschleierten Drohungen mit dem Fegefeuer, falls ich meine Zunge nicht im Zaum hielte, ging er dann nahtlos dazu über, mir ein Gläschen Süßwein anzubieten, der übrigens köstlich war.«

Der Kommissar verstummte, wartete darauf, dass sein Untergebener etwas sagte. Inspektor Recader, der aufmerksam zugehört und sich jedes Detail eingeprägt hatte, hob den Blick.

»Verdammt.«

»Verdammt? Genau, verdammte Scheiße …, die sind falscher als Falschgeld. Aber es ist nun mal, wie es ist. Passen Sie auf, Recader, ich möchte das Verfahren nicht einstellen, obwohl es mittlerweile mehr nach Schwefel als nach Weihrauch riecht, aber hören Sie gut zu, was ich Ihnen sage: Seien Sie vorsichtig, verstanden? Seien Sie vorsichtig. Und das ist kein Ratschlag, das ist ein Befehl. Die Herrin der Principal hat Macht und einflussreiche Freunde. Vom Bischof ganz zu schweigen. Und jetzt kommen wir und wühlen in ihrem Morast, um einen Mord aufzuklären. Seien Sie diskret, aber setzen Sie Ihre Ermittlungen fort, Sie werden gewiss auf spannende Dinge stoßen.«

»Ich werde mich daran halten, Herr Kommissar. Gestatten Sie mir, auf meine Weise vorzugehen?«

»Wenn Sie dabei Vorsicht walten lassen, ja. Ich habe Ihnen erlaubt, den Fall wiederaufzunehmen, damit Sie ihn auf Ihre Weise lösen. Ich vertraue auf Ihr Wissen und Ihr Talent, aber vergessen Sie nicht, was ich Ihnen gesagt habe. Seien Sie auf der Hut und denken Sie daran, dass wir das, was ich Ihnen eben erzählt habe, nicht als Beweis heranziehen können.«

»Natürlich. Zu Befehl, Herr Kommissar.«

»Ach, und halten Sie mich auf dem Laufenden. Ich fürchte, Sie werden unter den Teppichen einiges finden. Und unter den Soutanen.«

Und damit brach er in ein grölendes Kasernenhofgelächter aus, während er den Inspektor mit einer Handbewegung entließ.

Der Kommissar sah dem Inspektor nach. Er mochte diesen jungen Mann, er baute auf ihn. Er hielt Recader für verantwortungsbewusst, ordentlich und wahrheitsliebend. Das war keiner, der vom Regime profitieren, sondern diesem dienen wollte. Jetzt kann es ihm passieren, dass er in ein Schlangennest greift, dachte der Kommissar. Er selbst hatte es zu dem gebracht, was er heute war, weil er als Spezialist der Infanterie hervorragende militärische Fähigkeiten bewiesen hatte und zu denen gehörte, die den Staatsstreich unterstützt hatten, allerdings in der Annahme, er würde zu einer besseren Republik führen, und nicht, um einen Diktator an die Macht zu bringen, nicht einmal einen Generalísimo. Seine Vorgesetzten mussten das gerochen haben, denn entgegen seinem Wunsch, bei der Armee zu bleiben, hatte man ihn in dieses Kommissariat versetzt und damit einen Schlussstrich unter seine Militärkarriere und seine

Ideale gezogen. Und so befehligte er jetzt eine Horde von Analphabeten beim Verraten, Foltern, Einkerkern und Üblerem. Für echte Polizeiermittlungen war außer diesem Jungen keiner von ihnen zu gebrauchen.

Der Opel sprang nie sofort an. Inspektor Recader zog den Hebel der Starterklappe bis zum Anschlag heraus und trat sechs-, siebenmal aufs Gaspedal, um das Benzin zum Vergaser zu pumpen. Die Batterie durfte nicht zu kalt werden, denn betätigte man an einem frostigen Morgen zu häufig den Anlasser, war sie im Nu leer. Ging alles gut, gab der Motor einen kleinen Knall von sich, spuckte eine dicke schwarze Rauchwolke aus und begann, ruckelnd zu laufen. Sofern er nicht in den ersten Sekunden wieder erstarb, kam er dann allmählich auf Touren. Musste die Operation allerdings wiederholt werden und die Batterie gab ihren Geist auf, blieb nichts anderes übrig, als auszusteigen, die Handkurbel in das kleine Loch an der Vorderseite des Motors zu stecken und zu drehen bis … Tu mir das nicht an, dachte Recader. Und er hatte Glück. Beim dritten Versuch machte der Motor einen Knall, und der Inspektor konnte Rius verlassen, um die steinige, gewundene Straße in die Berge zu nehmen.

Unterwegs grübelte er über das nach, was ihm der Kommissar erzählt hatte. Demnach hatten sie also eine Spur des Mörders aufgrund zweier Absolutionen, der Pfarrer Salvadors und der eines Bischofs. Eine gut verbürgte Spur, sollte man annehmen. Er würde sie zwar in seine Überlegungen einbeziehen, aber dennoch nach seiner Methode vorgehen. Im Grunde verdrossen ihn die Enthüllungen des Bischofs. Damit hatte der ihm die Freude an der Ermittlerarbeit genommen: Spekulationen anstellen, sie gegeneinander abwägen, Theorien entwickeln, ein Licht am Ende des Tunnels ausmachen, mit wachsender Spannung sehen, wie dieses größer und größer wurde, bis der Fall schließlich klar und transparent vor ihm lag. Schade, dieses Herantasten faszinierte ihn so viel mehr, als dem Mörder die Handschellen anzulegen. Und nun hatte ihn der Herr Bischof um sein Abenteuer gebracht.

Die Fahrt wurde ihm nicht lang. Als er in Pous auf der Plaza Generalísimo Franco ankam, war der Platz menschenleer. Zum

Schutz vor dem Nieselregen warf er sich den Mantel um die Schultern und schlug den Weg zur Principal ein.

Diesmal ließ er den Klopfer mit Schwung gegen die Tür fallen und hörte gleich darauf die Stimme Úrsulas:

»Bin schon da.«

»Ah, guten Tag, Herr Inspektor, wir haben Sie erwartet.«

»Guten Tag, Úrsula. Dann haben Sie mein Telegramm also erhalten. Und Senyora Magí ist zu Hause.«

Es war weniger eine Frage als eine Feststellung.

»Natürlich. Sie empfängt Sie oben im Salon. Bevor ich Sie hinaufbegleite, soll ich Sie fragen, ob wir Ihnen etwas anbieten dürfen.«

»Danke, Úrsula, wenn Sie mir vielleicht in etwa einem halben Stündchen ein Glas Wasser bringen könnten.«

»Möchten Sie denn nichts Herzhafteres?«

»Nein, danke. Wenn Sie dann bitte vorgehen würden, ich folge Ihnen.«

Er gab sich entschlossen, weil sich die Liebenswürdigkeiten sonst noch eine Ewigkeit hingezogen hätten. Sie führte ihn die Treppe hinauf, und der Inspektor staunte über deren großzügige Breite, die anmutigen Statuen und Vasen auf jedem Absatz und die mit Gemälden von Jagdszenen und Landschaften bedeckten Wände. Die Stufen waren mit Teppich belegt, doch er hätte schwören können, dass sich darunter Marmor verbarg, jedenfalls war daraus das Geländer. Sie erreichten einen Absatz mit zwei kleineren Türen und einer großen, hinter der der Inspektor den vornehmen Salon des Hauses vermutete. Beim Eintreten musste er sich beherrschen, um sich seine Überraschung nicht anmerken zu lassen. Der Raum war überwältigend. Edle Möbel, kostbarer Zierrat, wohin man schaute, und mitten drin ein riesiger Flügel.

Úrsula, immer vorweg, geleitete ihn zu einem Sofa mit mehreren dazu passenden Sesseln und forderte ihn auf, Platz zu nehmen. Sie sagte, die Senyora käme sofort, und blieb dann stumm an seiner Seite stehen.

Er vertrieb sich die Zeit damit, den prunkvollen Saal genauer in Augenschein zu nehmen. Etwas an seiner Aufteilung erschien ihm sonderbar. Durch die Anordnung der Möbel entstanden drei beinahe getrennte Bereiche. Auffallend war, dass der große Tisch, der für gewöhnlich das Zentrum einnahm, hier an einer Seite stand. Und die Couchgarnitur für Geselligkeiten mit der Familie oder Besuchern, wo er jetzt saß, befand sich auf der gegenüberliegenden Seite. Den Mittelpunkt bildete der mächtige schwarze Flügel. Der Flügel und ein Schaukelstuhl. In diesem Haus maß man der Musik offenbar einen höheren Stellenwert bei als dem Essen oder der Konversation. Eigenartig. Der Klang leichter Schritte, die sich von hinten näherten, rissen ihn aus seinen Gedanken. Die Senyora erschien.

»Guten Morgen, Herr Inspektor.«

»Guten Morgen, Senyora Magí«, erwiderte er und erhob sich ehrerbietig.

»Vorgestern habe ich Ihr Telegramm mit der Ankündigung Ihres Besuchs erhalten«, sagte sie und wollte anscheinend unumwunden zur Sache kommen.

Der Inspektor erblickte eine schöne, gutgekleidete Frau, sie war selbstsicher und ergriff die ausgestreckte Hand mit einer kleinen Verbeugung.

»Danke, dass Sie mich empfangen.«

»Danke für die Floskel. Wie Sie wissen, fühle ich mich dazu verpflichtet.«

Ihr zweideutiges Lächeln verwirrte ihn. Verpflichtet, weil sie nett sein wollte? Oder weil sie sich dazu gezwungen fühlte? Diese Begegnung versprach, interessant zu werden. Während er darauf wartete, dass sie sich setzte, standen sie sich gegenüber und musterten einander wohlgefällig.

»Úrsula, du kannst jetzt gehen. Oder darf ich Ihnen eine Erfrischung anbieten, Herr Inspektor?«

»Nein, Senyora, vielen Dank.«

»Úrsula, sollten wir etwas brauchen, gebe ich dir Bescheid.«

Während die Amme sich langsam und unwillig zurückzog, konnte Maria sie vor sich hin schimpfen hören.

»Was also kann ich für Sie tun?« Dabei schaute sie ihm direkt ins Gesicht.

»Senyora Magí, das Kommissariat von Rius hat mich mit der Aufklärung eines Mordes betraut, der sich am 18. Juli 1936 hier in Pous ereignet hat. Das Opfer war ein gewisser Ricard Nebot, und man hatte seine Leiche vor der Tür Ihres Hauses gefunden.«

»Entschuldigen Sie, Herr Inspektor, wie ist Ihr Name?«

Der Polizist grinste. Du sprichst von einem Mord, und diese Dame fragt dich erst mal seelenruhig, wie du heißt, dachte er.

»Lluís Recader, Senyora.«

Er schickte sich an, seinen Dienstausweis zu zücken, doch sie winkte ab.

»Nicht nötig, Herr Recader ... Wieso grinsen Sie?«

Wieder hatte sie ihn kalt erwischt. Sie war zweifellos kühn, trotzdem antwortete er ruhig.

»Sie sind die erste Person in Pous, die mich nach meinem Namen fragt. Polizeiinspektoren jagen fast jedem Angst ein, und niemand wagt es, uns nach Namen oder Dienstausweis zu fragen. Aber Sie haben keine Angst vor mir, wie ich sehe.«

»Kein bisschen, Herr Recader. Ich frage nur, damit ich Sie artig mit Ihrem Namen anreden kann. Nun gut, jemand hatte mir also einen Toten vor die Haustür gelegt, und weiter?«

Der Inspektor schwieg einen Moment und mahnte sich zur Vorsicht. Macht, Bischöfe, Reichtum – er hatte es mit einer noch jungen Frau zu tun, die wusste, dass sie die Situation im Griff hatte. Mit normalen Verhörtaktiken würde er nichts erreichen, und sie einschüchtern zu wollen wäre zwecklos. Er schlug sein Notizbuch auf. Trotz der Entfernung las Maria »Mord auf der Principal«.

»Soviel ich weiß, waren Sie nicht zu Hause, weder am fraglichen Tag noch an den Tagen davor. Das haben alle Befragten übereinstimmend ausgesagt. Die Tatsache, dass die Leiche vor der Principal lag, kann Zufall sein, es könnte aber auch ein Zeichen gewesen sein, mit dem der Mörder eine Botschaft hinterlassen wollte. Sie waren, wie üblich, Anfang Juli abgereist, um den Sommer wie immer in diesem Badeort im Norden zu verbringen. Und hinterher, auch das weiß ich, sind Sie klugerweise ins Exil gegangen. Damit sind Sie über jeglichen Verdacht erhaben, wie könnte es auch anders sein. Doch standen Sie zu jener Zeit diesem Haus bereits vor – wenn ich richtig informiert bin, seit 1933 –, und bevor Sie sich fragen müssen, warum ich in Ihrem Umfeld Nachforschungen anstelle, wollte ich Ihrer Person und dem Ansehen der Familie, die Sie repräsentieren, den gebührenden Respekt erweisen, indem ich Sie über die Angelegenheit in Kenntnis setze. Ich versichere Ihnen, dass niemand die Absicht hat, Sie in irgendeiner Weise zu behelligen, und Ihr guter Name keinesfalls mit einem Verbrechen in Zusammenhang gebracht oder gar Ihr Ruf beschädigt werden soll.« Er verlieh diesen Worten Nachdruck, indem er ihr fest in die Augen sah. »Andererseits hat jemand, der ein solches Landgut besitzt wie das Ihre, gewiss Überblick über alles, was rundum geschieht. Und darum möchte ich Sie fragen, als Allererstes und noch bevor ich mit meinen Ermittlungen beginne, ob Sie irgendetwas wissen oder wahrgenommen haben, das mir in dieser Anfangsphase hilfreich sein könnte.«

Sein Kommissar wäre zufrieden gewesen mit diesem Schleimbad, in das er sie getaucht hatte, dachte Recader.

»Nun gut, Herr Recader, ich sehe, Sie sind über mein Leben ja schon weitgehend im Bilde«, sagte sie mit höflicher Verwunderung. »Natürlich kenne ich den Fall, der Sie beschäftigt, vom Hörensagen. Sie können sich vorstellen, dass über diesen Vorfall viel geredet wurde und an manch einem Kaminfeuer sicherlich auch heute noch geredet wird. Wenn ich ehrlich sein soll, erinnere ich mich kaum an diesen Mann, was im Hinblick auf den Standesunterschied ja normal ist. Und sooft ich die Dienstboten davon habe sprechen hören, hielten sie seinen Tod für eine der vielen Gräueltaten des Krieges … oder der turbulenten Zeiten, die ihm vorausgingen. Sie wissen ja, Rachedurst und Fanatismus schürten damals viel Hass im Dorf und in der Region.«

Der Inspektor hörte zu, gab sich interessiert, doch mit einem Mal überkam ihn die Versuchung, diese Frau ein wenig zu verunsichern. Mit einem Blick in sein Notizbuch sagte er:

»Entschuldigen Sie, ich möchte Sie nicht unterbrechen, aber wenn ich Ihnen sage, dass dieser Ricard Nebot Vorarbeiter auf der Principal war, erinnern Sie sich dann vielleicht eher an ihn?«

Die Frage schien die Senyora nicht in Verlegenheit zu bringen, sie lächelte nur.

»Vielleicht habe ich mich missverständlich ausgedrückt. Ich wollte sagen, ich erinnere mich durchaus an ihn, hatte aber nicht viel mit ihm zu tun; ich war noch sehr jung, als meine Mutter ihn rauswarf.«

»Das stimmt, Sie waren erst fünfzehn … Warum hatte sie ihn denn rausgeworfen?«

»Das weiß ich nicht, Herr Inspektor. Ich hatte zu dieser Zeit keinen Umgang mit den Dienstboten außer den Frauen, die das besondere Vertrauen meiner Familie genossen.«

»Úrsula, Neus …«

»Richtig.«

Maria hatte sich geschworen, sich nicht ausfragen zu lassen, doch der Verlauf des Gesprächs gab ihr zu denken. Dieser Polizist war gut vorbereitet, er hatte Daten und Fakten parat, und hin und wieder ließ er sie spüren, dass er sogar hier im Salon der Principal das Heft in der Hand hatte.

»Wissen Sie noch, ob der Verstorbene bis zu dem Moment, zu dem die frühere Senyora Roderich ihm kündigte, im Haus übernachtet hatte?«

»Das kann ich nicht mit Gewissheit sagen, weil ich mit meiner Mutter im ersten Stock wohnte. Aber seit dem Tod meines Großvaters war es Usus, dass der Vorarbeiter im Haus schlief, das stimmt. Über Nacht durften nur die Hausmägde und zur Sicherheit auch der Vorarbeiter bleiben. Also hatte er, solange er Vorarbeiter war, vermutlich im Haus geschlafen. Am besten fragen Sie Úrsula, wenn Sie nachher runtergehen, denn die …«

»Und dann schlief auch noch ein gewisser Llorenç im Haus.«

»Ja, aber den konnte man nicht als Mann bezeichnen, er war ja noch ein Kind. Llorenç und ich sind im gleichen Jahr geboren.«

Maria spürte ein Ziehen in der Magengrube, doch in ihrem Gesicht zuckte kein Muskel. Worauf wollte dieser Mann hinaus?

»Verstehe. Demnach war Llorenç Costa erst fünfzehn, als Ricard Nebot entlassen wurde.«

»Ja, er ist der Sohn der Köchin, und sie schliefen alle drei im selben Zimmer, Neus hat auch noch eine Tochter.«

»Caterina Costa.«

»Genau. Und als Ricard dann weg war, bekam, soviel ich weiß, der neue Vorarbeiter Amadeu sein Zimmer. Das änderte sich ein paar Jahre später wieder, als Amadeus drittes Kind zur Welt kam. Meine Mutter fand, Llorenç sei mittlerweile Manns genug, und gestattete Amadeu, wieder bei Frau und Kindern zu wohnen. Wann das war, kann ich allerdings nicht mit Bestimmtheit sagen.«

Inspektor Recader lag eine Frage auf der Zunge, und als er sie aussprechen wollte, ärgerte er sich über sich selbst. Denn ohne es zu merken, war er bereits in die Falle getappt: Seine Fragen waren beeinflusst von dem Geheimnisverrat des Bischofs. Auch die, die er gerade hatte stellen wollen. Ihm war nicht wohl dabei.

»Könnten Sie mir sagen, ob es zwischen Ricard und Llorenç irgendeine Verbindung gab?«

»Könnten Sie mir sagen, welche Art von Verbindung Sie meinen, Herr Recader?«

Maria klang arglos, sie sah ihn nur forschend an. Dennoch hatte sie zu hastig reagiert, und dies war dem Inspektor nicht entgangen.

»Ich meine nur, ob Sie vielleicht irgendeine Bemerkung Ihrer Dienstboten oder Ihrer Arbeiter gehört haben.«

Maria schnitt ihm das Wort ab, sie war wieder in ihrem Element.

»Herr Recader, ich habe nicht die geringste Ahnung. Wie Sie sich denken können, unterhalte ich, abgesehen davon, dass ich von meinen Arbeitern die Erfüllung ihrer Pflichten verlange, keine persönlichen Beziehungen zu ihnen und stecke meine Nase schon gar nicht in ihr Privatleben. Da kann ich Ihnen nicht weiterhelfen.«

Recader nahm in Marias Ton eine leichte Anspannung wahr und dachte an die Ermahnung seines Kommissars, umsichtig vorzugehen. Er beschloss, es mit den Fragen gut sein zu lassen. Doch eine hatte er noch, die er sich nicht verbeißen konnte.

»Ja, klar, Sie haben völlig recht. Eine letzte Frage noch, Senyora

Magí: Ihr Onkel, Bischof Roderich, besucht er Sie oft hier in Pous?«

Jetzt fühlte sich Maria überrumpelt. Was hatte Onkel Joan in dieser Unterhaltung zu suchen? Sie maß ihre Worte sorgfältig, während sie eine Antwort improvisierte.

»So gut wie nie. Tatsächlich habe ich ihn seit dem Tod meiner Mutter, seiner Schwester, nicht mehr gesehen. Mein Onkel hatte sich, als er noch einfacher Kleriker war, wegen Erbangelegenheiten mit ihr überworfen und kam erst zu ihrer Beerdigung wieder nach Pous. In Vertretung des Bischofs Marull, glaube ich, und als Generalvikar des Bistums. Damals habe ich versucht, mich ihm anzunähern, weil ich nie wirklich die Möglichkeit gehabt hatte, mit ihm zu sprechen, aber er schien böse auf mich zu sein. Hören Sie, ich weiß nicht, was er mit dem zu tun haben könnte, wonach Sie hier suchen, jedenfalls sind wir uns seit der Beerdigung nicht mehr begegnet.«

»Könnte er Interesse an der Principal haben?«

»An der Principal? Kann ich mir nicht vorstellen«, sagte sie nachdenklich. »Was sollte ihn daran interessieren?«

»Gut, Senyora Magí, von meiner Seite war es das. Ich danke Ihnen, dass Sie so gütig waren, mir all diese Fragen zu beantworten, und bitte Sie um Erlaubnis, mich diskret unter Ihrem Personal umhören zu dürfen, ob mir vielleicht jemand einen Anhaltspunkt geben kann.«

Es war vermutlich kein Zufall, dass just in dem Moment, in dem er aufstand und Maria ihm die Hand reichte, am anderen Ende des Salons Úrsula erschien, die Stirnfalte noch tiefer eingegraben als sonst. Maria schien ihr Auftauchen nicht zu erstaunen, sie sagte Recader auf Wiedersehen und fuhr übergangslos fort:

»Úrsula, du kommst gerade richtig. Würdest du den Herrn Inspektor hinausbegleiten? Viel Erfolg, Herr Recader. Alle, die für dieses Haus arbeiten, stehen zu Ihrer Verfügung, mich eingeschlossen.«

Wenn das Wetter trüb war, hinkte Úrsula immer ein wenig, überspielte den Mangel an Gelenkigkeit aber mit einer Art steifer Würde. So kamen die beiden auf ihrem Weg zur Tür nur langsam voran. Die alte Amme konnte nicht umhin, aus dem Augenwinkel einen

Blick auf den Flügel zu werfen und bestätigt zu finden, was sie bereits ahnte: Die Staubflocken auf der gelackten Oberfläche wurden immer dicker und schienen sich in dem matten Lichtschein, der durchs Fenster fiel, zu bewegen. Sie hatte nicht viel Zeit, in sich hinein zu fluchen, hinter ihr ertönte noch einmal Marias Stimme:

»Herr Recader …«

»Ja, Senyora?«

Um die Lippen der Senyora spielte ein ironisches Lächeln.

»Mein Onkel Joan, der Bischof, ist mein einziger Erbe, weil meine anderen Onkel schon tot sind. Er ist der letzte direkte Verwandte, den ich noch habe. Sofern ich ohne Testament sterbe, natürlich, und er mich überlebt.«

Der Inspektor und Maria tauschten einen Blick, als handelte es sich um einen Scherz. Nur die Falte auf Úrsulas Stirn verschärfte sich noch ein bisschen mehr.

Unten angekommen, wollte Úrsula eben die Tür zum Eingangsbereich öffnen, als der Inspektor sagte:

»Úrsula, bevor ich fahre, würde ich mich gern noch mit Amadeu unterhalten. Wissen Sie, wann er zurückkommt?«

»Ja, Senyor, zum Mittagessen.«

»Könnten Sie ihm bitte ausrichten, dass ich ihn um zwei Uhr sehen möchte?«

»Aber er muss dann wieder arbeiten …«

»Danke, Úrsula, das kann ich mir denken. Tun Sie mir also den Gefallen und sagen Sie ihm, ich erwarte ihn pünktlich um zwei. Und wenn das Esszimmer im Erdgeschoss frei ist, will ich ihn dort und unter vier Augen sprechen.«

»Wie Sie wünschen«, entgegnete Úrsula, während sie insgeheim fluchte.

II
BEGRÄBNIS MIT GESPENSTERN

Freitag, 22. November 1940

»Seien Sie unbesorgt, Herr Inspektor, wann immer Sie sich im Dorf aufhalten, werden Sie hier eine offene Tür und einen gedeckten Tisch vorfinden. Man hat mir gesagt, Sie seien gegen elf gekommen.«

»Ja, ich wollte schon früher da sein, habe aber wegen der aufgeweichten Straße länger gebraucht. Danke für Ihre Gastfreundschaft. Heute Nachmittag möchte ich allerdings noch einige Leute sprechen und muss mich daher ein bisschen beeilen.«

»Kein Problem, ganz zu Ihren Diensten. Setzen Sie sich, ich sage meiner Frau Bescheid, dass sie sofort etwas zu essen macht. Setzen Sie sich, setzen Sie sich, bitte.«

Kurz darauf kam der Bürgermeister zurück, gefolgt von seiner Frau, die kaum den Blick hob, um »Guten Tag, Herr Inspektor« zu sagen. Sie legte zwei Gedecke auf, zwei Servietten, zwei Gläser, Besteck, einen Kanten Schwarzbrot, ein Brotmesser und eine Karaffe Wein und ging wieder in die Küche.

»Herr Bürgermeister, bei meinem ersten Besuch vor einigen Tagen wollte ich mich noch nicht offiziell über den Anlass meiner Ermittlungen äußern, obwohl Sie sicher in etwa wissen, worum es sich handelt. Doch ich hatte meine Gründe, wissen Sie? In einem Dorf verbreitet sich Gerede in Windeseile, und es kommt leicht zu voreiligen Verdächtigungen oder sogar Verleumdungen. Darum hielt ich es für angebracht, eine so geachtete und einflussreiche Person wie Senyora Magí zuerst einzuweihen.«

Mit einer fahrigen Geste brachte der Bürgermeister seine Zustimmung zum Ausdruck, während er schmatzend einen Bissen Brot kaute.

»Nachdem das nun erledigt ist, müssen Sie, Ihres Amtes und Ihrer Regimetreue wegen, mein Vertrauensmann vor Ort sein.«

»Keine Sorge, Herr Inspektor, ich kenne meine Aufgabe in diesen für unser Vaterland so schwierigen Zeiten«, sagte er mit vollem Mund.

»Sehr schön. Dann kann ich Ihnen heute schon mal mitteilen, dass ich Senyora Magís Einverständnis habe, mit den Ermittlungen zu beginnen. Sie hat sich ausgesprochen kooperativ gezeigt und mir zur Durchführung meiner Befragungen sogar ihr Haus angeboten.« Der Inspektor wollte zeigen, wie gut er alles unter Kontrolle hatte.

»Doch möchte ich auf dieses Angebot nur zurückgreifen, soweit es die Angestellten der Principal betrifft, deren Ruf geschützt werden sollte. Für die übrigen Verhöre müssten Sie mir das Rathaus zur Verfügung stellen.«

»Aber natürlich. Sie können mein Büro benutzen.« Der Bürgermeister neigte sich ihm vertraulich zu und senkte die Stimme. »Wenn Sie gestatten, empfehle ich Ihnen jedoch, auch die Arbeiter der Principal ins Rathaus zu bestellen. Damit würden Sie die Leute einschüchtern und mehr aus ihnen herausholen.«

»Vielen Dank für den Rat, Herr Bürgermeister, aber diese Entscheidung überlassen Sie mal getrost mir.«

»Selbstredend … Verzeihen Sie.«

»Da gibt es nichts zu verzeihen, schließlich wollen Sie mir ja nur helfen, doch meine Arbeit ist manchmal knifflig. Und ich will sie auf meine Art tun.«

Der Inspektor brauchte einen Verbündeten. Er mochte diesen Typen nicht und verstand immer noch nicht, wie er es zum Bürgermeister bringen konnte, doch war es besser, ihn nicht zu brüskieren oder gar gegen sich aufzubringen. Die Frau brachte zwei Teller mit Blumenkohl und Kartoffeln. Der Bürgermeister nickte nur und sagte:

»Alles aus dem Garten. Den Blumenkohl haben wir erst vor ein paar Tagen geerntet. Das ist der Vorteil hier auf dem Land, wir haben nicht viel, aber nur Gutes.«

»Stimmt, in Rius wäre das ein Luxus.«

Mittlerweile war die Frau wieder in der Küche verschwunden, und der Inspektor nahm erneut seinen Faden auf:

»Nun, Senyora Magí scheint mir jedenfalls eine starke Persönlichkeit zu sein, und bildhübsch ist sie auch. Das kann man nicht anders sagen.«

»Und eigenartig, Herr Inspektor.«

»Ich heiße Lluís Recader, Herr Bürgermeister. Wir werden noch viel miteinander reden müssen, da sollten wir auf solche Förmlichkeiten verzichten. Jedenfalls solange wir unter uns sind.«

»Danke, ich bin Josep.« Er stieß ein gönnerhaftes Lachen aus. »Aber das wissen Sie ja längst.« Und er lachte immer noch.

Der Inspektor ließ ein paar Sekunden verstreichen, bis der andere seine Albernheit bezwungen hatte.

»Warum eigenartig, Josep?«

»Nun ja ...« Der Bürgermeister wischte sich mit der linken Hand den Mund ab. »Stimmt schon, sie ist das Oberhaupt der reichsten Familie des Dorfes. Und ihre Mutter war durch und durch eine von uns und Mitbegründerin der Falange in der Abadia, auch das stimmt; ich war eines der ersten Mitglieder. Außerdem geht sie regelmäßig zur Messe, und wenn die Beamten der Guardia civil auf ihrer Runde vorbeikommen, werden sie eingeladen und großzügig bewirtet. Trotzdem ist da etwas, das mich an ihrer Begeisterung für unsere Regierung zweifeln lässt, auch wenn ihre gesellschaftliche Stellung sie schützt und unantastbar macht.«

Der Inspektor beobachtete eine Veränderung im Gesichtsausdruck des Bürgermeisters, als wollte dieser unmissverständlich zeigen, wie ärgerlich er das fand, was er dem Polizisten gleich anvertrauen würde.

»Sehen Sie, diese Frau nimmt nie an patriotischen Festakten teil, nicht einmal an den wichtigsten. Man hat fast den Eindruck, als wollte sie diesbezüglich kein Vorbild sein. Beim einzigen Besuch des Gouverneurs in unserem Dorf war sie *unpässlich*.« Er sprach das Wort besonders scharf aus. »Und sie hat einen Bischof zum Onkel, der Pous – seine Heimat, wie Ihnen sicher bekannt ist – noch nie mit seinem Besuch beehrt hat. Und wie sehr uns das zustattenkäme, brauche ich Ihnen wohl nicht zu sagen. Die Religion ist jetzt unentbehrlicher denn je, aber seit dem Tod der vorigen Senyora Roderich mag deren Bruder nicht mehr herkommen. Wie es heißt, wird im Bischofspalast gemunkelt, daran sei seine Nichte schuld.«

»Ja, aber das kann ebenso gut mit einem älteren Konflikt zusammenhängen, von dem Sie bestimmt auch wissen, nämlich die Aufteilung der Erbschaft, die der alte Senyor Roderich verfügt hatte.«

»Da könnten Sie recht haben. Jeder weiß, wie böse das damals ausgegangen ist. Aber im Dorf kursiert auch das Gerücht, diese Senyora hätte ... Fähigkeiten, eine Macht, die nichts mit ihren irdischen Gütern zu tun hat. Sie müssen wissen, nachdem die Alte gestorben war, ereignete sich während der großen Trauerfeierlichkeiten, die man ihr zu Ehren veranstaltete, etwas höchst Seltsames, etwas ...«

Recader lachte frei heraus und fiel ihm ins Wort:

»Ach ja, das vielzitierte Mirakel. Davon habe ich schon gehört. Fast alle, die wir damals nach dem Mord befragten, sprachen davon, wie sonderbar die Senyora sei. Die Furchtsameren bezeichneten sie als geheimnisvoll, die Vorlauteren offen als Hexe. Doch immerzu war die Rede vom Mirakel. Ich habe leider nie erfahren, um was es sich dabei eigentlich handelte, die Nationale Erhebung war dazwischengekommen. Wollen Sie mich nicht aufklären, während wir fertig essen?«

»Klar doch«, erwiderte der Bürgermeister zufrieden, endlich durfte er sich nützlich machen. »In allen Einzelheiten, wenn Sie wollen, denn ich habe es selbst miterlebt, wenn auch nicht aus nächster Nähe. Als ich noch kein öffentliches Amt innehatte, stand ich nicht direkt am Altar.«

»Einen Augenblick, bitte.«

Recader zog sein schwarzes Notizbuch und einen Bleistift aus der Tasche, legte das aufgeklappte Buch neben seinen halbleeren Teller und nickte dem Bürgermeister ermunternd zu.

»Also, die frühere Herrin hatte ein sehr aufbrausendes Temperament und mehr Mumm als irgendein Mann in Pous ...«

DAS MIRAKEL
VOLKSSAGE AUS DER ABADIA

Zu jener Zeit, unter der Aufsicht und Allgegenwart Marias, genannt die Alte, wuchs ihre Tochter zu einem scheuen, unscheinbaren Mädchen heran, das weder dazu geschaffen schien, Befehle zu erteilen, noch Männern den Kopf zu verdrehen. Nicht dass sie unansehnlich gewesen wäre, ganz im Gegenteil, sie besaß harmonische Züge und eine anmutige Gestalt. Dennoch war es, als hätte ihr blässlicher Charakter sie auch äußerlich reizlos gemacht. Sie wurde fünfzehn, sie wurde zwanzig, und noch immer hatte dieses Mädchen keinen privaten Bereich, keine eigene Persönlichkeit, und lebte ständig im Schatten der Alten.

Im Dorf traute man ihr nichts von dem zu, was für die Erbin der Principal von Bedeutung war: eine gute Partie oder, für den Fall, dass Gott ihr diese verwehrte, die Begabung, ein so komplexes Unternehmen selbst zu leiten. Die Aussichten wurden noch trüber, als sie eines Tages im Sommer eine Böschung hinunterfiel und sich einen Bänderriss zuzog, nichts Schlimmes laut der Diagnose des alten Doktors Lluch aus Rius, für den ihre Schmerzensschreie nichts weiter waren als das Gejammer eines verwöhnten reichen Töchterchens, dem zum ersten Mal etwas weh tat. Damals war sie dreizehn Jahre alt, und erst mit zwanzig hörte sie endgültig auf zu hinken. Im Haus, im Dorf, in der ganzen Umgebung war man angesichts des lahmenden jungen Mädchens fest überzeugt, dass, sobald die Alte den Weg allen Fleisches gegangen wäre, das Anwesen dem Untergang geweiht sein würde.

Die Jahre vergingen, und das stille Wesen des Mädchens änderte sich keinen Deut. Dennoch sollten sich die dunklen Vorahnungen der Dörfler nicht bewahrheiten. Mit dem Tod der Alten kam die Wende. Das war neunzehnhundertdreiunddreißig. In jenem Jahr kam es zu einem unerklärlichen Phänomen, das die Leute in Ermangelung einer präziseren Bezeichnung schlicht das »Mirakel« nannten, was erst mal nicht viel sagte, trotzdem sprach man darüber nur im Flüsterton und hinter vorgehaltener Hand, als handelte es sich um ein Geheimnis, das nur Pouser kennen durften.

Dieses Mirakel geschah zwei Tage nachdem die Alte in der noblen

Brandós-Klinik in Barcelona aus dem Leben geschieden war. Man überführte ihre voluminösen sterblichen Überreste nach Pous und erwies ihr die letzte Ehre mit einer prunkvollen Totenmesse, um ihr Seelenheil so umfassend zu gewährleisten, wie es sich für die Herrin der Principal ziemte, und sie anschließend in der Familiengruft der Roderichs beizusetzen. Der Provinzgouverneur, der Bürgermeister von Rius, die Würdenträger des Dorfes und alles, was in der Region Rang und Namen hatte, waren in der Kirche versammelt.

Von ihrer Familie waren nur die beiden jüngeren Brüder, Lluís und Joan, gekommen. Letzterer war bereits Generalvikar des Bistums und vor lauter Ergriffenheit außerstande, das Requiem zu zelebrieren. Allerdings hätte ihn die Alte noch aus dem Sarg heraus daran gehindert. Sie hätte es durchaus fertiggebracht, kurz dem Fegefeuer zu entwischen, den Deckel aufzuklappen und ihn aus dem Tempel zu scheuchen. Und dessen war sich der Generalvikar vollauf bewusst. Bischof Marull hatte ihn gebeten, als sein Stellvertreter teilzunehmen, was er ihm nicht hatte abschlagen wollen, zumal seine Zukunft von Marull abhing. Der andere Bruder, Lluís, hatte sich auf eine der hinteren Bänke verkrochen, statt vom Presbyterium aus den Familienvorsitz zu führen, wie es ihm aufgrund seines Alters zugestanden hätte. Er weinte viel, und nur Úrsula, die sich absichtlich neben ihn gesetzt hatte, verstand seinen Schmerz.

Und so thronte auf dem Ehrenplatz der Roderichs ganz allein Maria Magí, schwach und verzagt, in herzzerreißender Einsamkeit.

Während des Totenamtes, genauer gesagt, in dem Moment, als die Wandlung vorbereitet wurde – die Kirche brechend voll und der Leichnam der Alten aufgebahrt vor dem Altar –, ereignete sich das Mirakel.

Pfarrer Salvador nuschelte Litaneien, als plötzlich ein tiefes, dumpfes Grollen ertönte, wie das ferne Echo eines Donners. Das Geräusch schien aus dem Sarg am Fuß der Altartreppe zu kommen. Die Leute blickten irritiert von einer Seite zur anderen und versuchten auszumachen, woher die beunruhigenden Laute rührten.

Mit einem Mal erschien ein Gespenst, von Augenzeugen als eine Art weißlicher Rauch beschrieben, das dem eingeschlossenen Körper entstieg, sich unter dem Sargdeckel hervorschlängelte und, vorbei am Kreuz und den Blumen, den Kränzen und den Damastbehängen, aufwärts strebte, bis es mitten über dem ganzen Aufbau schwebte und in der Luft stehenblieb.

Die Gottesfürchtigsten hielten es für eine Manifestation des Heiligen Geistes. Doch hatte die Erscheinung keine Flügel und war offensichtlich aus dem Sarg gekommen. Die Anwesenden, tief erschrocken und auf der Suche nach einer Erklärung für das Phänomen, verständigten sich mit Gesten, Blicken und leisen Bemerkungen darauf, dass es sich dabei um nichts anderes handeln konnte als um den guten Teil von Maria Roderichs Seele, der beschlossen hatte, schließlich doch noch zutage zu treten.

Dann bewegte sich der gute Teil von Maria Roderichs Seele; der Geist begann, sich über dem Sarg um die eigene Achse zu drehen, als wollte er sich aus einer quälenden Bindung befreien, die zu verlassen ihn aber zugleich schmerzte. So jedenfalls interpretierte es das Publikum. Als er sich endlich gelöst hatte, schraubte er sich langsam in bedächtigen Spiralen nach oben. Er entschwebte in den hohen Raum des Kirchenschiffs, blieb immer wieder sekundenlang stehen, als müsste er sich ausruhen. Diese Pausen nutzte die Gemeinde, um Atem zu schöpfen, während einige der Kinder die Arme reckten und mit dem Finger darauf zeigten. So ging es eine ganze Weile, bis der gute Teil von Maria Roderichs Seele fast die Spitze des Kreuzgewölbes erreicht hatte, genau die Höhe der sechs Fenster, über denen die Kuppel ansetzte. Das Gespenst glitt entlang der ersten fünf, als suchte es etwas. Einen Fluchtweg, vermuteten die Leute sofort. Doch erst beim sechsten Fenster, dem, das nach Westen ging, entdeckte es einen feinen Spalt, einen Riss in dem alten, morschen Rahmen. Daraufhin schien das Wesen immer dünner zu werden, und schon schlüpfte es hinaus, machte sich auf den direkten Weg ins Paradies und ließ die Zuschauer erleichtert und enttäuscht zurück.

Wäre die Sache damit zu Ende gewesen, hätten alle des Rätsels Lösung darin gesehen, dass die Seele der Alten soeben vor ihren Augen gen Himmel gefahren war, emporgehoben vom zeitlebens geheimgehaltenen Edelmut der Dame. Ihr Bruder, der Generalvikar Joan, konnte sich vor Überraschung kaum fassen, und obwohl er sie für ein Miststück hielt, dachte er sofort daran, eine Heiligsprechung auf den Weg zu bringen, *wenn bloß in diesen republikanischen Zeiten die Chancen dafür nicht so schlecht stünden.*

Die Menge stierte noch immer nach oben und stellte sich vor, wie der Geist himmelwärts tanzte, als mit entsetzlichem Knattern plötzlich eine schwarze, stinkende Wolke aus dem Boden des Sarges quoll und düster und unförmig unter dem ausladenden Sarg hervorkroch. Das Ding, von den Anwesenden rasch als der böse Teil von Maria Roderichs Seele identifiziert, sah aus wie eine dicke Schlange, die sich beharrlich über den Boden wand. Sofort begriffen die Leute, dass dieser schwarze Seelenteil ein Loch suchte, durch das er sich bis in die lodernden Tiefen der Erde bohren konnte, wie es sich für böse Seelen gehörte. Einen Augenblick lang war die Gemeinde starr vor Schreck, als das Monster auf ihre Bänke zuzusteuern drohte. Doch nein: Es entschied sich für die andere Richtung, schob sich die Stufen zum Presbyterium hinauf und näherte sich dem Altar. Dort begann es unruhig umherzuirren und in den verstecktesten Winkeln nach einer Öffnung zu suchen, durch den es in die Tiefe entkommen konnte, während Pfarrer Salvador sich murmelnd anschickte, die Elevation der Hostie zu vollziehen, und die grausige Erscheinung, die den Saum seines Messgewandes streifte, gar nicht bemerkte. Sein Messdiener, Atanàsias Sohn, hatte längst das Weite gesucht.

Nur Maria, die Tochter der Alten, sah alldem zu, ohne Furcht oder Verwunderung zu zeigen. Gleichmütig präsidierte sie das Ganze vom Ehrenplatz der Familie aus, zart und würdevoll in der ihr aufgezwungenen Einsamkeit. Die Leute führten die gelassene Haltung des Mädchens später darauf zurück, dass sie schon vorher gewusst haben musste, was geschehen würde. Denn auf einmal wandte sich die Spukgestalt dem Thron der Roderichs zu und glitt wie ein schwarzes, fettes, schleimiges Reptil über den halben Meter geblümten Teppich, der sie vom rechten Bein des Sessels trennte, auf dem das Mädchen saß. Und gleich darauf konnte die gesamte Gemeinde beobachten, wie sich der dunkle Teil von Maria Roderichs Seele in neun dünne, lange Schlangen aufteilte. Zwei verschwanden unter dem Rock des Mädchens und waren nicht mehr zu sehen, doch die anderen sieben erkletterten vor aller Augen den Stuhl. Den Leuten stockte der Atem, und fast hätten sie auf-

geschrien, um Maria zu warnen. Aber es ging alles viel zu schnell. Im Nu schrumpften die Schlangen, bis sie schmal genug waren, um sich durch die Öffnungen in Marias Kopf zu zwängen. Es war grässlich, zumal bei diesem Anblick niemand umhin konnte, sich vorzustellen, wie die beiden unter ihrem Kleid in die intimsten Spalten krochen.

Jeder im Dorf erinnert sich an diesen Vorfall, denn die Kirche war zum Bersten gefüllt und von der Mittagssonne hell erleuchtet. Bis heute behaupten böse Zungen, die Bewegungen dieses Wesens seien falsch interpretiert worden. In Wahrheit hätten nicht die Schlangen das Mädchen heimgesucht, vielmehr habe sie sie selbst zu sich gelockt. Maria Magí habe das schwarze Gewürm verhext, und dann habe sie es, sie ganz allein, in ihren Körper gezogen. Die Würdenträger, die Ehrengäste, das Gesinde der Principal und alle Anwesenden hatten es mit eigenen Augen gesehen. Auch Pfarrer Salvador, der zwar im letzten Moment gemerkt hatte, was vor sich ging, aber unfähig war, zu reagieren und Maria mit einem rettenden Stoßgebet oder dem Kreuzzeichen vor dieser Abscheulichkeit zu bewahren.

Jedenfalls begann genau zu diesem Zeitpunkt, als die Geisterschlangen in sie eindrangen – auch darin stimmten alle überein –, die dämonische Verwandlung, durch die die farblose Tochter der Alten zu Maria Magí wurde, zu einer ganz neuen, fremden Frau. Ihr Blick, ihre Haltung, ihre Gesichtszüge veränderten sich, was nur besonders sensible Menschen wahrzunehmen imstande waren, also fast jeder in Pous. Der Umschwung war so stark, dass seit dem Tag des Mirakels die übliche Anrede für eine Frau ihres Standes auch ihr Spitzname wurde: die Senyora. Für immer und ewig.

Auch Pfarrer Salvador konnte nur bestätigen, dass im Zuge des Mirakels etwas Diabolisches von ihr Besitz ergriffen haben musste. Bis zu diesem ungewöhnlichen Zwischenfall hatte der Priester fest mit einem wundersamen Anstieg der mildtätigen Zuwendungen gerechnet, da ja nun ein so schwächliches Geschöpf die Verantwortung für ein so schweres Geschäft wie die Principal zu tragen hätte. Mit Sicherheit würde sie spirituellen Beistand und möglicherweise auch Rat in Geldangelegenheiten brauchen. Doch dann war er der Erste, der zu spüren bekam, welche Kehrtwende in der Seele dieses Mädchens stattgefunden und ne-

benbei auch seine eigenen Pläne durchkreuzt hatte. Während er feier-
lich hinter dem Sarg durch den Mittelgang der Kirche schritt und nach
allen Seiten Weihwasser versprengte, nahm er in seinem Rücken einen
eigentümlichen, schwefligen Geruch wahr. Als er sich umdrehte, war da
nichts außer der liebreizenden Erbin, die ihm gramgebeugt, aber mit
einem bösartigen Ausdruck in den Augen folgte. Und plötzlich packte
sie ihn beim Gewand, unvermittelt und vor allen Leuten, zwang ihn
fast gewaltsam stehenzubleiben und verkündete laut genug, damit es
jeder hören konnte, sie entziehe ihm alle Vorrechte, die ihm die Alte
gewährt habe. Und mit noch lauterer Stimme fügte sie hinzu, die von
der Principal bezahlten Gottesdienste würden künftig auf eine Messe
wöchentlich im Mas Gran beschränkt, und zwar für ein lächerliches
Entgelt, das sie sich auch noch erdreistete, in aller Öffentlichkeit zu be-
ziffern. Alle waren Zeugen, die erwartungsvolle Gemeinde, der Onkel
und Beinahe-Prälat, der Gouverneur und der Leichnam der Alten.
Pfarrer Salvador stand beschämt und mit gesenktem Kopf vor der Frau,
die künftig die Principal befehligen würde, und brachte nichts als eine
kraftlose untertänige Geste zustande.

12
EIN SCHLUCK SÜSSWEIN

Freitag, 22. November 1940

»Gut, Herr Parcerissa. Ich werde Ihnen nicht lange die Zeit stehlen. Vielleicht erinnern Sie sich noch an mich. Am 18. Juli 36 war ich schon einmal hier, zusammen mit einem anderen Inspektor, um im Fall Ricard Nebot zu ermitteln.«

Amadeu war ein misstrauischer Bauer. Trotzdem, dieses Gesicht, ja, jetzt entsann er sich, klar doch, der hatte damals vor Ricards blutigem, zerfetztem Unterleib gekauert, tief erschüttert und so rührend jung. Amadeu nickte langsam, als hinge er einer fernen Erinnerung nach. Der Inspektor wartete ab. Er war überzeugt, dass keiner von denen, die an jenem Morgen dabeigewesen waren, auch nur das geringste Detail vergessen hatte.

»Passen Sie auf, Amadeu, tun wir so, als wäre heute der 19. Juli und ich wollte immer noch herausfinden, was passiert ist. Was wissen Sie über Ricard Nebot?«

»Nicht viel, Senyor. Ein guter Arbeiter, der es auf der Principal zum Vorarbeiter gebracht hatte. Wie alle anderen wusste ich, dass die Alte, Senyora Roderich, ihn Knall auf Fall entlassen hatte. Ich habe davon sogar als Erster erfahren, weil ich seinen Posten bekam. Später habe ich gehört, er sei nach Frankreich zu seinem Bruder gegangen, und das ist auch schon alles.«

»Und wissen Sie oder vermuten Sie, warum die Alte, warum Senyora Roderich ihn entlassen hatte?«

»Nein. Keine Ahnung.«

»Es heißt, er habe ein Verhältnis mit …«, – der Inspektor fand nicht auf Anhieb das rechte Wort – »… einer unpassenden Person gehabt.«

»Davon weiß ich nichts, Senyor, im Dorf wird viel dummes Zeug geredet. Aber davon weiß ich nichts.«

Der Inspektor sah ihn scharf an. Ein durchtriebener, aber gutmütiger Bauer. Ein paar Sekunden lang beobachtete er ihn stumm und versuchte zu ergründen, ob sich im Netz der vielen Furchen, die sein Gesicht durchzogen, irgendein Geheimnis verbarg. Nichts. Nur ein leicht nervöses Lid.

»Sie haben einige Jahre auf der Principal genächtigt, nicht wahr?«

»Ja, Senyor, es war üblich, dass der Vorarbeiter im Haus schlief. Das tat ich, bis meine Frau das dritte Kind bekam, dann erlaubte mir die frühere Senyora, zu Hause zu schlafen.«

»Und Llorenç wurde Ihr Nachfolger.«

»Ja.«

»Finden Sie, die Alte hatte mit ihm eine gute Wahl getroffen?«

»Aber ja, natürlich, ein patenter Bursche, verlässlich, tüchtig, und stark. Außerdem hat er ja schon immer im Haus geschlafen, weil er der Sohn der Köchin ist.«

»Soviel ich gehört habe, soll es zwischen ihm und Ricard eine besondere Beziehung gegeben haben, und das sei auch der Grund für Ricards Entlassung gewesen. Wissen Sie etwas darüber?«

Amadeu verzog keine Miene, überlegte aber einen Moment.

»Senyor, dieses Dorf ist klein, und die Eifersucht ist eine Plage, die jedes Haus befallen kann. Ich weiß nicht, wovon Sie sprechen, ich weiß nur, dass Llorenç ein guter, tüchtiger Junge ist.«

Der Inspektor betrachtete ihn, ein Gesicht wie aus Stein gemeißelt. Ohne einen Spalt, durch den man hinter die Fassade hätte blicken können.

»Eines noch, Amadeu: War Ihnen 1936 bekannt, dass Ricard aus Frankreich zurückgekehrt war?«

»Ich bin mir nicht sicher, ob ich das sagen soll, aber ich will keine Probleme mit der Polizei. Jeder im Dorf wusste, dass die Alte ihm verboten hatte, jemals wiederzukommen, aber wenige Tage nach ihrem Tod hieß es auf einmal, Ricard sei wieder da und würde in Rius auf einem der neuen Milchbauernhöfe wohnen und arbeiten.

Bestimmt hat man das Senyora Magí nicht gesagt, um Scherereien zu vermeiden.«

»Wissen Sie oder haben Sie mitbekommen, ob er hier im Dorf zu irgendjemandem Kontakt hatte?«

»Nein, Senyor, soweit ich weiß, nicht.«

Der Inspektor, der sich während der Unterhaltung Notizen gemacht hatte, schrieb zu Ende, schlug das schwarze Buch zu und hob den Blick.

»Also schön, Amadeu, ich denke, wir sind durch. Vielen Dank. Sollte ich Sie noch einmal brauchen, gebe ich Ihnen Bescheid.«

»Stets zu Ihren Diensten, Senyor.«

Amadeu hob die Mütze, die er die ganze Zeit in der Hand gehalten hatte, und stülpte sie sich mit einer altväterischen Geste über den Kopf.

Als Recader wieder allein war, spürte er seine Unzufriedenheit. Nicht weil er das Gefühl gehabt hätte, mit seiner Untersuchung nicht voranzukommen. Auch nicht wegen der Antworten des Vorarbeiters oder der Aussagen der Senyora vom Vormittag. Er war zutiefst verärgert über sich selbst. Die Art, wie er die Sache anging, gefiel ihm nicht. Enttäuscht musste er sich eingestehen, dass er schon vor jeder Befragung unentrinnbar im Spinnennetz seines Unterbewusstseins verfangen war, indem er sich auf das stützte, was der Bischof seinem Kommissar gegenüber ausgeplaudert hatte. Vor jedem Gespräch schwor er sich, methodisch, neutral und professionell vorzugehen. Doch wenn es so weit war, gelang es ihm nicht, Llorenç' angebliches Geständnis aus seinem Kopf zu verbannen, obwohl es nichts gab, was den Verdacht auf den Jungen gelenkt hätte. Denn bisher war er auf kein einziges Indiz gestoßen, aus dem er irgendeinen Hinweis auf ihn hätte ableiten können.

Inspektor Recader bewahrte stets seine äußere Gelassenheit, selbst wenn er am liebsten etwas zertrümmert hätte. Einer plötzlichen Eingebung folgend, stand er mit einem Ruck auf und verließ eilig die Principal. Zur Hölle mit den Methoden, sagte er sich. Er wusste jetzt, was zu tun war. Wer Durst hatte, ging am besten zum nächstgelegenen Brunnen. Er verabschiedete sich nur knapp von Úrsula und marschierte zum Kirchplatz. Eigentlich hatte er diesen Besuch aufschieben wollen, bis er etwas in der Hand hatte, das nicht dem Beichtgeheimnis entstammte. Doch zur Hölle mit den Methoden! An dem geschnitzten Kruzifix und dem Türklopfer in Herz-Jesu-Form war die Tür zum Pfarrhaus leicht zu erkennen. Er klopfte. Kein Geräusch, keine Stimme. Er klopfte fester. Nichts. In diesem Moment erschien eine hübsche junge Frau auf dem verwaisten Platz. Sie kam fröhlich lachend auf Recader zu und sagte:

»Wenn Sie zum Herrn Pfarrer wollen, müssen Sie hineingehen und an der kleinen Tür läuten, sonst hört er Sie nicht.«

Der Inspektor bedankte sich nicht einmal, und Caterina dachte, das müsse wohl der Polizist sein, von dem Úrsula gesprochen hatte.

Recader öffnete die schwere Tür und sah am anderen Ende des Eingangsbereichs eine weitere, kleinere, mit einer Klingel. Als er den Drehschalter betätigte, konnte er das Schrillen hören. Er war ungeduldig und nervös. Von weitem hörte er Musik aus einem Radio. Jemand schaltete es ab. Kurz darauf näherten sich Schritte. Der Inspektor atmete tief durch und ermahnte sich zur Ruhe. Plötzlich wurde es wieder still, als ob derjenige, statt die Tür zu öffnen, unmittelbar dahinter stehengeblieben wäre. Vielleicht beobachtete er Recader durch ein unsichtbares Loch oder er machte sich ein bisschen zurecht, oder ... Die Klinke bewegte sich, und im Türrahmen erschien ein Priester mit verschlafenem Gesicht, der mechanisch sagte: »Was willst du, mein Sohn?«, und ihm die Hand zum Kuss hinhielt. Der Polizist neigte sich darüber, während er sich mit Namen und Titel vorstellte.

»Guten Tag, Hochwürden, ich bin Inspektor Lluís Recader vom Hauptkommissariat in Rius.«

Er küsste die dargereichte Hand und richtete sich wieder auf, bemüht, Autorität in seine Haltung zu legen. Der Geistliche sah ihn gleichmütig an.

»Wenn Sie hereinkommen wollen«, sagte er mit einer auffordernden Handbewegung.

»Ja, Hochwürden, ich wäre Ihnen dankbar, wenn Sie ein paar Minuten erübrigen könnten. Ich hoffe, ich störe nicht.«

»Sie stören überhaupt nicht, Herr Inspektor«, gab der Priester zurück und öffnete weit die Tür. »Meine Haushälterin ist nicht da, um uns eine Erfrischung zu servieren, allerdings kann ich Ihnen ein Gläschen Süßwein anbieten.«

»Danke, Hochwürden, nicht nötig.«

»Oh, und ob das nötig ist. Es kommt nicht oft vor, dass eine Amtsperson an die Tür dieser Pfarrei klopft. Außerdem kommt dieser Wein von sehr hoch oben, eine Köstlichkeit. Nehmen Sie am besten gleich hier Platz.«

Der Pfarrer wies auf einen der beiden Sessel, zwischen denen ein kleiner runder Tisch mit einem Spitzendeckchen und einem Kerzenleuchter stand. Er ging zu einer Vitrine, auf der ein Invicta-Radio prangte, öffnete eine Glastür direkt unter dem Apparat und holte eine dickwandige, ziselierte Flasche heraus, die noch halbvoll war, während er sich zwei Gläschen zwischen die Finger klemmte. Behutsam brachte er sie zum Tisch und stellte sie auf dem vergilbten Deckchen ab. Er setzte sich. Dann zog er den Stopfen aus der Flasche und füllte bedächtig zwei Fingerbreit Wein in jedes Glas.

»Trinken Sie, Inspektor, trinken Sie. Seit man uns im Krieg fast alles in Schutt und Asche gelegt hat, bleibt uns nur noch dieses Weinchen, um Gäste zu bewirten.«

»Trotzdem haben Sie doch eine sehr schöne Pfarrei.«

»Ja, zum Glück konnte ich viele Sachen zurückholen. Das meiste jedoch sind Spenden. Mit dem Frieden ist auch die Frömmigkeit wiedergekehrt. Fast alles in diesem Zimmer haben die beiden Schwestern des Apothekers gestiftet. Sie sind glühende Verehrerinnen der heiligen Basilissa und so barmherzig, das kann man sich gar nicht vorstellen. Eine ist kürzlich verstorben, und das Leben der anderen hängt auch nur noch an einem seidenen Faden, Gott segne sie. Ich gehe jeden Tag hin und bete den Rosenkranz mit ihr, und die Arme macht der Kirche immer noch Geschenke. Eine Heilige. Nun ja, aber was hat Sie zu mir geführt, und womit kann ich Ihnen helfen?«

Während er sprach, stellte Recader seine Beobachtungen an. Pfarrer Salvador war ein kräftiger, etwas beleibter Mann mit zurückgekämmtem Haar, das mit Brillantine an seinen Kopf geklebt war. An der Nasenwurzel sah man die Abdrücke einer Brille. Sein Gesicht glänzte, und trotz des kalten Novemberwetters schien er zu schwitzen, weshalb wohl auch der weiße Römerkragen, der oben aus der Soutane hervorschaute, nicht mehr ganz makellos war. Er musste um die fünfzig sein, vielleicht etwas darüber. Während Recader ihn betrachtete, wurde er den Gedanken nicht los, dass dieser Mann seinen ersten kriminalistischen Triumph vereitelt hatte, und jetzt saß er hier vor ihm, als hätte er mit der Schlappe, die Recader ausgerechnet in seinem allerersten Mordfall erlitten hatte, nichts zu tun.

»Folgendes, Hochwürden: Ich bin nach Pous gekommen, um die Ermittlungen im Zusammenhang mit einem Verbrechen wiederaufzunehmen, das 1936 nicht aufgeklärt werden konnte. Am 18. Juli hatte man die Leiche eines gewissen Ricard Nebot gefunden.« Er langte in die Jackentasche und zog sein Notizbuch hervor.

»Ach ja, der arme Ricard. Das war schrecklich. Ich erinnere mich noch genau, so etwas war meines Wissens in Pous noch nie vorgekommen.«

»Ich war damals als Polizist mit dem seinerzeit zuständigen Inspektor hier, um erste Ermittlungen anzustellen. Ja, so zugerichtet, wie er war, kann man das alles schwerlich vergessen.«

»Gott sei Dank habe ich ihn nicht gesehen, weil ich an diesem Morgen in Felius war, und konnte ihm leider auch nicht beistehen. Ich habe ihn sehr bedauert, Gemeindemitglieder haben mir erzählt, der Anblick des Jungen sei schauerlich gewesen.«

»Junge? War er nicht über vierzig, ein gestandener Mann?«

»Verzeihung, aber er hatte ein so heiteres Wesen, dass ich vielleicht das falsche Wort gewählt habe.«

»Kannten Sie ihn gut?«

»So wie ich alle Kirchgänger des Dorfes kenne. Er war nicht allzu fromm, kam aber oft zur Messe und gelegentlich auch zur Beichte. Vor dem Krieg wollte das schon viel heißen.«

»Hielten Sie ihn für einen guten Menschen?«

»In den Augen Gottes ist das, wohlgemerkt, jeder. Sagen wir, er war … speziell.«

Der Inspektor dachte, mit diesem Begriff habe ihm der Geistliche ein Stichwort gegeben, bei dem er einhaken konnte.

»So? War er vielleicht zu speziell, und Senyora Roderich hatte ihn deshalb vor die Tür gesetzt?«

Der Priester tat, als wischte er einen Krümel vom Tisch. Seine Gesten blieben gemessen, und sein Ton höflich.

»Wissen Sie, Herr Inspektor, ich würde es vorziehen, darüber nicht sprechen zu müssen. Das ist eine schwierige Angelegenheit, die in die verborgenen Bereiche menschlicher Leidenschaften gehört.«

»Aber soweit ich weiß, waren Sie selbst dabei, als die Senyora …«

»Ja, schon, aber ich möchte nicht über Dinge reden müssen, die mein Amt betreffen.«

»Hochwürden, Sie sollten. Sie müssen einsehen, dass Sie bei polizeilichen Ermittlungen in einem Mordfall Ihre Hilfe nicht verweigern dürfen. Was diese konkrete Zusammenkunft betrifft, können Sie keine Amtsgründe geltend machen, die Sie zum Stillschweigen verpflichten würden. Im Dorf weiß jeder« – er übertrieb ein wenig –, »dass Sie anwesend waren, und um einen religiösen Akt handelte es sich dabei ja nicht gerade.«

Es entstand eine Pause. Pfarrer Salvador griff nach seinem Weinglas, nahm einen Schluck, legte den Kopf in den Nacken und atmete durch den Mund, damit die Luft über die süße Flüssigkeit strich und Geschmack und Aroma des Weines sich noch besser entfalten konnten. Er blieb stumm. Der Inspektor stellte keine weiteren Fragen, der Priester steckte eindeutig in einer Sackgasse.

»Sie sollten ihn kosten, Inspektor, ich glaube, einen besseren Süßwein als diesen gibt es in der ganzen Abadia nicht.«

Wenn sich der Pfarrer nicht aus der Ruhe bringen ließ, dachte Recader, dann er erst recht nicht. Er hob sein Glas an die Lippen. Wer sich seines Sieges gewiss ist, braucht sich nicht abzuhetzen. Kaum hatte er an dem ziegelroten Getränk genippt, begann der Pfarrer zu sprechen:

»Sehen Sie, Herr Inspektor, in meinem Beruf muss man oft heikle, komplizierte Situationen meistern. Und in Erfüllung der Gebote

Gottes ist es unumgänglich, manche Verhaltensweisen schonungslos zu ahnden. An jenem Tag, gegen Abend, kam eine Magd der Principal und sagte meiner Haushälterin Atanàsia, Senyora Roderich wünsche mich so schnell wie möglich zu sehen. Trotz meiner guten Beziehungen zu Senyora Roderich war es unüblich, dass sie mich mit solcher Dringlichkeit zu sich rief, und so eilte ich leicht beunruhigt sofort zur Principal. Dort traf ich die Gutsherrin, ihre Tochter und …«

»Entschuldigen Sie, sagten Sie, die Tochter, Maria Magí, die jetzige Senyora, war auch da?« Rasch machte Recader eine Notiz in sein Büchlein. »Sind Sie sicher?«

»Manche Konstellationen behält man für immer im Gedächtnis. Die jetzige Senyora, damals noch ein ganz junges Mädchen, saß rechts von ihrer Mutter. Und dann war da noch dieser unselige Ricard. Ricard Nebot.«

»Sonst niemand?«

»Nein, sonst niemand.«

»Und was ist passiert?«

»Nun, ich habe versucht, seine Seele zu retten, und die Senyora sein Leben.«

»Hochwürden, könnten Sie mir bitte in klaren Worten sagen, warum dieses Treffen stattfand und wie es ablief?«

»In Ordnung, verzeihen Sie. Senyora Roderich, die eine strenggläubige Frau ist, verbannte Ricard aus dem Dorf und zwang ihn, nach Frankreich auszuwandern, denn abgesehen davon, dass er Strafe verdiente, bewahrte sie ihn damit vor größerem Schaden. Wenn herausgekommen wäre, was er getan hatte, oder wenn er weiterhin gesündigt hätte …«

»Das ist genau das, was ich wissen will. Würden Sie mir erläutern, was man ihm vorwarf?«

»Widernatürliches Sexualverhalten.«

Der Inspektor ahnte, worauf es hinauslief, spielte aber den Begriffsstutzigen, um den Pfarrer zum Weitersprechen zu ermuntern. Und dieser setzte hinzu:

»Das heißt, dieser Mann, dieser Ricard, hatte auf sündhafte, abartige Weise mit einem knapp fünfzehnjährigen Jungen verkehrt. Ein abscheuliches Vergehen in den Augen Gottes und der Kirche.«

Der Geistliche sah den Inspektor an, forschend, ob er ihn jetzt verstanden hätte.

»Eine homosexuelle Beziehung also.«

»Und sodomitisch«, ergänzte der Pfarrer, als vergrößerte sich dadurch die Sünde noch.

»Und woher wusste man das? Welche Beweise gab es?«

»Mir hatte es Senyora Roderich gesagt, und sie hatte die Person zur Zeugin, deren Sicherheit ihr am meisten am Herzen lag.«

»Und wer war das?«

»Ihre Tochter.«

»Wollen Sie damit sagen, die jetzige Senyora hätte sie auf frischer Tat ertappt?«

»Ja, im Pferdestall, um genau zu sein. Nachdem sie sich vom ersten Schrecken erholt hatte, nahm sie allen Mut zusammen und erzählte es ihrer Mutter, damit die eine angemessene Strafe verhängte und den Minderjährigen beschützte.«

Der Inspektor sah ihn verblüfft an.

»Überrascht Sie das?«

»Nein, ich versuche nur, es nachzuvollziehen. Dann war also Senyora Magí diejenige, die Ricard und seinen Spießgesellen verraten hatte.«

»Ganz recht.«

»So, dann kommen wir jetzt zur Kernfrage. Mit wem wurde Ricard bei unsittlichen Handlungen erwischt?«

Pfarrer Salvador reagierte nicht sofort. Er griff nach seinem Weinglas und setzte es an die Lippen. Der Inspektor sah, dass er nicht trank, sondern mit dieser Geste Zeit gewinnen wollte. Und die Antwort war wie erwartet:

»Sie müssen verzeihen, aber das, Herr Inspektor, werde ich Ihnen nicht sagen.«

»Fällt das unter das Beichtgeheimnis?«

»Eigentlich nicht, aber …«

»Natürlich nicht! Vor dem Gesetz sind das Beichtgeheimnis, auf das Sie sich nach dem Kirchenrecht berufen könnten, und eine Zeugenaussage, die die Justiz Ihnen abverlangt, zwei verschiedene Dinge. Sagen Sie mir den Namen oder Sie machen sich der Behinderung der Staatsgewalt schuldig.«

»Herr Inspektor, den Namen dieses armen Jungen sage ich Ihnen nicht. Tut mir leid.«

Der Inspektor bemerkte einen sonderbaren Ausdruck in den Augen des Priesters. Die Überheblichkeit war aus Pfarrer Salvadors Blick verschwunden, vielmehr schien er um einen Ausweg zu betteln, und mit einem Mal begriff der Inspektor, dass dieser Priester singen würde.

»Würden Sie mir helfen, wenn ich es Ihnen ein wenig leichter mache?«

»Mir bliebe wohl nichts anderes übrig, oder, Herr Inspektor?.«

Sieh mal einer an, jetzt kommen wir der Sache näher, dachte Recader.

»Vielleicht genügt schon eine einzige Frage«, sagte er und schwieg eine Weile, während er im Stillen an der Formulierung kaute und den Tonfall probte.

»Der Junge, von dem Sie sprachen, der Komplize bei der Untat, wegen der Ricard Nebot seine Arbeit verlor und aus dem Dorf vertrieben wurde, wohnte der auf der Principal?«

Der Pfarrer war verdutzt. Der Polizist hatte ihm diese und keine andere der vielen denkbaren Fragen gestellt, vielleicht, weil er die Antwort bereits wusste? Er holte tief Luft und erwiderte den Blick des Inspektors.

»Ja.«

»Dieser Umstand macht ihn noch nicht zum Mörder, aber eventuell zum Verdächtigen.«

Der Pfarrer trank nicht weiter. Er war nervös. Es schien, als haderte er mit sich. Der Inspektor ahnte, weshalb. Aber er wusste auch, dass er auf eine direkte Frage von diesem Mann keine Antwort erwarten durfte. Und so beschloss er, sein Netz auszuwerfen.

»Hochwürden, ich bin noch nicht lange Inspektor. Mein Kommissar hat mir diesen Fall übertragen, weil er mir vertraut, und ich würde ihn ungern enttäuschen. Ich kenne die Leute hier nicht. Und da Pous den Ruf hat, ein Dorf von Linken zu sein, werde ich kaum mit Unterstützung rechnen können. Für Sie repräsentiere ich die Autorität des Staates, Sie für mich die Autorität der Kirche. Wo es schwierig wird, unseren Sieg in die Praxis umzusetzen, sollten – zum Wohle aller – beide Mächte an einem Strang ziehen. Ich weiß um Ihre Pflichten und die Frondienste Ihres Amtes und will Sie zu nichts nötigen. Sie haben die Möglichkeit, in die Seelen und oft auch in die Herzen der Menschen zu blicken. Ich bitte Sie mit allem Respekt. Sie müssen es nicht aussprechen, eine Geste genügt. Gibt es irgendein Indiz, aufgrund dessen ich gut beraten wäre, in diesem Jungen meinen Hauptverdächtigen zu sehen?«

Pfarrer Salvador starrte Recader an, die Falten um seine Augen waren wie glattgezogen. Der Inspektor wusste, dass er in aller Eile Risiken und Vorteile erwog. Ganz langsam begann der Geistliche den Kopf zu senken, wobei er den Polizisten unverwandt ansah. Der glaubte, in dieser Bewegung den Ansatz eines Nickens zu erkennen, doch Salvador blieb mit hängendem Kopf sitzen und blickte, die Augen von den Brauen fast verdeckt, Recader weiter ins Gesicht. Noch zauderte er. Dann schien er sich einen Ruck zu geben, hob den Kopf und vollendete so seine wortlose Bestätigung. Seine Lippen blieben ernst, das Lächeln in seinem Blick jedoch war nicht zu übersehen.

»Danke, Hochwürden, ich weiß Ihre Hilfe zu schätzen.«

Lluís Recader verabschiedete sich mit den üblichen Floskeln und verließ das Pfarrhaus, innerlich schwankte er zwischen Rage und Genugtuung. Zumindest hatte diese Befragung letztlich genau das ergeben, was ihm aus zwei gebrochenen Beichtgeheimnissen bereits bekannt war. Bei Ricards schwulem Freund handelte es sich also um Llorenç, und somit war dieser, dank der Kooperation des Priesters, nun auch der Hauptverdächtige. Andererseits hatte Maria Magí ihm vorenthalten, dass sie Zeugin des Vorfalls gewesen war. Um Llorenç zu schützen? Das schien ihm unwahrscheinlich. Aus einem anderen Grund, den er bisher nicht in Betracht gezogen hatte?

Er überquerte den Kirchplatz und ging den Carrer del Cardenal

Gomà, dann die Hauptstraße hinunter. Im Vorbeigehen schielte er aus dem Augenwinkel zur Principal hinüber. Dort wohnte jemand, den der Gemeindepfarrer, ein Bischof und das Stillschweigen Maria Magís zum Mordverdächtigen erklärten. Ein junger Mann, der an jenem fürchterlichen Tag des Jahres 1936, während er selbst zusammen mit Inspektor Velarde und dem Richter eine Leiche mit aufgerissenem Unterleib in Augenschein nahm, auf der Bank daneben saß und untröstlich weinte. Das Leben geht oft seltsame Wege ...

Das Dach des Opels war noch feucht von dem Nieselregen, der um die Mittagszeit gefallen war. Nachdenklich setzte er sich hinters Steuer. Es würde nicht mehr lange hell sein. Ohne großes Zutrauen betätigte er den Anlasser, doch der Motor sprang mit dem üblichen Getöse an, knallte, vibrierte, stieß schwarze Rauchwolken aus dem verrosteten Auspuffrohr und kam stotternd in Gang. Recader dachte, was für einen faszinierenden Beruf er doch habe, noch spannender beinahe als in den englischen Kriminalromanen.

13
DAS GROSSE GEHEIMNIS

Freitag, 22. November 1940

Nackt und brennend vor Begierde stieg er zu ihr ins Bett. Er blies die Öllampe aus, die Maria für ihn auf den Nachttisch gestellt hatte. Dann kroch er dicht an sie heran und drückte sein Geschlecht gegen ihr Hinterteil. Sie drehte sich um, und es begann ein Spiel aus Zärtlichkeiten, Wispern, Küssen ... Das Verlangen überwältigte sie, sie küssten und liebkosten einander überall dort, wo sie dem anderen Lust zu bereiten hofften, und bald war das Zimmer erfüllt von den Geräuschen raschelnder Laken, schmiegender Haut, begehrlicher Lippen, wollüstiger Bewegungen, leisen Seufzern, rhythmischem Stöhnen und seliger Stille.

Eine selige Stille, in der sie noch den Duft der Leidenschaft atmeten, umarmt, entspannt, verzückt von dem, was ihnen zuteilwurde. Maria brach den Zauber:

»Wir müssen reden, Llorenç. Es tut mir leid, diesen Augenblick zu zerstören, ich fühle mich so wohl mit dir, aber ich muss mit dir reden. Ich weiß nicht, ob es gravierend ist, aber es könnte dringend sein.«

»Dann fang mal gleich an, denn sonst bin ich eingeschlafen.«

»Weißt du, dass ein Polizeiinspektor bei mir war?«

»Herrje, das weiß das ganze Dorf.«

»Weißt du auch, warum er hier war?«

»Noch nicht. Warum denn?«

»Wegen Ricard.«

Eine Sekunde, zwei, drei ...

»Macht dir das Angst?« Marias sanfte Stimme war wie ein Streicheln.

»Nein, wieso?«

»Ich weiß nicht, Llorenç ..., weil ..., ich weiß nicht.«

»Maria, wenn ich an seinen Tod denke, überläuft es mich noch heute eiskalt. Aber Angst? Nicht die Spur. Wovor sollte ich Angst haben?«

»Dieser Inspektor hat mir viele Fragen gestellt und sich auch nach dir erkundigt. Mag sein, dass es nur ein Hirngespinst ist, aber ich habe den Eindruck, er will dich mit Ricards Tod in Verbindung bringen.«

»Das wird ihm schwerfallen, denn ich habe nichts damit zu schaffen.«

»Hinterher ist er ins Pfarrhaus gegangen.«

»Was du alles weißt.«

»Na, hör mal, ein Auswärtiger, der schon im ganzen Dorf bekannt ist und dem Caterineta zeigen muss, wo die Tür zum Pfarrhaus ist ... Wie viele Minuten, glaubst du, hat Neus gebraucht, um es Úrsula zu erzählen? Und wie viele Sekunden wird es danach wohl gedauert haben, bis ich es wusste?«

»Das heißt, der Pfarrer und der Polizist waren noch mitten im Gespräch und bei der Herrin der Principal läuteten schon alle Alarmglocken?«

»Ja, ich mache mir Sorgen, weil dieser Salvador ein Scheusal ist.«

»Und was für eins!«

»Wie meinst du das? Hattest du schon mal mit ihm zu tun?«

»Ich will damit nur sagen, dass ich ganz deiner Meinung bin, er ist ein Scheusal. Ich habe meine Gründe, aber ich kenne deine nicht. Ich wüsste gern, warum dir der Priester so ein Dorn im Auge ist«, erwiderte der junge Mann mit einem kleinen Lachen. »Ganz offensichtlich tust du doch alles, um ihn zu schikanieren. Und zwar gnadenlos. Seit der Beerdigung deiner Mutter hast du keine Gelegenheit ausgelassen, ihm das Leben zu vergällen.«

»Du hast ja keine Ahnung, was für ein Kerl das ist. Ich kenne ihn gut, und ich besitze den Schlüssel zu einem Geheimnis, das er hinter seiner huldvollen Fassade schön verborgen hält, dieser Schuft.«

»So ein großes Geheimnis?«

»An dem Tag, als meine Mutter Ricard hinauswarf, weißt du, was sich da abgespielt hat?«

»Nicht genau. Aber in Pous weiß jeder, dass deine Mutter, der Priester und Ricard dabei waren.«

»Ja. Und ich.«

»Du? Wirklich? Davon weiß niemand was.«

Plötzlich verstummte Llorenç. Er nahm ein Streichholz und entzündete die Lampe. Als er sich wieder umwandte, warf der schwache Lichtschein weiche Schatten über Marias Gesicht und verlieh ihren Augen ein besonderes Leuchten. Llorenç war bereit, ihr zuzuhören, was immer sie ihm erzählte, solange er sie nur anschauen durfte.

»Ja, meine Mutter wollte, dass ich als Zeugin auftrete, falls Ricard es abstreiten sollte. Aber das alles ist ja jetzt unwichtig.«

Maria rückte ein Stück von ihm ab.

»Also, hör zu: Nachdem der Pfarrer Ricard zusammengestaucht hatte, sprach meine Mutter das Urteil über ihren Vorarbeiter und schickte ihn aus dem Zimmer. Der Pfarrer trottete hinter ihm her wie ein Hund. Ich blieb sitzen, immer noch verstört von dem, was ich erlebt hatte. Nach einer Weile sagte meine Mutter nur: ›Maria, vergiss nie, was heute passiert ist.‹ Stell dir mal vor. Wie sollte ich das jemals vergessen? Ich nickte, um endlich verschwinden zu können. Ich hatte Gewissensbisse. Das alles war meine Schuld, und ich wollte in die Küche zu Caterineta, um den bitteren Nachgeschmack loszuwerden. Im Haus war es dunkel. Ich konnte fast nichts sehen, aber ich kannte mich ja aus und fand mich auch blind zurecht. In der Küche war niemand. Auf dem Rückweg durch den Dienstbotensaal glaubte ich, in den Ritzen von Ricards Zimmertür einen Lichtschimmer zu sehen. Ich nahm an, dass er seine Sachen packte. Ich schlich näher, vorsichtig, um nirgendwo anzustoßen, und hörte ihn hinter der Tür wispern. Zuerst dachte ich, er führe Selbstgespräche und jammere vor sich hin, doch gleich darauf erkannte ich eine Stimme, die ihm antwortete: Pfarrer Salvador. Sie bemühten sich, leise zu sprechen, waren aber sehr aufgebracht, es klang, als brüllten sie im Flüsterton, man hörte nur die Luft im Rachen zischen. Und ich verstand jedes Wort: ›Aber was habe ich dir denn getan?‹, und der Pfarrer sagte: ›Du hast mich mit diesem Bübchen betrogen, einem Kind!‹, ›Jetzt komm mir bloß nicht mit einer Eifersuchtsszene, wenn du könntest, würdest du ihn doch auch flachlegen‹, ›Ricard, tu mir das nicht an, sprich nicht so mit mir, in den letzten Jahren warst du für mich das Allerwichtigste, das Allerschönste, ich liebe dich.‹ Wie du dir denken kannst, war ich wie gelähmt, als ich das hörte, und zugleich fürchtete ich, entdeckt zu werden, nicht einmal meine Mutter hätte mich dann noch retten können. Ricard spie seine Antwort regelrecht heraus: ›Du liebst mich, so ein Quatsch. Ich dich nicht, klar?‹ Stille, dann der Pfarrer: ›Wie kannst du nur so undankbar sein‹, ›Sag bloß, du erwartest für die drei trockenen Brotkanten, die du mir gegeben hast, auch noch Dankbarkeit‹, ›Und was ist mit meiner Zuneigung, meiner Liebe …‹, ›Und deinem Gestank im Bett, hör doch auf, Mann, ich war nur mit dir zusammen, weil es in diesem Kaff sonst keinen zum Vögeln gab‹, ›Und jetzt hast du einen Jüngling gefunden, der es sich gefallen lässt‹, ›Ja, und mit dem es mehr Spaß macht‹, ›Ach ja? Dann ist es aus mit uns, das hast du jetzt davon. Damit verdammst du dich selbst, du bist ein Arschloch‹, ›Hochwürden, solche Ausdrücke passen nicht zu dir, es steht dir besser, wenn du mich so beschimpfst wie vorhin, wie war das doch gleich? Ach ja: Wer sich auf diese Weise versündigt, dem soll das Höllenfeuer das Geschlechtsteil verschmoren … Du verfluchter Heuchler, wenn deins nicht verschmort, schneide ich es dir ab, verstanden?, ich schneide es dir eigenhändig ab, so wahr ich Ricard heiße!‹ Dann hörte ich Schritte im Zimmer, es klang, als käme der Pfarrer auf die Tür zu, ich kauerte mich unter den Tisch, und im nächsten Moment hastete er ganz dicht an mir vorbei. Dann wurde er langsamer, weil er kaum etwas sah, und von drinnen hörte ich Ricard noch sagen: ›Verdammter Wichser‹. Im Schein des Nachtlämpchens, das immer im Eingangsraum brannte, fand der Priester schließlich die Tür. Er stolperte noch über zwei Stühle und lief schluchzend davon.«

»Mannomann, so ein Schweinehund.«

Es entstand ein kurzes Schweigen. Unvermittelt fragte Llorenç in weichem Ton:

»Glaubst du mir, wenn ich dir sage, dass ich es nicht war?«

»Es ist mir gleich.«

»Was heißt, es ist dir gleich?«

»Llorenç, ich habe dich erst vor kurzem kennengelernt, an dem Tag, an dem du dich in dieses Bett gelegt hast. Alles andere interessiert mich nicht.«

»Ich war es nicht, Maria.«

»Wenn du mir das sagst, glaube ich dir, aber würdest du mir sagen, dass du es warst, würde es mir nichts ausmachen.« Ihr Blick wurde eindringlich, und sie kuschelte sich an ihn. »Aber hör auf mich. Im Ernst. Mag sein, dass ich falschliege, doch als dieser Inspektor wieder draußen war, hatte ich das dumpfe Gefühl, dieser Mann sucht dich.«

»Und ich suche dich. Soll ich dich noch mal finden, gleich jetzt?« Und er blies das Licht aus.

14
EIN ERHELLENDES GESPRÄCH

Sie parkt den Lexus in der Garage, dem ehemaligen Pferdestall. Die Reise ist ihr lang geworden, für die Kellerei Costa aber sehr produktiv gewesen, und sie fühlt sich ausgelaugt. Drei Länder hat sie bereist und Importeure, Großhändler, Gastronomen, Vertreter und Sommeliers getroffen, sie kann sich nicht beklagen. Im Lauf des Jahres muss sie viele Reisen dieser Art unternehmen. Die persönliche Anwesenheit der Gutsherrin erweist sich immer als absatzfördernd.

Die Wohnung direkt von der Garage aus erreichen zu können ist praktisch. Sie hat einen Aufzug einbauen lassen, der durch eine Speisekammer der früheren Küche und ein ungenutztes Zimmer im ersten Stock bis in die Diele ihres Appartements fährt. Bevor sie sich bereit erklärte, die Geschäftsführung zu übernehmen, hatte sie ihrem Vater ein paar Bedingungen gestellt. Wenn Chefin eines Weingutes zu werden bedeutet hätte, in eine verstaubte, spinnwebenverhangene Welt umzusiedeln, wäre sie lieber in Barcelona geblieben, wo sie ein gutes Auskommen hatte und sich nach Lust und Laune in der Freiheit einer Großstadt bewegte. Auch wenn sie schon ein gewisses Alter erreicht hat, will sie doch im einundzwanzigsten Jahrhundert leben und ein Weingut des einundzwanzigsten Jahrhunderts leiten. Zum Glück leistete ihr Vater keinerlei Widerstand. Er bat sie lediglich, wenn sie selbst das obere Stockwerk bewohnen wollte, ihm das Zwischengeschoss so zu überlassen, wie es war, ohne irgendetwas zu verändern.

Als sie den Koffer abgestellt hat, ist sie zu erledigt, um sich noch etwas zum Abendessen zu machen. Lieber isst sie später unten zusammen mit ihrem Vater. Sie verwahrt die Quittungen und Rechnungen in der Mappe für laufende Angelegenheiten, um später ihre Reisekosten zu erfassen, fährt den Rechner hoch und hängt das Handy ans Ladegerät. Danach stopft sie die Sachen aus dem Koffer direkt in die Waschmaschine. Jetzt hat sie eine Stunde Zeit zur Entspannung. Ihr Blick fällt durchs Fenster und schweift über die Dächer von Pous, ihren ganz persönlichen Landschaftsausschnitt, ihr privates Panorama in all seinem leuchtenden Blau. Der Himmel über der Abadia überrascht sie immer wieder, diese ungewöhnlichen Blautöne gibt es sonst nur in einigen Gegenden auf dem Peloponnes. Ach ja, der Peloponnes …, wie viele Jahre ist das eigentlich her?

Ihr Vater sitzt an der Balkontür und liest Zeitung. Er hört sie nicht kommen, die vielen Möbel und Teppiche in dem Raum schlucken jedes menschliche Geräusch. Maria beobachtet ihn einen Augenblick, ehe sie auf ihn zugeht.

»Hallo, Papa, ich nehme an, Dolors hat schon angekündigt, dass ich mit dir zu Abend esse. Wie fühlst du dich? Bei meiner Abreise warst du ja in keiner so guten Verfassung.«

»Sag mir lieber, wie es dir geht. Du bist um die halbe Welt gefahren und musst müde sein wie ein Ackergaul.«

»Papa, wenn du deine bald sechzigjährige Tochter mit einem Ackergaul vergleichst statt wenigstens mit einer agilen Stute, wirst du sie in Depressionen stürzen.«

Llorenç Costa schmunzelt. Er bewundert seine Tochter, ihren Mut, ihre Schlagfertigkeit, jeden Ball, den man ihr zuspielt, gibt sie mit intelligentem Effet zurück. Wenn in diesem Haus noch alles seinen Gang geht, dann nur dank der Tatsache, dass Maria ihr früheres Leben aufgegeben und die Verantwortung für die Überreste der Principal übernommen hat.

»Du solltest mit deinen Komplexen nicht so angeben. Schließlich bist du eine reife Jugendliche, keine jugendliche Alte. Und verdrehst noch immer gutaussehenden Männern den Kopf.«

»Diesmal nicht, Papa. Ich war mutterseelenallein. Die Männer wollten alle nur übers Geschäft reden. Schade, aber ich beschwere mich nicht. Wenn sie deinen Wein interessanter finden als meine

Reize«, sie grinst, »soll mich das in harten Zeiten wie diesen nicht kränken.«

»Setz dich zu mir. Dolors hat gesagt, sie bringt uns gleich das Essen. Anschließend machst du ein Mittagsschläfchen, und dann ab in die Kellerei zu deiner Lieblingsbeschäftigung: managen.«

»Das war übrigens auch die von Maria Magí und Maria Roderich ... Nachdem ich deine Geschichten gelesen habe, fühle ich mich wie die letzte der drei Marias. Die, mit der die Reihe endet. Und vielleicht ist das ja auch gut so.«

»Du hast es also gelesen.« Er sieht sie forschend an.

»Nicht ganz, aber größtenteils.«

Sie blickt ihm in die Augen. Sie weiß, wonach er gleich fragen wird, und wartet ab.

»Nun spann mich nicht so auf die Folter, sag schon, wie du es findest. Auch wenn du es für blanken Unsinn hältst.«

»In Ordnung«, erwidert Maria. Und nach einer kleinen Pause redet sie einfach drauflos: »Einerseits habe ich mich gefreut, Dinge zu erfahren, die mir noch nie jemand erzählt hat, zum Beispiel deine heimliche sexuelle Neigung, davon hatte ich keine Ahnung. Und jetzt stellt sich mit einem Mal heraus, dass mein Vater sich gern von einem gewissen Ricard ...«

Sie verstummt abrupt. So hat sie die Sache nicht angehen wollen. Ihr Vater betrachtet sie mit eigentümlich ausdrucksloser Miene. Als hätte er schon mit so etwas, wenn nicht mit Schlimmerem gerechnet.

»Entschuldige, ich wollte dich nicht verletzen, aber einiges von dem, was du da erzählst, hat mich schon sehr verblüfft.« Sie wirkt beschämt. »Was soll ich dazu sagen? Erst musste ich verkraften, dass meine Großmutter eine ausgemachte Faschistin und Mitbegründerin des Vereins war, der den Franquisten das ideologische Rüstzeug für ihre Grausamkeiten lieferte. Und kaum hatte ich das verdaut und mich nach ein paar fernöstlichen Entspannungsübungen damit abgefunden, dass es in jeder Familie ein schwarzes Schaf gibt, lese ich, meine geliebte Mutter, die ich immer in alle Himmel gehoben habe, hätte sich mit Vergnügen an ihren Arbeitern vergriffen. Da habe ich es mit dem Fernen Osten gar nicht erst versucht, sondern mir nur gesagt: ›Ganz ruhig, Maria, du als Altachtundsechzigerin solltest darin einen feministischen Befreiungsakt sehen.‹ Und als ich schließlich kapiert hatte, was für Kinkerlitzchen meine eigenen Fantasien im Vergleich zum Lotterleben meiner Ahninnen sind, kommt der Paukenschlag: Mein Vater outet sich als Schwuler. Verdammt noch mal! Ich will ja kein Drama daraus machen, aber ich stehe noch total unter Schock.«

Llorenç schmunzelt. Sein Lächeln ist noch immer liebenswert. Seine Tochter scheint außer sich zu sein, doch ihn kann in diesem Moment nichts aus der Ruhe bringen.

»Dann warte mal ab. Noch bin ich nicht fertig mit dem Schreiben.«

Sekundenlang sieht Maria ihren Vater streng an, und dann bricht sie unvermittelt in schallendes Gelächter aus.

»Sieh mal einer an! Da habe ich euch immer für Fossilien mit vorsintflutlichen Sitten gehalten, und jetzt zeigt sich, dass wir besser nicht allzu viel über euer Leben wissen sollten, weil wir uns im Vergleich zu euch sonst ganz verklemmt vorkommen.«

»Übertreib nicht, meine Liebe. Bedenke, dass ich gerade mal lange genug zur Schule gegangen bin, um ein bisschen lesen und schreiben zu lernen. Deine Großmutter väterlicherseits war Köchin und musste von Haus zu Haus ziehen, um ihren Lebensunterhalt zu verdienen, und die Stelle auf der Principal zu ergattern war schon ein Riesenfortschritt. Wir hatten zu essen und ein Dach über dem Kopf.«

»Papa, das weiß ich doch alles.«

»Ja, damit will ich dir aber sagen, dass es für jemanden wie mich, der, nennen wir es, abweichende Instinkte in sich bemerkte, zu jener Zeit nicht einfach, um nicht zu sagen unmöglich war, damit umzugehen. Und wenn ich ehrlich sein soll, habe ich schon in frühester Jugend festgestellt, dass ich zwar gern mit Mädchen spielte, es aber auch mochte, wenn Jungs mit mir spielten, um es mal so auszudrücken.«

»Langsam. Wenn wir schon einmal dabei sind, nennen wir die

Dinge auch beim Namen. Soll dieses ›mit dir spielen‹ bedeuten, dass es dir gefiel, wenn sie dich …«

»Maria, lass uns nicht zu sehr in die Einzelheiten gehen. Du bringst mich in Verlegenheit. Ich weiß, wie du denkst, und auch, dass das mein Problem ist und nicht deins, aber dir gegenüber fühle ich mich befangen. Ja, mit Mädchen war ich der aktive Teil und mit Jungs lieber der passive. Ich hab's geschickt verteilt.« Jetzt ist sein Lächeln resigniert.

»Wie hast du dich überhaupt getraut, es auszuleben?«

»Keine Ahnung … Wahrscheinlich hat mich mein Trieb mutig und die Angst vorsichtig gemacht. Große Angst vor dem, was es bedeutet hätte, erwischt zu werden. Jedenfalls erinnere ich mich, wobei ich nicht weiß, ob man das verallgemeinern kann, dass unsere kindlichen sexuellen Spiele ziemlich gewagt waren, wir haben alles erkundet, und fast kommt es mir so vor, als ob dieses Erkunden als solches lustvoller gewesen wäre als alles, was danach kam. Außerdem war es für uns Jungen sehr viel leichter, mit anderen Jungen herumzuexperimentieren als mit Mädchen, und vermutlich erlebte ich diese ersten Erfahrungen deshalb als etwas völlig Selbstverständliches. Mit der Zeit schlugen sich die Jungen, mittlerweile junge Männer, dann immer mehr auf die Seite der sogenannten Normalität. Ich muss auf halber Strecke hängengeblieben sein und habe mich für keine der beiden Seiten entschieden. Oder vielleicht, aber auch nur vielleicht, zog es mich eher zur falschen Seite. Und von da an fühlte ich mich, wie soll ich sagen …, fehl am Platz?«

Er schaut seine Tochter an, und als käme ihm ein Gedanke, den er nie zuvor ausgesprochen hat, setzt er hinzu:

»Gut möglich, dass ich mit vierzehn, fünfzehn Jahren diese Neigung in mir hätte unterdrücken können und irgendwann selbst geglaubt hätte, das alles seien nur Pubertätsspielchen gewesen. Aber es kam anders. Und weißt du auch, warum? Weil die Älteren, mutmaßlich vernünftige erwachsene Männer wie Ricard, weiter mit mir spielten. Und die Wahrheit ist, dass ich Spaß dabei hatte. Das darf ich wohl unverhohlen sagen, oder nicht?«

»Klar darfst du das. Du hättest es mir sogar schon viel früher sagen können, dann säße ich jetzt nicht da wie ein verwirrtes Huhn. Und wie war das mit Mutter?«

»Da unterhalten wir uns gerade mal fünf Minuten, und schon willst du die komplette Zusammenfassung. Du musst wissen, dass mir deine Mutter sehr gefiel und ich sie attraktiv fand. Am Anfang war es eine eher krankhafte Anziehung. Sie hatte mich mit einem Mann erwischt, sie war die Tochter der Alten und später meine Herrin. Aus all diesen Gründen war sie für mich gefährlich, verboten, und eben das machte sie zu etwas Besonderem. Ich hatte andere Mädchen, aber seit meinem fünfzehnten Lebensjahr war das große Objekt meiner Begierde deine Mutter, im weiblichen Lager jedenfalls.«

»Und auch deine große Liebe?«

»Das kam später, und wenn ich ehrlich sein soll, viel später ...« Er stockt, und seine Augen beginnen zu strahlen. »Vielleicht an dem Tag, als sie die Sedia verbrannte. Ja, seitdem war das Bett, in dem wir uns liebten, plötzlich breiter.«

»Oje, komm mir jetzt nicht mit literarischen Mätzchen.«

»Findest du es sehr schlecht geschrieben?«

»Mensch, Papa, ich kann dich doch nicht wie einen Schriftsteller lesen. Also, zuerst habe ich überhaupt nichts kapiert, ständig bin ich mit den Marias und den Epochen durcheinandergekommen und musste zurückblättern, um mich zurechtzufinden. Und kaum hatte ich den Faden wieder, fingst du auf einmal an mit den Märchen und Legenden und wie du sie sonst noch betitelst. Zum Glück hast du eine andere Schrift verwendet, sonst würde man da nicht durchblicken.«

»Hast du schon alles gelesen, was ich dir gegeben habe?«

»Nein, aber fast. Ich bin bei der Geschichte vom Mirakel. Wer hat dir die erzählt?«

»Niemand, mein Schatz. Ich war dabei.«

»Und wenn du mit meiner Mutter zusammen warst, hast du dann Schwefel gerochen?«

»Es gab schon Nächte, in denen ich mich vor lauter Glückseligkeit gefragt habe, ob da nicht übernatürliche Kräfte am Werk seien.«

Beide fangen an zu lachen.

»Gut, aber von meinen sexuellen Deviationen einmal abgesehen ...«, sagt er mit glucksender Stimme, doch Maria fällt ihm ins Wort:

»Heutzutage solltest du eher von deinen sexuellen Variationen sprechen.«

Wieder lachen sie.

»Hey, die Idee gefällt mir. Sie kommt ein bisschen spät, aber ich bringe sie noch unter. Obwohl ich nicht recht weiß, wem ich sie zuschustern soll. Meine sexuellen Variationen ..., sehr schön. Nein, ich meinte, ob es in diesem Familienzirkus etwas gibt, das dich besonders interessiert.«

»Na ja, Oma ist ja die reinste Operettenfigur. Ein hartes, unleidliches, zupackendes Weib, mit der einen oder anderen Schwäche zwar, aber boshaft bis ins Mark ... Sie auf ihrem Tragsessel, ein echt starkes Bild! Das waren andere Zeiten. Ich lebe im selben Haus und kann es mir kaum vorstellen. Es muss grässlich gewesen sein.«

»Ich habe sie gehasst, um ehrlich zu sein. Aber damals habe ich in ihr noch nicht meine Schwiegermutter gesehen.« Er lächelt amüsiert. »Rückblickend kann ich nicht mehr so streng mit ihr sein, weißt du? Ich will sie nicht rechtfertigen, aber ich verstehe sie heute besser. Ich weiß nicht, ob du eine Ahnung hast, was es damals bedeutete, eine Frau zu sein. Es war eine Art verdeckter Sklaverei; und das ist noch untertrieben, es war Sklaverei bei helllichtem Tag. Mit den Ketten der Tradition und den Fußschellen der Religion zwang die rückständige Moral die Frauen, sich einem Mann unterzuordnen, der ihre Minderwertigkeit obendrein für naturgegeben hielt. Verstehst du? Und der, nebenbei bemerkt, oft genug ein Flegel war und gar nicht fähig, sie glücklich zu machen.«

Ihr Vater, den sie immer für seine Güte und Schlichtheit bewundert hat, offenbart hier ganz unvermutete Züge. Auf einmal wird Maria klar, dass er – während sie in den achtziger Jahren des zwanzigsten Jahrhunderts für die feministische Bewegung engagiert war und sich wenig zu Hause blicken ließ, weil sie nicht erwartete, dort auf Verständnis für ihre Aktivitäten zu stoßen – in einen permanenten, stummen, unerbittlichen Kampf verstrickt war. Sie sagt nichts, falls er noch mehr Überraschungen auf Lager hat, und lässt ihn weiterreden.

»Es stimmt, ich konnte sie nicht leiden. Aber sich als Frau in einem männlichen Umfeld in einer Machtposition zu behaupten und die Principal, dieses sinkende Schiff, retten zu wollen, das dürfte nicht leicht gewesen sein. Sie musste wahrhaftig ..., fast hätte ich gesagt ›ihren Mann stehen‹, dieser verflixte Sprachgebrauch ... Sie hatte eine Menge Rückgrat nötig.«

Llorenç richtet den Blick in die Ferne, als hätte er den Raum in Gedanken längst verlassen und spräche gar nicht zu ihr.

»Eine Frau konnte reich und mächtig sein, doch ihre Bediensteten gehorchten ihr nur aus Furcht. Nicht aus Respekt, nicht aus Anerkennung und schon gar nicht, weil sie eingesehen hätten, dass eine Frau über dieselben Führungsqualitäten verfügen kann wie der größte Macho unter den Gutsherren. Sie bewies Durchsetzungsvermögen, gegen alles und jeden. Und mich berührt das, bis heute. Deine Großmutter hatte als einzige Tochter unter fünf Geschwistern das Glück gehabt, die väterliche Macht zu erben. Doch Macht zu haben bedeutete für eine Frau lediglich den Anfang eines langen, steinigen Weges, denn sie musste ihr Leben lang schwer dafür büßen. Schlimmer war eine Frau nur dran, wenn sie arm war. Wie meine Mutter.«

Llorenç macht eine kleine Pause, nur um seine Gedanken zu ordnen, aber seine Tochter nutzt die Unterbrechung, um sich Luft zu verschaffen.

»Papa, du redest von diesen Dingen, als hätte ich so etwas nie zu spüren bekommen. Nicht in einem solchen Ausmaß, mag ja sein, aber ich weiß genau, was du meinst. Denkst du, als junges Mädchen in den ersten Jahren in Barcelona wäre ich diesem Druck nicht auch ausgesetzt gewesen? Hätte nicht ständig beweisen müssen, dass ich besser war als die meisten der jungen Männer um mich herum? Und feststellen müssen, dass eine Frau, die ihre Freiheit genießen wollte, auf erhebliche Schwierigkeiten stieß? Mai 1968 hin oder her, wir Mädchen mussten uns jeden kleinen Freiraum erkämpfen, trotz der vorgeblichen Toleranz der progressiven Jungs, die theoretisch genauso dachten wie wir. Ganz zu schweigen von der Sexualität. Das mit der freien Liebe war leicht, wenn du ein Junge warst, für Mädchen galten andere Maßstäbe. Die Ersten, die dich dafür verurteilten, waren eben die toleranten Männer, die dich durchbumsten, es aber nicht ertrugen, wenn du genauso oder gar noch hemmungsloser warst. In gewissem Sinn warst du nur so lange frei, wie du das Freiheitsbedürfnis anderer befriedigt hast.«

Mit einem Mal ist ihr, als wollte sie seine Geschichte mit ihrer übertrumpfen. Sie sieht ihren Vater an.

»Verzeihung, Papa, ich habe dich unterbrochen, immer halte ich mich für den Nabel der Welt.«

Sie fasst nach seiner Hand und ermuntert ihn mit einem sanften Nicken zum Weitersprechen.

»Schon gut, Schatz, macht gar nichts. Jedenfalls habe ich das hier in Pous auch erlebt: Die Jungen, mit denen ich Sex hatte und die merkten, dass es mir Spaß machte, nannten mich warmer Bruder vor den anderen, aber sobald sie mich allein erwischten, konnten sie den Hosenstall nicht schnell genug aufkriegen.«

Er verstummt für einen Moment und macht eine matte Handbewegung, als wollte er den Gedanken verscheuchen:

»Hör mal, vielleicht sollten wir das Thema lieber lassen. Du hast gesagt, deine Großmutter sei wie aus einer Operette. Da hast du recht, allein der Anblick, wenn sie mit ihren hundertdreiundzwanzig Kilo auf der Sedia saß, und ihre Träger, denen kein Fitnessstudio, sondern nur der Hunger Kraft verlieh. Meine Güte, und dieses Gefolge von ausgemergelten Arbeitern …, wie eine subversive Inszenierung von Aida.«

»Und Papa, du solltest dir endlich angewöhnen, Sänfte oder Tragsessel zu sagen, statt das Ding bei diesem Namen zu nennen, als würdest du einen Geist beschwören. Wenn ich Freunde zu Besuch habe und du mit deinen alten Geschichten von der Sedia anfängst, versteht niemand, um was es geht.«

»*Du* verstehst nicht, um was es geht, Maria«, gibt er lächelnd zurück. »Wenn ich Sänfte sage, spreche ich von einem Transportmittel, wenn ich Sedia sage, vom Symbol einer Epoche. Du kannst machen, was du willst, für mich wird es immer die Sedia bleiben. Wo war ich?«

Maria hilft ihm und sagt in dem leiernden Tonfall, in dem man etwas wiederholt, das man oft genug gehört hat:

»Ja, Papa. Sie war eine imponierende Erscheinung ...«

»Doch, so albern es klingt. Sie dort oben in ihrer Sedia, die steilen Wege, die Leute im Sonntagsstaat, fast alle in Schwarz ... Die Sedia war ihr das, was dir dein Lexus ist, liebes Töchterchen. Und hausgemacht, kein Asienimport, hergestellt in eigener Werkstatt und in reiner Handarbeit.«

»Soll ich auftragen?«

Dolors fragt nur der Form halber, sie hält die Schüssel mit den Makkaroni bereits in den Händen. Die Jahre, die sie in diesem Haus verbracht hat, sind ausgesprochen angenehm gewesen. Um Maria braucht sie sich im Grunde gar nicht zu kümmern. Nur wenn die verreist ist, geht sie nach oben ins Dachgeschoss, in das Nest, das Maria sich dort gebaut hat, um gründlich zu putzen. Ihre eigentliche Aufgabe ist die Versorgung von Senyor Llorenç. Und das ist wahrlich ein Senyor. Höflich, freundlich, ein netter Mensch. Niemand wird sie davon abbringen, auch nicht das dumme Zeug, das man sich im Dorf über ihn erzählt. Nichts da, ein Senyor durch und durch. Mit diesen Gedanken beschäftigt, zieht sie sich sogleich wieder zurück, damit Vater und Tochter ihr Gespräch fortsetzen können, denn die beiden sind bei ihrem Erscheinen verstummt und haben damit unverhohlen zu verstehen gegeben, dass sie stört.

Als Maria aus dem Augenwinkel Dolors verschwinden sieht, beginnt sie erneut:

»Papa, du bist gemein, meinen Lexus mit einer Sänfte zu vergleichen, das tust du nur, um mich zu ärgern.«

»Ja, stimmt, das macht mir Spaß.«

»Ach echt? Na, dann mal los, sag mir, wie oft warst du Mama untreu. Hast du dich häufig davongemacht, um dich in die Arme irgendeines Tagelöhners zu werfen?«

»Nachts niemals ...«

»Du Sack …, und tagsüber?«

»Tagsüber … hin und wieder.«

»Und das ging jahrelang so?«

»Nicht allzu lange, nur bis du auf die Welt kamst. Ich glaube, als ich dich gesehen habe, war es mit meiner passiven Lust schlagartig vorbei.«

Sie schauen sich an und lachen laut los. Maria springt auf und schließt ihn in die Arme.

15
VOR SICH HIN STERBEN

Samstag, 23. November 1940

Aufgeregt eilte Inspektor Recader zur Principal. Allmählich kam Licht in das Dunkel. Er würde Kommissar Fresnos vorerst nicht darüber informieren, was er von dem Priester erfahren hatte, damit der alte Oberst nichts überstürzte. Bevor er sich dazu entschloss, Llorenç Costa festzunehmen und beim Verhör anständig durch die Mangel zu drehen, wollte er sich seiner Sache ganz sicher sein. Außerdem war ihm Maria Magí noch etwas schuldig, nachdem sie ihm so aalglatt ins Gesicht gelogen hatte. Er warf den Türklopfer mit voller Wucht gegen das Holz, und bei dem Krach wurde ihm sofort klar, dass er sich beruhigen musste, in seinem Beruf war das kein angemessenes Verhalten, er musste Distanz wahren. Der Methode folgen, seine Gefühle bezähmen. Er hörte die bereits vertrauten Schritte. Úrsula öffnete ihm, sah ihn mit großen Augen an und sagte fröhlich:

»Jesses Maria, Sie haben aber schnell gelernt, fest zu klopfen. Guten Morgen, Herr Inspektor.«

»Guten Morgen, Úrsula. Wie geht es Ihnen?«

»So einigermaßen, sage ich mal, um nicht die Wahrheit zu sagen.«

Inspektor Recaders Stimmung hellte sich auf, sobald er sie erblickte. Ihre Stirnfalte war entspannt, also kein Unwetter in Sicht. Hinter ihren schmalen Sehschlitzen blitzten die Augen heute besonders munter, und ihr Dutt war so fest gebunden, dass die Haare ihre Gesichtshaut strafften.

»So antwortet man einem Polizisten, Úrsula. Was wäre denn die Wahrheit?«

»Ganz einfach: statt einigermaßen müsste ich sagen, ich sterbe so vor mich hin. Das würde es eher treffen. Aber wir leben in einer Welt von Makaken, und wenn einen jemand fragt ›na, Úrsula, wie geht's denn so?‹, und man sagt ›ach, weißt du, ich sterbe vor mich hin‹, denn das tue ich, nebenbei bemerkt, schon seit Jahren, dann plappern die Leute den typischen Unsinn: ›Aber nein, Úrsula, was sagst du da, du siehst gut aus, du hältst dich prächtig für dein Alter!‹ Diese Idioten reden daher, als würde man nie in den Spiegel schauen, wie mit einem Hering oder einer Sardine in der Konservenbüchse. Und ehe man es sich versieht, kommen sie dann auch noch mit der schlimmsten aller Drohungen: ›Du hast doch noch viele Jahre vor dir!‹. Dummschwätzer, nichts als Dummschwätzer. Da meinen sie, mich zu kennen, und merken nicht mal, wie satt ich alles habe. Nichts da. Mir geht's einigermaßen, und so halten die Leute ihre Klappe.«

Das würde gewiss ein erfreulicher Vormittag, sagte sich der Inspektor, während er ins Haus trat. Entweder hatte man sie entsprechend angewiesen, oder er gehörte für sie schon beinahe zur Familie, jedenfalls lotste sie ihn geradewegs in die Küche.

»Ich mache Ihnen ein Glas Milch warm und gebe Ihnen ein Stück Brot. Mit Öl und Salz?«

»Ach, Úrsula, wenn Sie mich so gut behandeln, werden Sie mich nie wieder los, und ich ermittele hier den Rest des Jahres.«

Die alte Amme zuckte gleichmütig mit den Achseln und sagte in völlig selbstverständlichem Ton:

»Die Kleine hat zu mir gesagt: ›Dass du mir ja den Inspektor gut behandelst, wann immer er kommt.‹«

»Oh, im Auftrag der Senyora ist es mir natürlich eine besondere Ehre.«

»Seien Sie lieber auf der Hut. Wenn eine Frau Ihnen Honig um den Bart schmiert ...«

»Ich weiß schon, Úrsula, davor hat mich meine Mutter auch immer gewarnt.«

»Lebt Ihre Mutter noch?«

Überrascht bemerkte der Inspektor, dass sie ihn ohne Umschweife zu »seinem« angestammten Platz führte und ihm ein Glas Milch vorsetzte, während sie derart vertraut mit ihm plauderte.

»Aber ja, sie ist Anfang sechzig. Früher haben meine Eltern in Rius gewohnt, aber seit dem Krieg sind sie wieder in ihrer Heimat, in einem ganz kleinen Dorf. Caps heißt es. Dort haben sie einen Garten und gut zu essen.«

»Caps? Habe ich noch nie gehört. Eigentlich habe ich mich ja nie von hier weg bewegt.«

»Aber, Úrsula, Sie waren doch sogar in Frankreich.«

»Ich meine natürlich, wenn mich die Kleine nicht irgendwohin mitgenommen hat.«

»Übrigens, würden Sie die Senyora bitte fragen, ob sie so gütig wäre, mich zu empfangen?«

»Das geht nicht, sie ist mit dem Gangster unterwegs, in Rius.«

»Gangster? Ist das der Spitzname von einem Arbeiter oder einem Pferd?«

»Nein, dieses Gangsterauto, das sie während des Exils in Frankreich gekauft hat. Sie fährt es selbst. Und außer ihr ist hier niemand imstande, den Namen richtig auszusprechen.«

»Sagen Sie bloß, die Senyora fährt einen Citroën Traction Avant. Respekt, eine gute Wahl! Das ist ein erstklassiges Fahrzeug.«

»Soll mir recht sein. Ein Gangsterauto eben.«

Das Zwerchfell des Inspektors zuckte schon seit einer Weile, dennoch beherrschte er sich, um den Zauber dieses traulichen Beisammenseins nicht zu brechen.

»Nun, wenn die Senyora sowieso nicht da ist, muss ich leider wieder gehen. Úrsula, Sie ahnen nicht, wie dankbar ich Ihnen für dieses Frühstück bin …«

»Die Senyora …«

»Und für diesen kleinen Plausch. Ich habe mich richtig heimisch gefühlt.«

»Genau das war der Wunsch der Senyora: als ob er hier zu Hause wäre.«

»Herzlichen Dank also. Um welche Zeit, meinen Sie, sollte ich wiederkommen, um Senyora Magí meine Aufwartung zu machen?«

»Da sie mir gesagt hat, ich soll Mittagessen machen und ihr etwas warmstellen, nehme ich an, so gegen drei Uhr – Sonnenzeit, natürlich – wird sie Sie empfangen können.«

Der Inspektor verließ die Principal mit dem Gedanken, Úrsula gäbe eine gute Vorlage für eine Romanfigur in einem Krimi ab. Für eine Autorin wie Agatha Christie wäre sie die reinste Inspiration. Der Londoner Nebel half, Verbrechen schauriger und Geheimnisse vertrackter zu machen; hier dagegen war die Sonne zu grell, die Erde zu dürr und die Verbrechen eher strohig, urwüchsiger, weniger *sophisticated*, und gerade deshalb ließe sich aus einer wie Úrsula eine Menge herausholen. Der Inspektor schmunzelte über seine eigenen Einfälle und schritt die Straße hinauf Richtung Rathaus. Er würde sich ins Büro des Bürgermeisters setzen und einen ersten Entwurf des Berichts verfassen, in dem er die Gründe für die Festnahme Llorenç Costas darlegen wollte.

16
DAS ROT EINES SCHEITELKÄPPCHENS

Samstag, 23. November 1940

Niemals wäre dem Inspektor in den Sinn gekommen, dass im selben Moment eine nach dem letzten Schrei gekleidete Frau hocherhobenen Hauptes durch das Säulenportal des Bischofspalastes schreiten und auf sehr hohen, eisenbeschlagenen Absätzen hallend den Vorhof überqueren könnte. Ihr voran ein junger Kaplan, der sie am Tor abgeholt hatte, groß, gepflegt, in einer makellosen schwarzen Soutane mit dezentem Schimmer, elegant, aber nicht auffällig, die Tonsur perfekt zentriert und so sauber rasiert, dass sie glänzte, und mit einem lautlosen, einstudierten Gang. Stumm, aber mit vielerlei Gebärden wies er sie auf Stufen oder Richtungswechsel hin und geleitete sie so bis zu einem weiträumigen, prachtvollen Saal, an dessen anderem Ende ein Mann saß, den sie fast nicht wiedererkannt hätte. Doch er war es, Onkel Joan, gealtert, aber derselbe, der auf der Beerdigung ihrer Mutter gewesen war. Seine Hochwürdigste Exzellenz Bischof Joan Roderich i Basses. Während Maria durch den langen Raum auf ihn zuging, staunte sie über die Opulenz. Sie hatte nicht damit gerechnet, so fürstlich empfangen zu werden. Wer weiß, vielleicht hatte sich der alte Fatzke nur mit sämtlichen Insignien der Kirchenmacht umgeben – viel Rot, Spitzen, Ringen, Käppchen, Krummstab, Thron, Lack und Pomp –, um sie zu beeindrucken.

Sie hörte eine Stimme, die ihr vertraut vorkam und sie fern an den Zungenschlag der Roderichs erinnerte:

»Meine Tochter, welche Freude mir heute Morgen die Nachricht von deinem Audienzgesuch bereitet hat. Selbstverständlich habe ich sofort alle Verpflichtungen aufgeschoben, um Zeit für dich zu haben, nur kurz bedauerlicherweise, und dein Anliegen entgegenzunehmen.«

Du Mistkerl, dachte Maria mit einem statischen Lächeln, das ihre Schönheit voll zur Geltung brachte. Dieses ganze Brimborium veranstaltest du doch nur, damit ich mich dir unterlegen fühle. Schweigend blieb sie vor ihm stehen und wartete, bis der junge Kaplan dem Hierarchen den Ring geküsst und ihr einen Stuhl zurechtgerückt hatte. Sie machte Anstalten, sich darauf niederzulassen, doch ihm selben Moment hielt der Bischof auch ihr die beringte Hand zum Kuss hin. Für einen Sekundenbruchteil trafen sich ihre Blicke. Nicht wirklich herausfordernd, ihr latentes Kräftemessen war längst in vollem Gange.

Maria setzte sich und ignorierte die ausgestreckte Hand. Der Bischof zog sie zurück, ohne sein Lächeln aufzugeben, und straffte den schmerzenden Rücken. Wie ihre Mutter, dachte er. Wenn nicht noch schlimmer.

»Ich kenne dich kaum, meine Tochter, aber wie ich von Leuten höre, die Umgang mit dir haben, machst du deiner Mutter alle Ehre. Somit weiß ich, dass ich deine Zeit nicht mit Formalitäten vergeuden sollte. Da ich meinen Terminkalender umstellen musste, nur um dich zu empfangen, bin auch ich unter Zeitdruck. Was also kann ich für dich tun?«

»Ich möchte Euch um Euren Rat bitten, Onkel. Ich darf Euch doch so nennen?«

»Selbstverständlich, meine Tochter.«

Der Bischof war baff. Damit hatte er nicht gerechnet. Seine Nichte bat ihn um Rat. Kratzbürstig wie eine Roderich, aber untertänig um seinen Rat fragen? Trotz seines majestätischen Gebarens verlor sein Blick an Strenge und lebte ein wenig auf.

»Mit Gottes Gnade stelle ich all mein bescheidenes Wissen in den Dienst meiner geliebten Nichte. Und ich versichere dir, dass ich dir meine aufs sorgsamste abgewogene Einschätzung deines Problems geben werde.«

Maria schlug die Beine übereinander, züchtig, aber mit unübersehbarer Koketterie.

»Danke, Onkel. Ich bin hier, weil ich in einem Dilemma stecke, das Takt und Klugheit verlangt. Ich weiß nicht, ob Ihr wisst oder Euch erinnert, dass man vor vier Jahren auf der Bank am Tor der Principal einen Sack mit einem Mann darin abgelegt hatte, dessen Bauch und Genitalien brutal zerschnitten waren. Es war im Juli.« Sie machte eine Pause, um ihre Rede kurz zu überdenken. »Die Leiche des armen ...«

»Ja, ich weiß von der Sache und entsinne mich gut. Ich habe für dich gebetet.«

»Das wäre nicht nötig gewesen, Onkel, um mich brauchtet Ihr Euch keine Sorgen zu machen.« Erstaunlich, dachte sie, wie wenig sie hatte sagen müssen, damit der Bischof im Bilde war, doch dann fiel ihr Inspektor Recader wieder ein, der sie irgendwann unvermittelt nach ihrem Onkel gefragt hatte. Welches Interesse mochte diese ergraute Kircheneminenz an dem Drama haben? »Nun, der Tote war ein gewisser Ricard Nebot, den meine Mutter ein paar Jahre zuvor zum Vorarbeiter der Principal ernannt hatte.«

»Fahre fort, meine Tochter, fahre fort.«

»Später hatte ihn meine Mutter entlassen und gezwungen, zu Verwandten nach Frankreich zu gehen, ansonsten hätte sie ihn angezeigt.«

»Und weswegen hätte sie ihn anzeigen sollen, meine Tochter?«

Die Unterbrechung störte Maria. Fast kam es ihr so vor, als machte er ein Verhör aus etwas, das sie ihm eigentlich hatte erzählen wollen. Er stellte von diesem Thronsessel herab seine Fragen, und sie saß zu seinen Füßen und stand ihm Rede und Antwort. Außerdem wusste der Pharisäer den Grund vermutlich schon.

»Weil er sündige Beziehungen pflegte, Onkel.«

»Wie sündig waren denn diese Beziehungen, meine Tochter?«

»Onkel, ich weiß nicht, nach welcher Skala die Kirche oder Ihr selbst die Schwere einer Sünde einstuft. Um es klar zu sagen, und ich hoffe, damit Eure Empfindsamkeit nicht zu verletzen: Er war ein Arschficker.«

Das alles sagte Maria in scheinbar unbeteiligtem Ton. Das letzte Wort hallte in der Feierlichkeit des Saales wider wie eine Gotteslästerung. Bischof Roderich schwieg verwirrt. War diese Frau wirklich hier, um seinen Rat einzuholen? Mit ehrlichen, christlichen Absichten? Oder bahnte sich etwas Bedrohliches an?

»Er hatte also Analverkehr ... Weißt du das genau, meine Tochter?«

»Und ob, Onkel. Ich habe es mit eigenen Augen gesehen und es meiner Mutter erzählt.«

»Es war deine Pflicht, eine solche Freveltat zu melden, meine Tochter. Und wohin soll uns das nun führen?«

»Das ist es ja, Onkel, in eine Sackgasse. Vor ein paar Wochen hat ein junger Polizeiinspektor vom Hauptkommissariat in Rius neue Ermittlungen zu Ricards Tod aufgenommen. Übrigens hat er mich auch nach Euch gefragt. Wisst Ihr etwas davon?«

In seinem wächsernen Gesicht rührte sich kein Muskel.

»An diese unangenehme Geschichte erinnerst du mich gerade zum ersten Mal wieder, meine Tochter.«

»Also, dieser Inspektor hat mich zur Befragung vorgeladen. Und das stürzt mich in Gewissensnöte. Der Hauptverdächtige, den Mord an dem Perversen begangen zu haben, ist der Junge, mit dem ich Ricard damals erwischt habe. Deshalb wende ich mich jetzt an Euch. Denn dieser Junge, Llorenç Costa, ist der Mann, mit dem ich heute zusammen bin. Mein Liebhaber.«

Schweigen. Als zählte er die Sekunden. Als kaute er sie einzeln durch. Eins ... zwei ... drei ...

»Gott bewahre! Das klingt ja, als lebtet ihr in Sünde, ohne Sakramente. In wilder Ehe.«

»Ja, Onkel, bislang noch ohne Sakramente, aber er ist der Mann, den ich liebe. Und ich fürchte, ihm noch mehr zu schaden, wenn ich aussage, was ich weiß. Darum brauche ich Euren Rat. Muss ich die Wahrheit sagen und damit zur Verurteilung meines Geliebten beitragen?«

»Du lebst in Schande, Maria, ohne den Segen Gottes. Und ohne den der Kirche.« Er stand auf. Sein Körper wirkte kraftlos und seine Bewegungen verrieten Altersschwäche und Gebrechlichkeit. Als er sich endlich aufgerichtet hatte, verkündete er mit feierlicher Miene: »Es ist deine moralische Pflicht vor Gott und der Staatsgewalt, alles zu bekennen, was du weißt, selbst wenn du damit deine eigenen Gefühle verraten musst, denen zu entsagen ich dich hiermit vor Gott und der Kirche in aller Form auffordere. Kein Verzicht darf dich davon abhalten, Gott zu dienen.«

»Ja, Onkel. Danke. In Wahrheit bin ich gekommen, um genau diese Worte von meinem Bischof zu hören, die mir die Kraft geben werden, meine Pflicht zu erfüllen. Ich werde Euch gehorchen, so schmerzlich dies für mich auch sein mag. Es tut mir leid um Llorenç … und auch um die Heilige Mutter Kirche, denn so bin ich gezwungen, Dinge publik zu machen, die sie in Verruf bringen werden.«

Wieder sekundenlanges Schweigen.

»Was willst du damit sagen, meine Tochter?«

»Nun, folge ich Eurer Aufforderung, werde ich zu Protokoll geben müssen, dass Ricard Nebots langjähriger Liebhaber nicht der damals erst fünfzehnjährige Llorenç Costa war. Ich werde aussagen müssen, dass der Liebhaber des ermordeten Ricard der Gemeindepriester war. Ihr kennt ihn, ihn und seine Schwächen. Pfarrer Salvador.«

»Maria, wie kannst du es wagen?«

Endlich hatte sie aufgehört, seine Tochter zu sein. Sie blieb kühl.

»Ich wage es, weil ich Zeugin seiner Sünde gewesen bin. Am selben Abend, kurz nachdem deine Schwester ihren Vorarbeiter aus dem Haus gejagt hatte, habe ich miterlebt, wie Pfarrer Salvador um Sex bettelte, rasend vor Eifersucht, weil Ricard es mit einem Jungen getrieben hatte. Und ich denke, wenn dieser Junge jetzt unter Mordverdacht steht, nur weil er zufällig eine Affäre mit dem Opfer hatte, könnte die Justiz deinen Priester ebenso gut für den Schuldigen halten wie meinen Geliebten.«

Der Bischof setzte sich wieder, ohne etwas zu sagen. Tiefe Stille senkte sich über den mit Damast, Bildnissen und Ornamenten gefüllten Saal. Eine lange Zeit verstrich. Der Bischof überprüfte die Stellung aller Figuren auf seinem Schachbrett. Einige hatte er bereits bewegt, seit er durch den Pouser Gemeindepfarrer im Beichtstuhl von der ekelhaften Tat erfahren hatte. Und er war überzeugt, die richtigen Züge gemacht zu haben. Außerdem glaubte er nicht, dass sich mit religiösen Drohungen ein wundersamer Sinneswandel in dieser Frau bewirken ließe. Sich mit einem Sodomiten ins Bett zu legen, das zeigte schon, was für ein Gezücht seine Schwester da in die Welt gesetzt hatte, und jetzt durchkreuzte diese Nichte all seine Pläne. Vielleicht könnte er die Ermittlungen aufhalten, doch das hatte er eigentlich nicht vorgehabt. Wenn er gar nichts unternahm und den Pfarrer über die Klinge springen ließ, war zweifelhaft, ob dessen spirituelle Kraft ausreichte, um Geheimnisse zu wahren, die viel bedeutendere Persönlichkeiten als einen Dorfpfarrer in Misskredit bringen würden.

»Du bist genau wie deine Mutter.«

»Eine große Ehre, Euer Exzellenz.«

»Warum bist du gekommen?«

»Weil ich weiß, wie scharfsinnig, einflussreich und lasterhaft du bist, Onkel. Und weil wir, die beiden einzigen noch lebenden Roderichs, und sei es auch nur für dieses eine Mal, ein gemeinsames Anliegen haben: Die Fortsetzung der Ermittlungen zu unterbinden.«

»Überschätze meine Möglichkeiten nicht.« Sein Blick war streng. »Und genauso wenig deine.«

Maria stand auf und kehrte ihm kurzerhand den Rücken. Während sie den langen Raum durchschritt, mied sie absichtlich den Teppichläufer, der den Weg zur Tür wies, und freute sich über das laute Knallen ihrer hohen Absätze auf dem Mosaikboden.

17

IM PFERDESTALL

Samstag, 23. November 1940

Am Nachmittag gegen drei – Sonnenzeit – entschloss sich Inspektor Recader zu einem neuerlichen Besuch auf der Principal. Die Senyora war noch nicht zurück, und Úrsula erklärte ein wenig spitz:

»Die Senyora kommt erst spät nach Hause. Sie hat von der Telefonzentrale in Rius aus angerufen und gesagt, sie wolle noch einen Einkaufsbummel machen. Ich empfehle Ihnen gleich, nicht auf sie zu warten. Wenn die Kleine anfängt, Kleider anzuprobieren, vergisst sie alles andere, auch Inspektoren.«

Lluís Recader rang sich ein Lächeln ab. Er hatte mit Senyora Magí sprechen und sie wegen ihrer Lügen zur Rede stellen wollen, dann hätte er Llorenç Costa mitgenommen, ihn in eine Zelle gesperrt und einem Verhör ersten Grades unterzogen. Na gut, würde er eben die Reihenfolge ändern müssen und, je nachdem, wie es lief, trotzdem zum Ergebnis kommen.

»Die Senyora hat mir aufgetragen, Sie um Entschuldigung zu bitten und Sie zu fragen, weil heute ja schon Samstag ist, ob es Ihnen recht wäre, am Montag wieder vorbeizukommen.«

»Richten Sie der Senyora aus, ich würde ihr telefonisch mitteilen, wann ich sie sehen will. Dann, Úrsula, sagen Sie mir jetzt bitte, wo ich Llorenç Costa finde.«

Die Amme spürte, wie eine dunkle Vorahnung die schiefe Falte auf ihrer Stirn zusammenzog. Tatsächlich wusste sie zu jeder Zeit, wer sich wo auf der Principal aufhielt.

»Normalerweise wäre er jetzt auf dem Feld, aber weil Samstag ist, erneuert er wahrscheinlich das Stroh, solange die Pferde nicht da sind, und richtet das Futter für heute und morgen. Er dürfte im Stall sein.«

»Danke, Úrsula. Ich weiß, welche Tür. Soweit ich mich erinnere, muss ich ums ganze Haus herumgehen, nicht wahr?«

»Nein, Herr Inspektor, das können Sie sich sparen. Von hier aus kommen Sie direkt hinunter. Sie gehen durch diese Tür und halten sich rechts, dort gibt es eine Treppe, die zum hinteren Teil des Pferdestalls führt.«

Der Inspektor verabschiedete sich fast gerührt von der Frau. Schlussendlich war sie es, die die Stellung hielt und allen Stürmen trotzte, nur um ihre Kleine zu beschützen und auf den letzten Atemzug zu warten. Während er dem beschriebenen Weg folgte, schlug sein Herz ein wenig schneller. Er hatte sich stur geweigert, dem einzigen Verdächtigen gegenüberzutreten, nur um seiner Methode treu zu bleiben. Dennoch hatte die ihm noch nicht einen Beweis beschert, und obwohl der mutmaßliche Täter feststand, gab es nichts außer Indizien, einigen Widersprüchen und dem Bekenntnis Pfarrer Salvadors. Im Grunde bestand der einzige belastende Hinweis in der Behauptung dieses Priesters.

Auf der Treppe dachte er, wenn er jetzt, wie Úrsula gesagt hatte, durch den Hintereingang in den Stall käme, würde ihn der Verdächtige vielleicht nicht gleich bemerken und er könnte ihn überraschen. Llorenç Costas erste Reaktion auf sein Erscheinen wäre wichtig, er sollte also auf jede Bewegung, jeden Gesichtsausdruck achten.

Der rückwärtige Zugang hatte keine Tür. Recader betrat den weitläufigen Pferdestall und sah Llorenç von hinten, während der mit einer Mistgabel Stroh über den Boden verteilte. Der junge Mann nahm die Anwesenheit des Inspektors nicht wahr und war vollkommen in seine Arbeit vertieft. Neugierig betrachtete Recader seine Jagdbeute. Er sah einen kräftigen Kerl mit breiten Schultern, muskulösen Armen, präzisen Bewegungen, der kein bisschen schwul wirkte. Sie mussten etwa im gleichen Alter sein. Recader sprach ihn nicht an. Besser, der andere entdeckte ihn von sich aus, um sein Erschrecken beobachten zu können. Noch vergingen einige Sekunden. Doch dann schien der junge Mann zu spüren, dass er nicht allein war. Er legte die Mistgabel auf den Boden und wandte langsam den Kopf, bis sie einander ins Gesicht sahen.

Llorenç' erste Reaktion war ein Lächeln, freundlich und gewinnend. Es beschränkte sich nicht auf ein Verziehen der Lippen. Das Lächeln dieses Jungen war wie ein inneres Strahlen und breitete sich über sein ganzes Gesicht aus.

»Huch, ich habe Sie gar nicht bemerkt. Suchen Sie jemanden?«

»Wissen Sie nicht, wer ich bin?«

»Nein, ich hatte das Vergnügen noch nicht. Mit wem habe ich es denn zu tun?«

»Ich bin Inspektor Recader vom Hauptkommissariat in Rius.«

»Ach, Sie sind das? Ich hatte Sie mir älter vorgestellt.«

Recader fand im Verhalten des jungen Mannes, den er für einen Schwerverbrecher hielt, keine Spur von Schuldbewusstsein. Vielmehr schien er die Treuherzigkeit in Person zu sein, ein Mensch, in dessen Gegenwart man sich wohlfühlte, es war fast schon zu viel des Guten.

»Ich kenne Sie ebenso wenig, aber Úrsula meinte, ich würde hier Herrn Llorenç Costa antreffen. Stimmt das?«

»Klar, das bin ich. Was kann ich für Sie tun? Und sagen Sie nicht Herr zu mir, das bin ich nicht gewohnt ... Na, egal, wie es Ihnen lieber ist.«

»Gut, Herr Costa. Ich möchte Ihnen ein paar Fragen stellen, und das kann eine Weile dauern. Können wir uns irgendwo hinsetzen? Ich muss mir Notizen machen, und auf dem Knie schreibt es sich besser.«

Llorenç gab keine Antwort. Er ging ein paar Schritte in einen schmutzigeren Teil des Stalles und holte eine grob gezimmerte Bank aus Pinienholz. Während er sie in einer Hand herbeitrug, befreite er sie mit der anderen von Staub und Stroh und stellte sie neben den Inspektor.

»Versuchen Sie es mal damit.«

Der Inspektor setzte sich und zog sein Notizbuch hervor.

»Perfekt.« Er rückte auf eine Seite, in der Annahme, der Verdächtige würde neben ihm Platz nehmen. Aber Llorenç ging gutmütig lächelnd noch einmal davon, diesmal hinter eine Bretterwand, über die zwei Hörner und ein schwarzweiß gefleckter Rücken ragten, und kam, immer noch lächelnd, mit einem Melkschemel wieder hervor.

»Lassen Sie nur, breiten Sie sich ruhig aus, ich nehme den Hocker, auf dem ich die Paquita melke.«

»Paquita heißt sie?«

»Ja, sie wird langsam alt, aber sie gibt immer noch sehr gute Milch. Ich habe sie nach Úrsula benannt, die kennen Sie ja offenbar schon ... Verstehen Sie das nicht falsch, ich mag Úrsula sehr gern. Aber weil meine Mutter immer so viel Arbeit hatte, war sie meine Amme. Und da muss sie schon über vierzig gewesen sein. Sie hat mich mit ihrer Milch großgezogen, wahrscheinlich gehört sie für mich deshalb zur Familie.«

Dem Inspektor lag es auf der Zunge zu sagen, auch er könne die Ursuline Paquita gut leiden, aber eine solche Bemerkung wäre unangebracht und überflüssig gewesen. In seinen Augen legte der junge Mann das Verhalten eines Unschuldigen an den Tag. Gerade das war allerdings typisch für den Schuldigen in jedem anständigen Kriminalroman, es sorgte für Spannung, indem es den Leser in die Irre führte. Nein, er würde sich nicht beeinflussen lassen, alles deutete auf Costa hin. Der setzte sich ihm gegenüber auf den Melkstuhl und sah ihn erwartungsvoll an.

Recader schlug eine neue Seite in seinem Büchlein auf, zückte eine Rasierklinge, die nicht mehr für den Bart taugte, und begann, den Bleistift zu spitzen. Er nahm sich absichtlich viel Zeit. Sorgsam darauf zu achten, dass die Spitze der Grafitmine keinen Schaden nahm, half ihm, sich zu entspannen und zugleich jede Vertrautheit zu brechen, die während der Begrüßung entstanden sein mochte. Er überschrieb das Blatt mit »Llorenç Costa« und zog langsam einen Kreis um den Namen. Dann blickte er ihn ernst an und begann:

»Llorenç Costa, Sie sind der Sohn von Neus, derzeit Köchin der

Principal, und der Bruder von Caterina, die ebenfalls auf der Principal arbeitet.«

Llorenç sagte nichts, bejahte die Frage nur mit seiner lächelnden Miene.

»In welchem Jahr kamen Sie auf die Principal?«

»Oje, das Jahr weiß ich nicht, aber ich war zwei, rechnen wir es aus.«

»Nicht nötig. In welchem Alter haben Sie angefangen zu arbeiten?«

»Die Alte, die frühere Herrin, bezahlte mir die Schule, bis ich zwölf war, und dann gab sie mir Arbeit. Sie war gut zu mir, und zuerst musste ich nicht viel tun. Die Tränken auffüllen, die Kühe melken, Botengänge erledigen …«

»Schon gut, schon gut, und seit wann verrichten Sie die Arbeit eines Erwachsenen?«

»Seit meinem vierzehnten Geburtstag. Mit vierzehn bin ich schon mit raus aufs Feld.«

Der Inspektor zählte kurz nach, und als er seine nächste Frage stellte, studierte er aufmerksam die Mimik des anderen.

»Unter welchem Vorarbeiter?«

»Erst Ricard Nebot und später Amadeu …, verflixt, ich weiß gar nicht, wie er mit Nachnamen heißt«, sagte er mit einem kleinen Auflachen.

»Parcerissa.«

»Das höre ich zum ersten Mal. Wissen Sie, in einem kleinen Dorf …«

»Mit Ricard Nebot haben Sie nicht lange gearbeitet, oder?«

Jetzt ja: Für einen kurzen Moment hatte etwas, die Andeutung eines Schattens, seinen Blick getrübt.

»Nein, gut anderthalb Jahre.«

»Wie ich sehe, erinnern Sie sich bestens. Ist Ihnen bekannt, warum man ihn, der ja immerhin der Vorarbeiter der Principal war, entlassen hatte?«

Die Antwort kam wie aus der Pistole geschossen:

»Das wissen Sie doch längst.«

Der Inspektor überspielte seine Verblüffung, indem er ein wenig in seinem Büchlein blätterte. Dann richtete er den Blick wieder auf Llorenç.

»Ich möchte aber Ihre Version hören.«

»Senyor, da gibt es keine Versionen. Was Sie wissen, ist die Wahrheit. Sie haben doch mit Senyora Magí gesprochen. Sie war es, die …«

»Nein, ich habe sie heute nicht angetroffen.«

»Wenn Sie es nicht von Senyora Magí erfahren haben, dann sollten Sie vielleicht lieber zuerst mit ihr …«

Ein Gedanke schien ihn mit einem Mal in Unruhe zu versetzen. Die Sanftmut seiner Züge verschwand zwischen hervortretenden Adern, die seinen Hals, seine Stirn entstellten.

»Sprechen Sie weiter.«

Llorenç ließ den Kopf in die Hände sinken und blieb stumm. Der Inspektor setzte hinzu:

»Ist doch einerlei, von wem ich es weiß.«

Kaum hatte der Inspektor diesen Satz ausgesprochen, hob Llorenç ruckartig den Kopf. Sein Gesicht war völlig verändert. Jetzt, dachte Recader, hatte er sehr wohl jemanden vor sich, der zu einem Mord fähig wäre. Das Verhör machte Fortschritte. Der Verdächtige war kurz davor, die Nerven zu verlieren, viel fehlte nicht mehr.

»Das ist nicht einerlei, weil dieses Schwein …«

»Damit meinen Sie doch hoffentlich nicht …«

»Dieser eiskalte Hurensohn.«

»Ich an Ihrer Stelle, Herr Costa, würde dieses Verbrechen nicht noch durch solche Aussagen erschweren.«

»Das Verbrechen, mit fünfzehn Jahren einen Fehltritt mit einem älteren Mann begangen zu haben, der obendrein mein Vorarbeiter war?«

»Nein, Herr Costa. Sie lenken sehr geschickt ab, aber das ist es nicht, was Ihnen zur Last gelegt wird. Sie werden beschuldigt, vor vier Jahren in der Nacht des 17. Juli Ricard Nebot ermordet zu haben.«

Llorenç fühlte sich, als hätte man ihm einen Schlag in die Magengrube versetzt. Einen Augenblick lang saß er betäubt da, doch dann schnellte er, wie von einer unterirdischen Kraft gestoßen, von seinem Schemel hoch. Stark wie ein Baum richtete er sich vor dem Inspektor auf. Mit ausgestrecktem Arm deutete er auf ihn, als wollte er ihn verfluchen, und seine Stimme grollte wie Donner: »Wie können Sie so etwas sagen! Was bilden Sie sich eigentlich ein, mir einen Mord anzuhängen? Scheren Sie sich zum Teufel!«

Er machte auf dem Absatz kehrt und ging mit langen, festen Schritten auf das große Stalltor zu.

»Bleiben Sie, wo Sie sind, Herr Costa. Denken Sie daran, dass ich Polizeiinspektor bin und Sie auf der Stelle verhaften kann.«

Doch Llorenç machte keine Anstalten stehenzubleiben. Der Inspektor griff nach seiner Dienstwaffe.

»Halt, stehenbleiben, das ist ein Befehl.« Llorenç ging weiter. »Stehenbleiben, oder ich schieße!« Recader zog den Revolver. »Zum letzten Mal, bleiben Sie stehen!« Er hob den Arm, entsicherte die Waffe und zielte auf Llorenç' Rücken. Seit der Krieg zu Ende war, hatte er auf niemanden mehr geschossen. Er senkte den Lauf und zielte auf die Beine. »Zum letzten Mal: stehenbleiben, oder ich schieße!« Der Kerl würde nicht stehenbleiben, davon war er überzeugt. Noch zwei Sekunden, und er hätte das Tor erreicht und wäre aus seinem Blickfeld verschwunden. Eins ... zwei ... Er brachte es nicht fertig.

Der Inspektor stand da, den Arm ausgestreckt, den Revolver in der Faust, die Mündung auf das helle Rechteck des offenen Tores gerichtet. Es war leer. Er fühlte sich lächerlich. Erstarrt. Seine Haut war kalt. Ja, er fror. Er kannte das: diesen klebrigen Schweiß, die winzigen, eiskalten Tropfen am ganzen Körper. Wie damals, als er im schlammigen Schützengraben Nahkämpfe auf Leben und Tod bestand, gerade mal zwei Jahre war das her. Er rang um Fassung. Warum hatte er nicht abgedrückt? Aus Angst? Aus Feigheit? Nein, nicht deshalb. Das war nicht der Grund.

Seine Methode hatte ihn daran gehindert. Trotz zweier Beichtstuhlbekenntnisse, verbürgt durch einen Priester und einen Bischof, hatte er keinen stichhaltigen Beweis gegen diesen Mann. Noch könnte er die Verfolgung aufnehmen, und sei es nur, um ihn zu erschrecken und seine Autorität zu retten. Ihn ins Hauptkommissariat schaffen und ein paar Tage einsperren, ihn zermürbenden Verhören unterziehen und beschleunigende Techniken anwenden. Recader jedoch sagte sich, so, wie er diesen Jungen erlebt hatte, und mochte er noch so schwul sein, wären Drohungen und Folter aussichtslos. Den würde man schon umbringen müssen. Und zu dieser Sorte gehörte Recader nicht, mit solchen Mitteln wollte er seine Fälle nicht lösen. Er wollte durch Einsicht zum Erfolg gelangen. Nicht durch das Ausreißen von Fingernägeln.

Gedankenverloren blickte er ins Licht der Türöffnung und zielte mit erhobenem Arm sinnlos ins Leere, als er das Gewicht der Waffe mit einem Mal wieder spürte. Er sicherte sie sorgsam und steckte sie weg. Dann ging er zurück zu der Bank und sammelte sein Notizbuch und den Bleistift, der zum Glück nicht abgebrochen war, vom Boden auf. Benommen verließ er den Pferdestall und beschloss, nach Rius zurückzufahren. Bald würde es dämmern, und in Pous konnte er jetzt nichts mehr ausrichten. Außerdem war er heute Nacht und den ganzen Sonntag über Chef des Bereitschaftsdienstes im Kommissariat. Da sollte er nicht zu spät kommen.

Auf dem Platz spielten dieselben Kinder wie immer, jagten Reifen vor sich her, probierten Kunststücke und versprühten Lebensfreude. Beim Knall der ersten Fehlzündung merkten sie einen Moment lang auf. Kurz darauf befand sich Inspektor Recader bereits auf der Straße nach Rius. Er war niedergeschlagen, ohne recht zu wissen, warum. Zum ersten Mal seit er sich mit dem Fall beschäftigte, trat er auf der Stelle. Man hatte ihm das Ende des Romans verraten, aber nicht, wie man dorthin gelangte. Dieser Llorenç war ihm sympathisch, schwul hin oder her, schien er auf jeden Fall ein lieber Kerl zu sein. Jeder gute Kriminalist weiß allerdings auch, dass der Schein oft trügt und ein Mörder ein großartiger Schauspieler sein kann, manchmal, weil er eine gespaltene Seele hat, und manchmal, weil es ihm an den Kragen geht.

Seines Erachtens war dieser Junge kein Mörder. Noch nie zuvor hatte sich ihm ein Gefühl so aufgedrängt. Intuitionen und Einge bungen untersagte er sich grundsätzlich. Er war ein Polizist, der sachlich und methodisch vorging, und genau das wollte er auch sein, darin zeichnete er sich aus, darauf war er stolz. Nur im Roman, umwabert vom Londoner Nebel, erlebte der Detektiv eine plötzliche Entschleierung der Wahrheit. Das traf auf ihn überhaupt nicht zu. Und trotzdem …, dieser junge Mann war kein Mörder, das sagte ihm sein Bauchgefühl.

Andererseits offenbarten die Leute im Beichtstuhl doch ihre finstersten Geheimnisse. Und dieser Mann hatte gebeichtet. Das Auto nahm die erste der hundertsiebenundzwanzig Kurven zwischen Pous und Rius. Recader sagte es laut, um es sich selbst aussprechen zu hören: »Er hat den Mord gebeichtet«. Er brüllte es heraus, während der Opel durch die ausgedörrte Landschaft der Abadia rollte. »Llorenç Costa hat den Mord gebeichtet.« Durch die verkratzte Windschutzscheibe sah er die halbkahlen Bäume vorbeigleiten, je enger die Kurve, desto rascher. Er schaltete das Licht ein, es wurde schnell dunkel. Bei dem Gerüttel auf dem steinigen Feldweg flackerte der einzige Scheinwerfer unablässig. Sobald er auf der Landstraße wäre, würde er besser sehen. Kurz vor seiner Ankunft stellte er sich vor, wie Agatha Christie diese Szene geschildert hätte. Sie hätte lediglich ein Fragezeichen hinzufügen müssen, damit ihr schnauzbärtiger Detektiv der Geschichte eine Wende gegeben hätte, wie man einen Socken auf links zieht. Die Aussage in eine Frage verwandeln. Wieder sprach er den Gedanken laut aus, als verstünde er ihn besser, wenn er hörte, wie er klang: »Hat Llorenç Costa den Mord an Ricard Nebot gebeichtet?« Der Lärm des Motors übertönte seine Stimme. Er wiederholte den Satz lauter, noch einmal und noch einmal, schrie die Frage heraus, als hätte er den Verstand verloren, des Nachts, allein, in diesem Auto. Als er die Kreuzung erreichte, an der er nach Rius abbiegen musste, wiederholte er die Frage noch immer, sprach sie aber mittlerweile nur noch gedankenlos vor sich hin, mechanisch, denn vor seinem inneren Auge war ein Bild aufgetaucht: ein aufgeschlitzter Leib, Dutzende von blutverschmierten Wunden, klaffende Hoden und ein Penis, der nur noch an einem Stück Haut hing. Ein unerträglicher Anblick, und ein weiteres Bild erwachte in seinem Kopf. Er sah einen schönen, einen sehr schönen, völlig in Tränen aufgelösten Jungen. Es war Llorenç Costa. Recader musste sich konzentrieren, bis er das Gesicht des Jungen erkennen konnte. Ganz offensichtlich weinte er nicht aus Reue. Er trauerte. Er weinte aus tiefer Trauer. Kurz vor Rius überkam Recader das Bedürfnis anzuhalten. Er fuhr rechts ran, die Straße war verwaist. Er holte Luft und schrie wie ein Verrückter, vollkommen allein, vor sich nur das rote Lämpchen, das anzeigte, dass die Lichtmaschine nicht lud. Jetzt wusste er die Antwort und rief aus vollem Hals: »Nein! Nein, er hat ihn nicht getötet! Und nicht nur das! Er hat es auch auf keinen Fall gebeichtet!«

Niemand hörte, wie der Motor des alten Opels aufheulte, die Kupplung ratschte, die Reifen quietschten.

Als er in Rius ankam, war es dunkel, sechs Uhr abends. Er fuhr durch die nur halb erleuchtete Stadt, in der viele Straßenlaternen ausgefallen waren. »Es ist Zeit für Vernunft und Wiederaufbau«, dachte der Inspektor, »wir werden dieses Land auf Vordermann bringen, mit oder ohne Strom.«

Er betrat das Kommissariat durch den Hinterhof, wo er das Auto gut geschützt parken konnte. Einige Beamte verließen das Gebäude bereits. Auf dem Weg zu seinem Büro begegnete er den anderen beiden Inspektoren, die auch gerade Feierabend machten. Er sah nach, ob im Büro von Oberst Fresnos noch Licht brannte. Nein. Das bedeutete, dass er ab sofort und bis Montagmorgen das Oberkommando im Kommissariat führte. Er brachte Ordnung in einen Stoß Unterlagen und ging in den zentralen Dienstraum. Noch aufgewühlt, aber äußerlich ganz souverän, grüßte er den Unterinspektor, den Gefreiten und die beiden strammstehenden Soldaten. Dann erteilte er der Nachtwache die Anweisungen: Zellen abschließen und sichern, alle Fenster und Türen verriegeln mit Ausnahme des Haupteingangs. Der Unterinspektor würde die Protokolle aufnehmen, falls welche anfielen, der Gefreite und die Soldaten sollten wieder ihre Posten an der Tür beziehen. Er würde in seinem Büro in der Nähe des Telefons bleiben, auf regelmäßigen Kontrollgängen

nach dem Rechten sehen und könnte zwischendurch kurze Nickerchen einlegen.

Er setzte sich in seinen Sessel, spann weiter an seinem Roman und
fand die ganze Nacht keinen Schlaf.

18
DIE KARTEN KOMMEN AUF DEN TISCH

Sonntag, 24. November 1940

Das Ölflämmchen glomm nur noch schwach, erschöpft vom vergeblichen Warten. Maria lag wach, und der Platz ihres Geliebten war leer. Sie war besorgt, weil ihr das Gespräch, das sie kurz vor dem Zubettgehen mit Úrsula geführt hatte, nicht aus dem Kopf ging. Während sie sich das Haar bürstete, war die alte Amme, wie jeden Abend, ins Zimmer gekommen, um den Nachttopf unter das Bett zu schieben. Maria hatte ihn noch nie benutzt, doch Úrsula stellte ihn ihr beharrlich hin, »für alle Fälle«, nachdem sie ihn ausgespült und mit einem Lappen trockengerieben hatte.

Seit ihrer Rückkehr aus Rius am späten Nachmittag hatte sie nichts von Llorenç gehört. Sie hatte Úrsula gefragt, ob sie ihn gesehen habe, um wenigstens mit jemandem über ihn reden zu können. Úrsula war in diesem Haus und auf der ganzen Welt der einzige Mensch, dem sie sich in all ihrer verliebten Tollheit anvertrauen konnte. Die alte Frau wusste um das aufziehende Unwetter, war jedoch nicht imstande, Maria zu belügen.

»Nein, Kind, aber der Inspektor wollte dich sprechen, und weil du nicht da warst, hat er sich nach Llorenç erkundigt.«

»Hast du ihm gesagt, wo er war?«

»Ja.«

»Und wo war er?«

»Aber Kleines, du weißt doch, wo er samstags ist. Im Pferdestall.«

Maria spürte, wie sich ihr das Herz zusammenkrampfte.

»Hast du den Inspektor zum Stall begleitet?«

»Nein.«

»Úrsula, lass dir nicht jedes Wort einzeln aus der Nase ziehen, sprich dich aus, verdammt noch mal.«

Die Amme sah, wie nervös Maria war, und hörte auf, um den heißen Brei herumzureden:

»Nein, ich habe ihn zur Hintertreppe geschickt, damit er nicht ums ganze Haus musste.«

»Warum bist du denn nicht mitgegangen?«

»Maria, ich habe ihm einfach nur den Weg gezeigt, weil ich dachte, Llorenç ist ja unten, der wird ihn schon in Empfang nehmen.«

»Das heißt, du hast überhaupt nichts mitbekommen.«

»Nein.«

»Und weiter? Sind Llorenç oder der Polizist hinterher noch mal in der Küche gewesen?«

»Nein, ich habe keinen von beiden mehr gesehen, Llorenç war auch zum Abendessen nicht da.«

»Oh Gott …«

Úrsula erriet Marias Befürchtung. Doch sie hatte eine gute Nachricht.

»Der Polizist ist jedenfalls allein weg.«

»Woher weißt du das?«

»Von Neus, weil Presentació ihr erzählt hat, sie hätte einen furchtbaren Knall gehört und dann gesehen, wie er in seiner Knatterbüchse davongefahren ist. Dieser junge Inspektor hat allein im Auto gesessen mit einem Gesicht wie drei Tage Regenwetter. Er hat niemanden aus dem Dorf mitgenommen.«

»Bist du ganz sicher?«

»Denkst du, ich mache mir keine Sorgen um Llorenç?« Die Falte auf ihrer Stirn vertiefte sich, die Augenschlitze wurden noch schmaler, und Maria sah es darin glitzern. Sie ging auf Úrsula zu und umarmte sie. Die Amme konnte ein Aufschluchzen nicht unterdrücken. »Kind, ich sage dir doch nur nichts, weil ich dich nicht beunruhigen will.«

»Ich frage mich, wie das alles enden soll. Ich habe das Gefühl, wir sind von Wölfen umzingelt, die uns beschnüffeln und immer näher und näher kommen. Und Llorenç weiß sich nicht zur Wehr zu setzen.«

»Also, ich werde den Gedanken nicht los, dass hier jemand mit bösen Absichten seine Finger im Spiel hat. Wenn ich nur wüsste, wer ...«

Es war eine kalte Nacht auf der Principal. Maria bekam kein Auge zu. Úrsula legte sich gar nicht erst ins Bett. Lautlos schlich sie sich nach oben und machte es sich mit zwei weichen Kissen in Andreus Schaukelstuhl bequem. Ob sie nun im Bett oder im Schaukelstuhl unter ihrer Schlaflosigkeit litt, zumindest war sie hier, neben dem großen Flügel, näher bei ihrer Kleinen. Da hatte das arme Ding endlich einen Kerl gefunden, mit dem es gern zusammen war. Aber sie spürte, dass das nicht gut ausgehen konnte: Immer wenn ein Krähenschwarm im Anflug war, wurde ihre krumme Stirnfurche nicht nur tiefer, sondern fing auch an zu jucken. Und sie kratzte sich schon seit zwei Tagen.

Das heisere Atmen der Eule, die seit Wochen im Dachgebälk nistete, klang im Laufe der Stunden immer gruseliger. Morgen würde sie Amadeu sagen, er solle sie verjagen. Später erkannte sie an den heller werdenden Türritzen des Balkons, dass es Tag wurde. Ja, sie hatte den Flügel abgestaubt. Heute Mittag, wenn vorher kein Unglück geschieht, würde sie die Bibliothek putzen. Von der Kleinen hatte sie die ganze Nacht keinen Ton gehört. Von Llorenç leider auch nicht. Sie beugte sich vor, kippte den Schaukelstuhl leicht an, nahm all ihre Kraft zusammen und stemmte sich mühsam hoch. Wäre dieser Schaukelstuhl nicht Andreus Lieblingsplatz gewesen, würde sie sich diese Anstrengung niemals zumuten.

Sie ging hinunter, die Hand am Treppengeländer, eines Tages würde sie stürzen, möge Gott es bald geschehen lassen, damit die arme Seele endlich Ruhe hätte. Auf dem Weg durch den Speisesaal der Bediensteten näherte sie sich Llorenç' Zimmer. Früher hatte Ricard darin gewohnt, du lieber Himmel, dachte sie, Sachen gibt's ... Sie warf einen kurzen Blick hinein und sah, dass das Bett des Jungen unberührt war. Noch bevor Neus erschien, hantierte sie bereits in der Küche. Sie mochte ja zu nichts mehr viel taugen, doch war sie immer als Erste auf den Beinen.

Als die Köchin wenig später hereinkam, stand ihr der Kummer

schon ins Gesicht geschrieben. Niemand hatte ihr etwas gesagt, aber es lag förmlich in der Luft, dass ihr Sohn in Schwierigkeiten steckte. Ausgerechnet jetzt, da der Junge Fuß zu fassen schien. Sie war alt geworden in diesem Haus und hatte sich immer gut aufgehoben gefühlt, doch mit einem Mal lebte sie in Angst und Schrecken. Sie sagte kein Wort zu Úrsula, denn sonst wäre sie sofort in Tränen ausgebrochen.

Es musste gegen acht gewesen sein, als das Telefon schrillte. Der Apparat stand in der Bibliothek, und damit das Klingeln im ganzen Haus zu vernehmen war, hatte der Elektriker von Pous einen Verstärker angeschlossen, der ein fast unerträgliches Getöse verursachte. Ernesta, das Pouser Fräulein vom Amt, wusste, dass nur Úrsula die Erlaubnis hatte, Anrufe entgegenzunehmen, wenn die Senyora nicht selbst antwortete. Und da sie sowohl die Befugnisse als auch die Weitläufigkeit des Hauses kannte, ließ sie es notfalls eine Stunde lang läuten. Úrsula war schon auf dem zweiten Treppenabsatz und glaubte, Marias Schritte im Salon zu hören, dennoch gab das Telefon keine Ruhe. Als sie die Tür zur Bibliothek öffnete, schellte es noch immer. Maria saß vor dem Telefontischchen und starrte den Apparat an, wagte es aber nicht, nach dem Hörer zu greifen.

»Kind, aber was machst du denn da? Warum gehst du nicht dran?«

Maria entgegnete leise und gedankenverloren:

»Weil ich nicht hören will, was man mir sagen wird.«

Die Amme griff nach dem Telefon und schrie in die Sprechmuschel, damit die Kupferdrähte ihre Stimme besser übertrugen:

»Hallo, Ernesta.«

»Hallo, Úrsula. Hast mich lange warten lassen.« Das hielt sie ihr jedes Mal vor. »Du hast ein Gespräch vom Hauptkommissariat in Rius.« Nach ein paar Sekunden. »Soll ich durchstellen?«

»Aber klar doch, natürlich sollst du durchstellen.«

Das würde ein Weilchen dauern, Úrsula wandte sich an Maria: »Ein Anruf von der Polizei in Rius.« Maria vergrub das Gesicht in den Händen und begann zu schluchzen. Indessen hörte die Amme, wie Ernesta, die den Drähten auch nicht traute, aus Leibeskräften brüllte: »Fernsprechzentrale Felius, Fernsprechzentrale Felius, hallo? Ah, da bist du ja, jetzt höre ich dich … Ja, ja … So, Natàlia, ich bin durchgekommen, du kannst mich mit Rius verbinden.« Es folgte ein Klicken und Klacken, dann eine männliche Stimme, die Kastilisch sprach.

»Hallo, hören Sie mich?« Und lauter: »Können Sie mich hören?«

»Ja, was gibt's?«

»Hören Sie, hören Sie mich?«

»Nun reden Sie schon, ich bin ganz Ohr!«

»Hier ist das Kommissariat in Rius. Holen Sie Senyora Maria Magí Roderich ans Telefon.«

Úrsula schrie in ihrem fehlerhaften Kastilisch zurück:

»Die ist nicht da!«

»Mit wem spreche ich?«

»Mit ihrer Vertretung, ich bin die Vertretung«, erwiderte sie leicht errötend.

»Sehr gut. Sehen Sie sie im Lauf des Vormittags?«

»Selbstverständlich.«

»Dann richten Sie ihr aus, dass Inspektor Recader vom Hauptkommissariat in Rius um zwei Uhr die Principal aufsuchen wird.«

»Wie bitte? Um zwei? Sonnenzeit? Ja, ja, keine Sorge, ich sage ihr Bescheid.«

Zum Schluss kreischte sie noch »Auf Wiederhören!« und legte atemlos auf. Vor lauter Aufregung hatte sie Maria völlig vergessen.

»Dieses Waschweib Ernesta wird das in alle vier Winde posaunen.«

»Was ist mit ihm?«

»Kind, es hat nichts mit ihm zu tun. Ihm ist gar nichts passiert. Das waren die vom Kommissariat, um anzukündigen, dass Inspektor Recader dich nach dem Essen besuchen kommt. Hast du mich verstanden?«

Marias Augen leuchteten auf.

»Es ist ihm also nichts passiert? Er ist nicht in Polizeigewahrsam?«

Die Amme schloss sie in die Arme. Seit diese starke, zuweilen auch harte junge Frau ihr Herz verschenkt hatte, war sie weich, ja regelrecht hilflos geworden.

»Ruhig, Maria, ganz ruhig. Llorenç ist vermutlich … Egal, wo er ist. Aber er ist bestimmt gesund und munter.«

Als sie wenig später in die Küche zurückkam, wisperte Neus ihr zu:

»Úrsula, der Junge ist da.«

Die Amme nickte, und während sich die Falte auf ihrer Stirn etwas entspannte, beschloss sie, Maria vorerst nichts zu sagen, damit sie nicht heruntergestürmt kam und ein großes Theater veranstaltete. Es war besser, das Ganze diskret zu behandeln.

Als um zwei Uhr die Klingel ertönte, saß Úrsula bereits in der Diele auf einem der Stühle, die zum Schirmständer passten, und döste vor sich hin. Sie schrak hoch und riss die Tür auf.

Vor ihr stand der Inspektor. Er wirkte erschöpft, das Weiße seiner Augen war blutunterlaufen, und zum ersten Mal war er nicht frisch rasiert.

»Guten Tag, Herr Inspektor.«

»Guten Tag.«

»Wir haben Sie schon erwartet. Sie möchten zur Senyora?«

»Ja, Úrsula, würden Sie mich bitte begleiten?« Dass sich das nicht vermeiden ließe, war dem Inspektor ohnehin klar.

Im großen Salon saß Maria in eine Ecke des Sofas gelehnt. Sie war schön, elegant gekleidet, sorgfältig frisiert, mit anmutig gekreuzten Beinen in einem beigefarbenen Plisseerock und einer Bluse, die ihre Brüste vorteilhaft zur Geltung brachte. Als Úrsula sie so herausgeputzt sah, schnappte ihre Stimme fast über:

»Senyora, Inspektor Recader wünscht Sie zu sehen.«

Maria Magís Lächeln war umwerfend.

»Treten Sie ein, Inspektor, treten Sie ein. Ich freue mich sehr, dass Sie gekommen sind. Ich habe schon auf Sie gewartet. Setzen Sie sich, bitte. Ja, in diesen Sessel, so können wir uns besser unterhalten. Sind Sie müde von der Fahrt? Dürfen wir Ihnen eine Erfrischung anbieten?«

Trotz seiner Mattigkeit versetzte ihn diese Frau in Erstaunen. Sie sah überwältigend aus. Hinreißend, dachte er. Hatte sie sich so in Schale geworfen, weil Sonntag war? Weil sie ihn beeindrucken wollte?

»Nein, danke, nur ein Glas Wasser.«

»Nie gestatten Sie mir, Ihnen etwas Gutes zu tun. Úrsula, bring uns kaltes Wasser und zwei Gläser Granatapfelsirup.«

Sie lächelte ihm zu. Der Mann schien tatsächlich vollkommen am Ende zu sein.

»Sie wirken abgekämpft, Inspektor. Oder vielleicht bedrückt?«

»Danke der Nachfrage, Senyora Magí. Es hat aber einen ganz einfachen Grund. Ich habe übers Wochenende Dienst im Hauptkommissariat.«

»Dann hätten Sie doch morgen kommen können.«

»Nein. Ich wollte Sie heute sehen.« Sein Ton wurde ernster.

Es entstand keine Spannung. Beide spielten ihre Karten.

Úrsula kam mit dem leise klirrenden Tablett die Treppe herauf. Maria und Recader schwiegen, lehnten sich zurück und sahen der Amme zu, die ihrerseits keine besondere Eile an den Tag legte. Sie stellte eine Glaskaraffe mit Wasser und zwei leere Gläser auf den Tisch, dazu zwei weitere mit sehr dunklem Granatapfelsirup. Maria fand, sie habe es, wie fast immer, mit der Sirupmenge übertrieben. Úrsula zog sich zurück, ohne dass Maria sie dazu auffordern musste, und warf im Vorbeigehen einen prüfenden Blick auf den lackierten Deckel des Flügels … Nein, kein Stäubchen zu sehen.

»Also gut, Inspektor, ich bin bereit.«

»Das freut mich, nur weiß ich nicht, ob Sie auch bereit sind, mir zu helfen.«

»Ich bitte Sie, Herr Inspektor, wie können Sie daran zweifeln?« Erwartungsvoll, bezaubernd sah sie ihn an.

Der Inspektor lächelte müde und schwieg. In kleinen Schlucken trank er das Glas Wasser zur Hälfte aus. Dann ließ er sich langsam zurücksinken, bis er die Lehne im Rücken spürte, und schlug die Beine übereinander. Schweigend und bedächtig. Er nahm sein Notizheft heraus, ohne es aufzuschlagen, legte es zusammen mit dem Bleistift neben das Tablett und begann mit dem Verhörritual, auf das er sich die Fahrt über vorbereitet hatte. Diesmal würde er seiner Methode folgen, aber nicht dem Befehl des Kommissars, die Dame mit Samthandschuhen anzufassen. Er atmete tief durch, um der Gereiztheit Herr zu werden, die er schon die ganze Zeit zu überspielen versuchte.

»Senyora Magí. Ich bin mir darüber im Klaren, dass Sie eine bedeutende Persönlichkeit und zudem eine wunderschöne Frau sind. Das meine ich ehrlich. Sie repräsentieren die Zukunft einer einflussreichen Dynastie und tragen einen der ältesten und angesehensten Familiennamen dieser Provinz. Wie Sie ja wissen, habe ich auch Kenntnis über Ihre Verwandtschaft mit Bischof Roderich, der heute die höchste kirchliche Autorität in Rius verkörpert.«

Sein Ton war heiter, aber nicht mehr schmeichelnd. Maria bemerkte die Veränderung in seiner Stimme und wappnete sich innerlich.

»Sie sollten mir erklären, wie Sie es wagen können, ohne mit der Wimper zu zucken, einen Staatsbeamten zu belügen. Und das, obwohl Sie genau wissen, worum es geht. Ich brauche Sie wohl nicht darauf hinzuweisen, dass Sie bei Ermittlungen in einem Mordfall wesentliche Informationen verfälscht haben.«

Ein guter Anfang, dachte der Inspektor. Er hatte das richtige Gleichgewicht zwischen inhaltlicher Härte und mildem Ton gefunden. Dabei würde er erst einmal bleiben. Für ein Crescendo war später noch Zeit.

»Und Sie haben nicht nur gelogen, sondern schämen sich nicht einmal, entscheidende Fakten unterschlagen zu haben. Anders ausgedrückt: Sie behindern die Staatsgewalt, und zwar mit Vorsatz. Ich schätze, Ihnen ist klar, dass ich Sie noch heute aufs Kommissariat schaffen, sie dort festhalten und so lange verhören könnte, bis Ihr Gedächtnis wieder funktioniert, ganz zu schweigen von den juristischen Konsequenzen, die das alles nach sich ziehen würde.«

Maria bemühte sich, Haltung zu bewahren, sie zwang sich, ihn unverwandt anzusehen, und behielt ihr offenes Lächeln bei, als sie erwiderte:

»Herr Recader, das klingt ja fast, als wollten Sie mir Angst machen. Ich gebe zu, ein wenig ist Ihnen das auch gelungen, denn Ihr Vorwurf ist zum Teil berechtigt. Vielleicht entlastet es mich, wenn ich Ihnen gestehe, dass vor Ihnen nie jemand dieses Haus betreten hatte, um einen Mord zu untersuchen. Bei unserer ersten Begegnung war ich, entgegen allem Anschein, ein Nervenbündel und furchtbar unsicher, was ich sagen durfte, ob ich jemandem damit schaden könnte, wie vorsichtig ich sein sollte. Trotz allem habe ich ja versucht, Ihnen zu helfen.«

»Gewäsch, das ist Gewäsch, Senyora Magí. Wir haben diesen Krieg gewiss nicht gewonnen, um zuzugucken, wie die Reichen auf Gesetze und Repräsentanten des neuen Regimes scheißen, das kann ich Ihnen versichern.«

»Wenn Sie sich nicht mäßigen, muss ich Sie bitten, mein Haus zu verlassen.«

»Was wollen Sie? Mich rauswerfen? Senyora Magí, Sie sind ja weltfremd und wissen nicht, in was Sie sich da versteigen. Tun Sie mir den Gefallen, die Fragen abzuwarten, die ich Ihnen stellen werde. Und wenn mir der Geduldsfaden reißt, weil mich Ihre Antworten nicht überzeugen, nehme ich Sie kurzerhand mit nach Rius.«

»Das würden Sie sich niemals erlauben.«

Der Inspektor erhob sich. Er ging auf sie zu, stützte sich auf die Armlehne des Sofas, wo auch ihr Ellbogen lag, näherte sein Gesicht bis auf wenige Zentimeter dem ihren und zischte:

»Und ob ich mir das erlauben würde. Da können Sie Gift drauf nehmen. Und zwar mit Zustimmung des Hauptkommissars und anderer Würdenträger der Gemeinde. Und sogar mit dem Einverständnis Ihres Onkels.«

Die folgenden Sekunden verstrichen langsam. Fast genoss er es, diesem verführerischen Gesicht so nah zu sein, dass er es mit den Lippen berühren könnte.

Maria erwiderte ausdruckslos seinen Blick und versuchte, sich ihr Unbehagen nicht anmerken zu lassen.

»Inspektor, sobald Sie aufhören, mich zu schelten, werde ich sehen, inwieweit ich Ihnen behilflich sein kann, selbst wenn Sie Ihre ungehobelte Ausdrucksweise beibehalten sollten.«

Dicht voreinander, im ganzen Raum der Widerhall der Stille. Langsam richtete sich der Inspektor auf und ging zurück zu seinem Platz. Als er sich ihr erneut zuwandte, sah er sie lächeln. Diese Frau saß unverrückt auf ihrem hohen Ross.

»Senyora Magí, Sie sind grandios. Meine Mutter sagt heute noch manchmal: Zum Herrn und zum Schwein muss man geboren sein. Kein Zweifel, wozu Sie geboren sind, wenn ich mal so sagen darf.« Lässig ließ er sich wieder in den Sessel fallen.

»All das, was ich Ihnen gerade angedroht habe, Senyora Magí, kann sich ein Polizeibeamter unter den heutigen Umständen erlauben. Wissen Sie? Wir sind jetzt allmächtig, wir haben das Recht durchzugreifen. Sie, die Reichen, genießen zwar den besonderen Schutz des Regimes, aber auch nur solange Sie sich fügen, darüber sollten Sie sich im Klaren sein. Das alles darf ich Ihnen nicht nur ins Gesicht sagen, sondern es auch in die Tat umsetzen. Das und mehr. Sie ahnen gar nicht, wie weit wir gehen können.«

»Ohne Ihnen widersprechen zu wollen, Herr Inspektor, aber das ahne ich sehr wohl.«

»Nein, Senyora Magí, davon hat niemand eine Vorstellung außer uns, die wir Teil dieser Maschinerie sind.«

Sie gab keine Antwort.

»Senyora Magí, warum haben Sie mich in Bezug auf Ricard Nebot belogen? Warum haben Sie behauptet, Sie hätten ihn nur vom Hörensagen gekannt, während Sie in Wahrheit Augenzeugin des Vorfalls waren, der zu seiner Verbannung geführt hatte?«

»Ich weiß es nicht, ich hatte Angst, weil ich nicht wusste, worauf Sie hinauswollten.«

»Wissen Sie es jetzt?«

»Ich habe eine Vermutung, Herr Inspektor.«

»Darüber reden wir später. Gab es noch einen weiteren Grund für Ihre Falschaussage?«

»Ja, ich hatte nicht damit gerechnet, dass irgendeiner nicht dichthalten würde.«

»Aber die Geschichte dürfte doch im Dorf allgemein bekannt sein.«

»Oh nein, Inspektor. Ich sage es Ihnen noch einmal: Von den vier Personen, die an diesem Drama beteiligt waren, sind zwei tot, und die, die wir noch am Leben sind, hatten bisher nicht das geringste Interesse, es an die große Glocke zu hängen.«

»Wenn aber die Leute im Dorf nichts davon wissen, von wem sollte ich es dann haben?«

»Von Pfarrer Salvador.«

Ihr Ton war schneidend. Den Inspektor wunderte das nicht mehr.

»Aber wie Sie ganz richtig sagen, kann ihm doch nicht daran gelegen sein, dass es publik wird.«

»Bevor Sie Ihre Ermittlungen wieder aufgenommen haben, sicher nicht. Bis dahin hatte er keinen Grund.«

Dem Inspektor war, als schlüge er ein neues Kapitel auf.

»Und als ich den Fall wieder aufgerollt habe?«

Maria lächelte.

»Da hat er einerseits einen Schrecken bekommen, andererseits aber auch seine große Chance gewittert …«

Das Telefon mit seinem Schrillen unterbrach das Gespräch. Maria Magí stand auf, sagte »entschuldigen Sie mich« und ging in die Bibliothek. Der Blick des Inspektors folgte ihr. Ihre Gestalt war zart und sinnlich zugleich. Er sah sie im Nachbarraum verschwinden, und kurz darauf verstummte das Läuten.

Von fern hörte er ihre Stimme: »Ich hole ihn ans Telefon … Ja, ja, eine Sekunde, er ist hier.«

Als sie zurückkam, hatte sich der Inspektor bereits erhoben.

»Ein Anruf vom Kommissariat für Sie.«

Der Polizist war nicht überrascht. Er hatte dem Unterinspektor mitgeteilt, falls etwas wäre, sei er in Pous erreichbar, auf der Principal gebe es Telefon. Raschen Schrittes ging er in die Bibliothek. Trotz aller Eile ließ er den Blick über die mit Büchern bedeckten Wände gleiten, diesen Zusammenklang aus Farben, Formen, Lücken und Schatten, der eine gemütliche Atmosphäre schuf. Das Telefon befand sich auf einem kleinen Tisch neben einem für stundenlange Lektüre gedachten englischen Sessel, er setzte sich jedoch nicht hinein.

»Ja, bitte?«

»Herr Inspektor, hier ist Márquez. Oberst Fresnos hat angerufen und wollte Sie sprechen.«

»Haben Sie ihm gesagt, wo ich bin?«

»Nein, Senyor, danach hat er nicht gefragt.«

»Gut, Márquez. Was wollte er?«

»Er hat nur gesagt, dass er Sie unbedingt morgen, Montag, um fünf nach acht sehen will. Gleich als Erstes, bevor Sie irgendetwas anderes tun, das hat er extra betont.«

»Sonst noch was, Márquez?«

»Nein, Senyor, abgesehen davon ist hier alles ruhig, keine besonderen Vorkommnisse.«

Recader legte auf. Nicht nur der Anruf stimmte ihn nachdenklich, sondern auch die Entdeckung dieses herrlichen Refugiums. Die Principal hatte ihn in den letzten Tagen schon mehrfach erstaunt, doch diesmal war er tief beeindruckt. Ein immenser Raum, mindestens halb so groß wie der Salon, vom Boden bis zur Decke mit Büchern ausgefüttert. Mit vier beweglichen Leitern, an jeder Wand eine, um den Zugang zu den höheren Regalen zu erleichtern. Langsam ging er auf die Tür zu, deren gesamte obere Hälfte von einer Lithografie eingenommen wurde: der Darstellung eines Jungen mit einem Obstkorb. Seltsam, dieses Haus. Seltsam, dieses Bild, es wirkte so arglos und erzeugte doch einen beunruhigenden Beigeschmack.

»Probleme, Inspektor?«

»Ganz und gar nicht. Machen wir weiter, Senyora Magí. Sie sagten, als Pfarrer Salvador von den erneuten Ermittlungen erfuhr, habe er darin eine einmalige Gelegenheit gesehen. Eine Gelegenheit wozu?«

»Endlich die Schuldgefühle und die Furcht loszuwerden, die ihn seit vier Jahren peinigen.«

Entgeistert hörte der Inspektor ihr zu. Nach all den Grübeleien, die ihm letzte Nacht den Schlaf geraubt hatten, wies ihm diese Frau nun ganz andere Pfade. Er betrachtete sie mit wachsender Faszination.

»Ich weiß nicht, ob ich Ihre Andeutung richtig verstehe, Senyora Magí, denn das hieße ja, dass Sie etwas wissen, was mir bisher noch niemand erzählt hat. Liege ich damit richtig?«

»Damit liegen Sie sogar sehr richtig. Ich kann Ihrem Fall eine völlig neue Perspektive geben, eine überaus reizvolle.«

»Reizvoll?«

»Für einen eingefleischten Kriminalisten, wie Sie es meiner Einschätzung nach sind, gewiss.«

Diese Schmeichelei rührte an des Inspektors empfindlichste Stelle, und er wurde wachsam.

»Nun, dann weihen Sie mich einfach ein.«

Sie überhörte die Ironie. Ihren verborgenen Trumpf aufzudecken war viel aufregender.

»Es ist simpel, Inspektor. Der Geliebte von Ricard Nebot war gar nicht Llorenç Costa. Ricard hatte lediglich seinen Spaß an einem gutgebauten fünfzehnjährigen Knaben, mit dem er sich austoben konnte. Aber in Wahrheit war er der Liebhaber eines anderen, eines von viel höherer Stelle protegierten und skrupellosen Mannes. Kommen Sie nicht von selbst darauf? Ich bin überzeugt, Herr Recader, Sie wissen, wen ich meine: Pfarrer Salvador. Das ist das ganze Geheimnis. Ein bis heute streng gehütetes Geheimnis, aber ich könnte es lüften. Falls nötig.«

»Und Sie sind sich dessen, was Sie mir da sagen, absolut sicher?«

»Oh ja, Inspektor, hundertprozentig. Denn ich kann bezeugen, dass an dem Tag, an dem meine Mutter Ricard befohlen hatte, seine Sachen zu packen, Pfarrer Salvador ihm bis in sein Zimmer nachlief, ihm seine Liebe schwor und um Sex bettelte.«

»Unmissverständlich? Ich meine, haben Sie ihn das klar aussprechen hören?«

»Und ob. Ich könnte es Wort für Wort aufschreiben. Ich war sehr verängstigt, aber ich habe an der Tür gehorcht.«

»Und Ricard? Ging er darauf ein, wenn Sie verstehen, was ich meine?«

»Überhaupt nicht. Er hat ihm eine Abfuhr erteilt. Und zwar ziemlich rüde.«

»Und Ricard ist noch in derselben Nacht aufgebrochen?«

»Ja, nach Frankreich. Soweit ich weiß, hatte er dort einen Bruder, bei dem er unterkriechen konnte.«

»Wissen Sie, ob er zurückgekommen ist?«

»Aber ja, allerdings erst, nachdem die Alte, ich meine, meine Mutter, gestorben war. Verzeihung, jeder nannte sie so.«

»Ich weiß. Und wann haben Sie erfahren, dass er wieder da war?«

»Kaum dass er die Pyrenäen überquert hatte.«

»Und Sie haben nichts unternommen?«

»Warum sollte ich?«

»Hören Sie, ich bezweifle nicht, dass Sie mir Ihre Wahrheit sagen, aber es gibt da noch eine andere Wahrheit, die jeder kennt: Sie können den Priester nicht ausstehen.«

Nun lehnte sich auch Maria zurück.

»Früher war er mir eher widerwärtig. Aber jetzt hasse ich ihn.«

»Und deshalb, weil Ihnen seine scheinheiligen Spielchen bekannt waren, haben Sie ihm dann diese Szene bei der Beerdigung von Senyora Roderich gemacht.«

»Das wissen Sie auch? Ja, klar, so viel Heuchelei war einfach nicht zu ertragen. Ich hatte seinen Tobsuchtsanfall gegen Ricard miterlebt und gehört, wie er ihn mit den Worten des Katechismus in Grund und Boden verdammte, während er in Wirklichkeit bloß eifersüchtig war.«

»Vielleicht hatte das Mirakel ja Ihren Geist verwirrt?«, schmunzelte der Inspektor, mittlerweile vollkommen entspannt.

»Das hat man Ihnen auch erzählt?« Sie lachte unbefangen. »Du lieber Himmel, was für ein geschwätziges Volk! Ehrlich gesagt, habe ich nichts gespürt, ich kann Ihnen also nicht erklären, wie man sich als Hexe fühlt, aber sogar Úrsula schwört Stein und Bein, sie habe die Geisterschlangen gesehen, erst die weißen und dann die schwarzen, die in mich eingedrungen seien … Unfug. Auf jeden Fall muss mein Zorn wohl mit mir durchgegangen sein, denn ich hätte mich, offen gestanden, nie für so mutig gehalten, den Priester vor aller Welt niederzumachen.«

»Na schön, alles, was Sie sich hier zurechtfabulieren, dient Llorenç Costas Entlastung. Und mit diesem Ziel würden Sie Ihre Aussagen auch in einer Gerichtsverhandlung wiederholen.«

»Selbstverständlich, Herr Inspektor. Vor Gericht oder wo auch immer. Aber wissen Sie, so weit wird man es nicht kommen lassen.«

»Wenn ich es darauf anlege, schon.«

Maria sah ihn einen Moment lang an und schien zu zweifeln, ob sie es mit einem Hasardeur oder mit einem Traumtänzer zu tun hatte. Als brauchte sie Hilfe bei der Lösung einer mathematischen Gleichung, sagte sie dann:

»Inspektor, darf ich Sie auch etwas fragen?«

»Bei diesem Stand der Dinge wünsche ich es mir geradezu.«

»Sie werden sich erinnern, dass Sie mich bei unserer ersten Begegnung aus heiterem Himmel gefragt haben, ob ich mit meinem Onkel in Kontakt stehe.«

»Ich erinnere mich sehr gut.«

»Es ist nur so ein Gefühl, aber Sie wissen ja, das Einzige, was aus männlicher Sicht bei uns Frauen funktioniert, ist die Intuition. War der Bischof die treibende Kraft für die Wiederaufnahme dieses Falles?«

Recader kribbelte es in den Fingern. Senyora Magí spielte Klavier, und ihr Anschlag war präzise.

»Nein, Senyora, die treibende Kraft, wie Sie es nennen, war ich. Aber ich gebe zu, dass Ihre Nase Sie nicht trügt, denn ein paar Tage später trafen sich Ihr Onkel und mein Kommissar – geplant oder zufällig, das sei einmal dahingestellt – und kamen ganz nebenbei auch auf den Fall der Principal zu sprechen. Auf diese Begegnung hin lud Ihr Onkel meinen Vorgesetzten in den Bischofspalast ein, und dort fand eine, gelinde gesagt, höchst merkwürdige Unterredung statt, die den gesamten Verlauf der Ermittlungen beeinflusst hat. Und mich selbst, nebenbei bemerkt, auch.«

»Ich kann mir nicht vorstellen, worum es dabei gegangen sein mag, aber er ist zu allem fähig, das weiß ich.«

Schon seit einer Weile schwankte der Inspektor, ob er es ihr sagen sollte oder nicht.

»Pfarrer Salvador hatte bei Ihrem Onkel, Bischof Roderich, die Beichte abgelegt und während des Sakraments erklärt, selbst Beichtvater eines reuigen Sünders zu sein. Und der habe sich zu einem Mord bekannt, der genau zum fraglichen Zeitpunkt verübt worden sei.«

»Um Gottes willen. Was sind das bloß für Ungeheuer.«

»Ja, für uns, die wir an die Kirche glauben, ist es unbegreiflich, dass zwei hochgestellte Kleriker, und sei es zur Unterstützung der Justiz, ihre kanonischen Pflichten verraten und das Beichtgeheimnis verletzen.«

»Nein, Inspektor, nicht das macht sie zu Ungeheuern. Es sind Menschen ohne Moral, Menschen, die mit ihrer unermesslichen Macht die Moral der anderen kontrollieren, die sich mit einem riesigen Repressionsapparat gegenseitig den Rücken decken, und nur damit sie selbst zügellos ihren Lastern frönen und alles niedertrampeln können, was ihnen in die Quere kommt.«

Während der Inspektor noch dabei war, die Tragweite dieser Worte zu erfassen, fuhr sie schon fort:

»Inspektor, Sie glauben doch nicht im Ernst …? Doch, anscheinend glauben Sie, die hätten das Beichtgeheimnis gebrochen, um Ihnen oder der Justiz zu helfen, nicht wahr?«

»Und Sie, Senyora Magí, glauben Sie das?« Wie gern hätte er sie Maria genannt, nur ein einziges Mal.

»Natürlich nicht, ganz sicher nicht.«

»Sondern?«

»Sie haben eine Möglichkeit gesehen, diesen Mord einem armen Teufel in die Schuhe zu schieben.«

»Und wenn dieser arme Teufel tatsächlich der Mörder wäre?«

»Sie glauben auch nicht, dass er es war.«

»Was verleitet Sie zu dieser Annahme?«

»Das Gespräch, das Sie hier mit mir führen.«

Der Inspektor schmunzelte. Sie war kühn, oh ja, und schlau.

»Mag sein. Aber eines müssen Sie mir erklären: Warum liegt Ihnen so viel daran, diesen Llorenç zu retten?«

»Ach, Herr Inspektor, was Gespür angeht, sind Männer echte Schlafmützen. Haben Sie das immer noch nicht kapiert? Llorenç ist mein Freund, mein Liebhaber.« Mit einem kleinen provokanten Lächeln sah sie den Inspektor an. »Schockiert Sie das? Senyora Roderich treibt es mit einem Schwulen? Aber so ist es, Herr Recader, ich bin verliebt in ihn. Deshalb will ich ihn retten. Sein einziges Verbrechen besteht darin, einen schönen Körper zu haben. Und homosexuell zu sein, oder zumindest zeitweilig.«

»Senyora Magí, über Ihre Gefühle will ich mir kein Urteil erlauben, aber seine Schuld ist dadurch weder bewiesen noch widerlegt.«

Die Unterhaltung nahm beide vollkommen in Anspruch, die Sirupgläser standen vor ihnen, unberührt und so rot wie nie.

»Halten Sie Llorenç für schuldig? Für fähig, diesen Mann auf eine solche Weise zu töten?«

Der Inspektor lächelte.

»Ich hätte ihm zuerst noch ein paar Fragen zu stellen.«

Maria antwortete nicht sofort. Sekundenlang überlegte sie, ob dies der Moment sein könnte, alles auf eine Karte zu setzen.

»Soll ich ihn holen?«

Inspektor Recader dachte, sie wolle sich aufspielen. Das würde sie nicht fertigbringen.

»Können Sie ihn herrufen? Wird er Ihnen gehorchen?« Sein Ton war spöttisch.

Sie straffte sich, schaute ihn an und sagte nur:

»Das ist immer noch La Principal, Herr Inspektor.«

Und damit erhob sie sich. Recader hörte sie die Treppe hinuntergehen, dann war es still. Einige Minuten vergingen. Der Inspektor gestand sich ein, wie sehr ihm diese Frau gefiel. Allein, mutig, entschlossen, ihr Haus und ihren Geliebten zu verteidigen, ohne jeden Beistand. Sie hatte sich in einen Schwulen verliebt, na ja, einen zeitweilig Schwulen, wie sie sagte. Liebe kann manchmal tödlich sein, und diese war es vermutlich, aber man musste zugeben, dass Maria Magí Schneid hatte. Aber warum, zur Hölle, beschäftigte ihn das alles so? Weil eine solche Frau es einfach wert war.

Als die beiden im Salon erschienen, wurde dem Inspektor klar, dass dies sehr wohl immer noch La Principal war. Llorenç ging vorweg und sah aus wie ein Gespenst. Als hätte man ihm die Seele geklaut. Der Inspektor blieb sitzen, im Grunde ärgerte ihn die Sympathie, die er für den Kerl empfand. Es fiel ihm leicht, ein böses Gesicht zu machen, er brauchte ihn nur als Nebenbuhler um die Gunst dieser Frau zu betrachten. Llorenç trat vor ihn, sah ihn scheu an und sagte mit schwacher Stimme:

»Herr Inspektor, ich bitte Sie für mein Benehmen von gestern um Verzeihung. Ich habe die Beherrschung verloren, und wenn Sie gewollt hätten, wäre ich jetzt tot. Ich war so außer mir, ich hätte es nicht einmal gespürt. Entschuldigung.«

»Und ob Sie es gespürt hätten, Herr Costa. Setzen Sie sich«, befahl Recader schroff. »Herr Costa, gestern haben Sie mir wiederholt den Gehorsam verweigert, und wenn Sie heute lebendig vor mir sitzen, dann nur, weil Gott mich daran gehindert hat, Sie zu erschießen. Außerdem möchte ich Ihnen versichern, dass ich Sie, trotz einiger Indizien, von denen Sie weder etwas wissen noch ahnen, keineswegs vorschnell verurteile. Allerdings gibt es im Zusammenhang mit dem Mord an Herrn Nebot Dinge, die auf Sie als Täter hindeuten. Deshalb diese Befragung, ich fürchte, wir sind an einem Punkt angelangt, an dem nur Sie allein den Verdacht entkräften können. Gelingt Ihnen das und sind Ihre Argumente glaubhaft, werde ich Ihnen helfen.« Der Inspektor sprach weiter zu Llorenç, richtete seinen Blick aber auf Maria. »Sie müssen mir vieles erklären und auch peinliche Intimitäten offenlegen. Wenn Sie wollen, kann Senyora Magí so lange rausgehen, damit Sie sich nicht schämen. Ich bin sicher, Sie wird Verständnis dafür haben.«

Llorenç schüttelte den Kopf, streckte den Arm nach Maria aus und griff nach ihrer Hand.

»Herr Inspektor, mir wäre es lieber, sie bleibt. Mein halbes Leben spiele ich Verstecken, und allmählich wird mir das zur Tortur. Wenn ich nicht endlich damit aufräume, fürchte ich …«

»Also gut, wie Sie wollen.« Er schlug eine neue Seite in seinem Notizbuch auf und zückte den Bleistift. »Ich komme direkt zur Sache. Ihre sexuellen Beziehungen zu Herrn Nebot haben wann begonnen?«

»Mit vierzehn habe ich angefangen, voll mitzuarbeiten, und er, als Vorarbeiter, gab mir meine Anweisungen. Er war gleich sehr nett zu mir. Er ließ mich schuften, aber er respektierte mich. Und nach ein paar Monaten ...«

»Hat er Sie beim ersten Mal genötigt?«

»Nein, Senyor, nie.«

»Man könnte also sagen, es geschah in beiderseitigem Einvernehmen?«

»Ja, Senyor, in beiderseitigem Einvernehmen und zum beiderseitigen Vergnügen.« Er sprach es ohne jedes Getue aus.

»Es gab keinerlei Unstimmigkeiten zwischen Ihnen und ...«

Llorenç fiel ihm ins Wort: »Einvernehmen und Vergnügen waren immer beiderseitig.«

Der Inspektor hatte den Eindruck, diese Wiederholung hätte nicht ihm gegolten.

»Als Senyora Magí Sie erwischte, währte Ihr Verhältnis schon mehrere Monate.«

Llorenç nickte.

»Wenn Sie mit Herrn Nebot zusammen waren, ich meine intim, erwähnte er jemals Beziehungen zu anderen Männern im Dorf? Irgendein Scherz, so was wie ›der wildert auch im eigenen Revier‹ oder etwas Ähnliches?«

»Nein. Niemals. Er war immer diskret.«

»Haben Sie Herrn Nebot nach der Nacht seiner Verbannung noch einmal gesehen?«

Llorenç blickte einen Augenblick auf Marias Hand, die er noch immer in der seinen hielt.

»Ja.«

»Würden Sie mir bitte sagen, wann und unter welchen Umständen?«

»Nach Senyora Roderichs Tod war Ricard zurückgekehrt und hatte Arbeit in Rius gefunden. Er kam nicht ins Dorf, weil er befürchtete, Probleme mit Maria und der Nachbarschaft zu bekommen. Nach einer Weile schrieb er mir einen Brief und fragte, ob wir uns treffen könnten.«

»Haben Sie diesen Brief noch?«

»Nein, Senyor, ich habe ihn zerrissen wie auch all die anderen, die er mir aus Frankreich geschickt hatte.«

»Trafen Sie sich in Rius?«

»Nein, in einer Hütte im Magnoliental.«

»Warum dort?«

»Weil man das Tal erreicht, ohne durchs Dorf zu müssen. Ich konnte wegen der Arbeit nicht weit weg und hatte auch kein Geld dafür. Er hatte sonntags frei und verdiente mehr.«

»Hatten Sie Verkehr?«

»Ja.«

»Über einen längeren Zeitraum? Häufig?«

»Ja.«

»Auch in den Tagen vor dem Mord?«

»Ja.«

»Wann genau?«

»Am selben Tag.«

Der Inspektor, der sich Notizen machte, während er die Fragen stellte, hob langsam den Kopf.

»Auch im Magnoliental?«

»Ja.«

»Herr Costa, Sie sollten mir helfen. Seien Sie nicht so einsilbig und lassen Sie sich nicht jedes Wort abringen. Würden Sie mir bitte sagen, ob es in dieser letzten Nacht zum Beischlaf kam und ob Sie danach vielleicht über irgendetwas sprachen, das uns einen Hinweis geben könnte?«

»Wir hatten miteinander geschlafen, das taten wir jedes Mal. Und anschließend blieben wir so lange zusammen wie möglich, hielten uns in den Armen und redeten. Es war unsere Zuflucht. An diesem Tag sagte er, er wolle später noch ins Dorf, er müsse jemanden treffen. Ich erschrak, fragte ihn, ob es denn nicht unvorsichtig sei, sich im Dorf blicken zu lassen. Tatsächlich bat ich ihn, nicht hinunterzugehen, weil ich Angst um ihn hatte. Er beschwichtigte mich und sagte, er werde warten, bis es vollkommen dunkel wäre. Ich machte mir aber trotzdem Sorgen und fragte ihn, was denn so wichtig sei, dass er sich dafür in Gefahr begeben wollte, und bohrte so lange, bis er mir schließlich sagte, er habe etwas mit dem Pfarrer zu klären. Zuerst beließ ich es dabei, aber ich fürchtete, jemand könnte ihn sehen, und versuchte weiter, ihn davon abzuhalten. Zu diesem Zeitpunkt wusste ich noch nicht … Jedenfalls erzählte er mir dann, dass er, bevor er mich kannte, ein Verhältnis mit dem Priester gehabt habe und etwas mit ihm besprechen müsse. Kurz nachdem er aus Frankreich zurück war, hatte Pfarrer Salvador nach ihm gesucht, bis er herausgefunden hatte, wo er arbeitete, und ihn seither nicht mehr in Frieden gelassen. Er wolle einen endgültigen Schlussstrich ziehen, sagte Ricard, weil der Priester ihn anscheinend bedrohte und zu erpressen versuchte, wenn er nicht mit ihm ins Bett ging.«

»Haben Sie ihn weggehen sehen?«

»Natürlich. Wir waren zusammen, bis es fast Nacht war, und als wir ins Dorf hinunterkamen, sah man kaum noch die Hand vor Augen. Er sagte, er würde noch etwas warten, und ich rannte zur Principal, um da zu sein, bevor meine Mutter das Haus schloss, denn die Torflügel sind schwer, und bis heute helfe ich ihr abends immer dabei.«

»Haben Sie ihn in dieser Nacht noch einmal gesehen?«

»Nein, erst am Morgen. Amadeu hatte mich gerufen, weil ich ihm mit einem Sack helfen sollte, den jemand auf der Steinbank draußen vorm Tor abgelegt hatte, und …«

Llorenç' Stimme klang gepresst, und jetzt drückte Maria seine Hand.

»Den Rest weiß ich, Herr Costa, Sie müssen nicht ausführlicher werden. Haben Sie Pfarrer Salvador an diesem Tag gesehen oder gesprochen?«

»Nein, an dem Tag nicht, und dann ist er geflüchtet, ich weiß nicht, wohin, bis der Krieg zu Ende war.«

»Gut, Herr Costa, danke, Sie waren mir eine große Hilfe. Kann jemand bezeugen, dass Sie in dieser Nacht auf der Principal geschlafen haben?«

»Ja, meine Mutter und Caterina.«

»Irgendjemand, der nicht zur Familie gehört?«

»Nein, niemand.«

»Das wird nicht viel nützen. Wer sonst hatte einen Hausschlüssel?«

»Amadeu und sie, nehme ich an … Senyora Magí.«

Maria nickte.

»Gut, dann sind wir jetzt fertig.«

Llorenç wandte sich Maria zu und sah sie eindringlich an, als bäte er sie um Vergebung. Sie begriff, dass noch etwas kommen würde, und ein Schatten glitt über ihr Gesicht.

»Ich bin noch nicht fertig, Herr Inspektor«, sagte Llorenç.

Der Inspektor stutzte, kreuzte wieder die Beine, während er sein soeben zugeklapptes Büchlein noch einmal aufschlug. Er musste einen Augenblick innehalten, gebannt von dem Krimi, den er erleben durfte. Dieser belgische Detektiv wäre vor Neid erblasst.

»Bei meiner Heimkehr aus dem Krieg war ich auf alles gefasst. Nicht dass ich besonders engagiert gewesen wäre, aber ich hatte aufseiten der Republik an der Front gekämpft, und war vielleicht auch vorher schon ein wenig aufgefallen, wenn Sie verstehen, was ich meine.«

Die Miene des Inspektors blieb vollkommen ausdruckslos. Selbstverständlich verstand er.

»Als der Krieg vorbei war und mir nichts passierte, dachte ich, ich hätte Glück gehabt. Später habe ich dann erfahren, dass es ohne den Schutz der Senyora, ohne Maria, dieses Glück nicht gegeben hätte. Meine Rettung war wohl, gleich in den ersten Tagen nach Kriegsende zurückgekommen zu sein, denn andere, die sich weniger hervorgetan hatten als ich, büßen bis heute.«

Llorenç sah Maria an, er hielt es für besser, bei diesem Thema nicht den Inspektor anzusehen, nicht dass der sich provoziert fühlte.

»Gleich nachdem Maria aus Frankreich wieder da war, rief sie meine Mutter, Caterineta und mich zusammen und bedankte sich, weil wir auf ihr Haus aufgepasst hatten. Sie sagte, wir könnten unbesorgt sein, sie würde alles tun, was in ihrer Macht stand, um uns zu beschützen. Aber sie bat uns, und dabei blickte sie mich an, es ihr nicht zu schwer zu machen.« Ohne Maria aus den Augen zu lassen, fuhr er fort: »In diesem ersten Jahr habe ich, um ihr meine Loyalität zu beweisen, ständig meine Regimetreue bekräftigt und mich bemüht, keine Probleme zu bereiten, doch blieb da immer ein dunkler Fleck: der Priester. Ich weigerte mich, einen Fuß in die Kirche zu setzen, was, wie Sie sich denken können, wenig mit dem Glauben zu tun hatte. Ich wusste, dass der Priester Ricards Vertreibung mitveranlasst hatte, also über unsere Beziehung Bescheid wusste, und darum fürchtete ich ihn. Außerdem war ich so gut wie sicher, dass er der Letzte war, der Ricard lebend gesehen hatte. Ja, ich hatte Angst vor ihm, und ich hasste ihn.«

Jetzt schaute er den Inspektor an.

»Sie wissen ja, wer heutzutage nicht zur Messe geht, nicht beichtet und nicht vor aller Welt die heilige Kommunion empfängt, den hat der Priester schnell auf dem Kieker. Ebenso dürfte Ihnen bekannt sein, dass man, wenn man hier auf dem Land ein amtliches Dokument braucht, immer seine Unbescholtenheit nachweisen muss. Und wenn der Gemeindepfarrer einem die nicht bescheinigt, ist man verratzt. Meine Mutter und meine Schwester haben mir ständig in den Ohren gelegen, ich solle doch in die Kirche, zur Messe und demonstrativ zur Kommunion gehen, wir müssten der Senyora helfen, schließlich beschütze sie uns, und schon ihr zuliebe dürfe nicht der Schatten eines Zweifels auf die Principal fallen. Eines Tages, um die Uhrzeit, zu der Pfarrer Salvador seine Beichtstunde abhielt, ging ich hin. Kaum hatte ich mich im Beichtstuhl niedergekniet, sagte der Pfarrer ganz leise, er freue sich, mich zu sehen, er warte schon lange auf mich. Ich gestand ein paar Sünden, um meiner Pflicht zu genügen, aber er fragte mich nach Strich und Faden über mein Intimleben aus, und während er zum Zeichen meiner Absolution das Kreuz schlug, forderte er mich auf, ihn zu Hause zu besuchen.«

»Und sind Sie dieser Aufforderung gefolgt?«

»Na klar.«

»Wieso klar?«

»Da sollte auch Ihnen klar sein. Kurz nach dem Krieg war es genau wie jetzt: Wenn der Priester von deinen Verfehlungen weiß und dir Böses will, bist du verloren.«

»Was geschah dann?«

»Ich ging zum Pfarrhaus. Zuerst war er sehr liebenswürdig. Schmierig liebenswürdig. Bald kam er auf mich und Ricard zu sprechen und versicherte mir, er werde niemals etwas über unsere Sünden verlauten lassen. Er konnte ja nicht ahnen, dass ich auch über seine auf dem Laufenden war, der geile Bock. Dann deutete er an, er habe selbst als Jugendlicher im Seminar einige Erfahrungen gemacht … Na ja, ich erspare mir den ganzen Haufen plumper Annäherungsversuche, schlussendlich sagte er mir, wenn ich wollte, könnte er mir denselben Genuss verschaffen wie Ricard.«

»Herr Costa, ich gehe davon aus, dass Sie wissen, wie ernst und schwerwiegend das ist, was Sie da sagen. Haben Sie ihn danach wiedergesehen oder hatten Sie Geschlechtsverkehr mit ihm?«

»Nein, ich hatte nichts mit ihm und ich war nie wieder in der Kirche. Schon von seinem Anblick wurde mir übel.«

»Wären Sie bereit, das alles vor einem Richter zu bezeugen?«

»Wenn man mich nicht vorher umbringt, ja.«

Der Inspektor lächelte beschwichtigend, steckte sein Notizbuch ein und versprach:

»Niemand wird Sie umbringen, Llorenç. Haben Sie vielen Dank.«

Recader nickte Maria zu, als wollte er ihr versichern, dass nun das Schlimmste überstanden sei, doch da verlangte die Stimme des jungen Mannes erneut nach seiner Aufmerksamkeit:

»Ich bin noch nicht fertig, Herr Inspektor«, sagte Llorenç mit steinerner Miene.

Der Polizist sah ihn scharf an. Er machte dem Jungen keinen Vorwurf daraus, aber die Lage war ihm offenkundig schon seit einer Weile entglitten, und das verstimmte ihn. Nachdem er sich wieder zurückgelehnt hatte, ermunterte er Llorenç mit einer Handbewegung zum Weitersprechen. Es entstand zunächst ein zähes Schweigen, durch das unvermittelt die folgenden Worte dröhnten:

»Gestern war ich bei ihm. Beim Priester.«

Die Zeit stand still. Dann schnappte der Inspektor nach Luft.

»Gestern? Und was, um alles in der Welt, hatten Sie dort zu suchen?«

»Ich habe ihm gesagt, wenn er nicht gegen mich aussagt, kann er mich haben.«

»Und hat er ...?«

»Nein. Wir sind für übermorgen verabredet.«

Stille. Maria sah ihn kopfschüttelnd an.

»So weit wird es nicht kommen, Llorenç, so weit wird es nicht kommen.«

Lluís Recader dachte, dieses Mal könnte Senyora Magí sich täuschen.

19
DAS SPIEL IST AUS

Sonntag, 24. November, bis Montag, 25. November 1940

Erschöpft, aber dennoch entschlossen, an diesem Sonntag seine Nachtschicht zu leisten, betrat Inspektor Recader das Kommissariat. Er war verwirrt. Es sah ganz danach aus, als steuerte der Roman, den er durchlebte, auf ein komplikationsreiches Finale zu. Man musste kein argwöhnischer Mensch sein, es war eher naheliegend. Wollte er Llorenç Costas Version Glauben schenken, und dafür gab es gute Gründe, dann war der Pfarrer der Täter. Unter den aktuellen Umständen einen Priester einzubuchten war allerdings undenkbar, erst recht ohne greifbare Beweise. Alles, worüber er verfügte, waren die Aussagen eines Perversen, dessen Mutter und einer Frau, die sich in einen Schwulen verknallt hatte. Und damit würde er nicht weit kommen. Wenn er etwas erreichen wollte, musste er zwei Regeln beachten. Die erste: absolute Diskretion. Die zweite: Sobald er sich entschied zuzuschlagen, musste der Angriff tödlich sein, unabwendbar, wie der einer Giftschlange. Dafür brauchte er hieb- und stichfeste Beweise. Und die würde er nur an einem einzigen Ort finden: am Schlupfwinkel des mutmaßlichen Mörders, im Pfarrhaus selbst. Schon beim bloßen Gedanken daran erbebte er. Er war überzeugt, bei einer gründlichen Durchsuchung fündig zu werden. Dieser elende Hund fühlte sich so sicher, dass er bestimmt irgendeine Kleinigkeit übersehen hatte. Doch damit betrat Recader ein Minenfeld. Eigentlich genügte der Polizei unter den jetzigen Gegebenheiten ein Fußtritt, um sich Zugang zu jeder beliebigen Wohnung zu verschaffen, für die eines Geistlichen galt dies allerdings nicht. Er würde bei seinen Vorgesetzten eine Genehmigung beantragen müssen, die würden angesichts eines so skandalösen Vorfalls die Verantwortung nicht übernehmen wollen, worauf der Antrag an höhere Instanzen weitergereicht und schließlich beim Zivilgouverneur landen würde, der keinesfalls seine Erlaubnis gäbe, ohne mit dem Bischof darüber verhandelt zu haben. Und sobald Recader in dieses Wespennest gegriffen hätte, würde man ihm Einhalt gebieten. Nein. Er musste mit der Tür ins Haus fallen, es allein riskieren, wie ein Blitz aus heiterem Himmel. Und sein Augenmerk konkret auf zwei Dinge richten: Blutspuren und das Messer, mit dem der arme Mann abgeschlachtet worden war. Und wenn er nichts fand? Wäre es mit seiner Karriere vorbei. Und wenn er Beweisstücke fand? Wäre es auch vorbei. Erst im Morgengrauen schlief er ein.

Als er erwachte, war sein Gehirn noch ganz verfangen in die nächtlichen Grübeleien. Er war in seinem Ledersessel eingeschlummert, und sämtliche Glieder taten ihm weh. Im Aufstehen schaute er auf die Uhr. Viertel vor acht. Er könnte noch einen Kontrollgang machen, bevor die von der Frühschicht kamen. Als er aber sah, dass in Fresnos' Büro bereits Licht brannte, schritt er schnurstracks auf die Tür zu.

Bisher hatte sein Chef stets Vertrauen in ihn gesetzt. Im Kommissariat drehten sich ihre Nachforschungen und alle größeren Polizeieinsätze seit einem Jahr ausnahmslos um die Jagd auf Regimegegner. Und jetzt, da sie endlich einen echten Kriminalfall hatten, der Investigation erforderte, und sein Vorgesetzter voll und ganz auf ihn zählte, drohte die Sache über ihm zusammenzuschlagen und würde ihm am Ende gar schaden.

Warum Fresnos ihn wohl sprechen wollte? Der Oberst wusste im Grunde wenig über den Fall und seine Entwicklung; der letzte Bericht, der ihm vorgelegen hatte, war mehrere Tage alt. Bevor Recader zu ihm hineinging, fasste er in seine Jackentasche. Zum Glück hatte er sein Büchlein bei sich, falls der Oberst bestimmte Einzelheiten genauer wissen wollte. Er klopfte an die Tür und hörte die heisere Stimme des Kommissars:

»Herein.«

Der Gestank nach Ideales war atemberaubend. Normalerweise rauchte der Hauptkommissar nicht schon am frühen Morgen, aber jetzt war alles vom Qualm vernebelt. Fresnos sortierte Papiere, er wirkte beschäftigt, nicht verärgert.

»Setzen Sie sich, Recader, setzen Sie sich, und machen Sie die Tür gut zu.«

Das will etwas heißen, dachte der Inspektor.

»Einen Augenblick noch, wir werden uns eine Weile unterhalten müssen, und ich würde gern vorher diese Unterlagen ordnen, die stören sonst bloß.«

Der Inspektor setzte sich, kreuzte die Beine und wartete ab. Der Kommissar verhielt sich so normal, dass Recader abschweifte, er hing der Frage nach, warum er in letzter Zeit so häufig die Beine übereinanderschlug. Früher hatte er das nie getan. Womöglich wollte er dadurch eine Gelassenheit vortäuschen, an der es ihm in Wahrheit mangelte.

Kommissar Fresnos war fertig mit den Papieren, wischte über eine Ecke des Schreibtischs und legte die Füße darauf; dann sah er seinen Inspektor an, flocht die Finger ineinander und ließ die Gelenke knacken. Ein selbstsicherer Mann, der wusste, was Sache war, keine Frage.

»Gut, Recader, das wird ein längeres Gespräch, ich will den Stand der Dinge im Fall Roderich wissen. Also fassen Sie zunächst einmal zusammen, wie weit wir sind.«

Der Inspektor atmete auf: Es handelte sich also um eine ganz gewöhnliche Dienstbesprechung. Es erstaunte ihn nur, dass der Kommissar statt vom Mord auf der Principal plötzlich vom Fall Roderich sprach. Er nahm sein Büchlein heraus, klappte es aber nicht auf. Alles, was es zu berichten gab, wusste er auswendig.

»Herr Kommissar, wir haben es hier mit einem heiklen Fall von unerwarteter Komplexität zu tun. Wie Sie ja wissen, war unser Ausgangspunkt eine Information, die, auch wenn sie gerichtlich nicht verwendbar ist, unseren Verdacht eindeutig auf Llorenç Costa gelenkt hatte. Ich habe mich also darauf konzentriert, so schnell wie möglich Herrn Costas Schuld zu belegen, und bin davon ausgegangen, dank dieses gebrochenen Beichtgeheimnisses rasch zu einem klaren Resultat zu gelangen. Doch was anfangs nach einem Vorteil aussah, hat in der Praxis keinen einzigen Beweis für irgendetwas erbgeben, das über das widernatürliche Verhalten eines Homosexuellen hinausginge. Dagegen sind im Lauf der Ermittlung nach und nach Hinweise aufgetaucht, die ...«

»Herrgott, Recader, ich hatte Sie um eine Zusammenfassung gebeten. Ich vertraue Ihnen und Ihren Ermittlerfähigkeiten und bin sicher, dass Ihre Methoden korrekt sind. Wollen Sie damit andeuten, unser Hauptverdächtiger sei nicht der Täter?«

»Ich glaube nicht, Herr Kommissar. Es gibt genügend Indizien, dass Llorenç Costa in der fraglichen Nacht die Principal nicht verlassen hat.«

Der Kommissar wirkte nicht überrascht.

»Verstehe. Mir kam es gleich seltsam vor, dass der Mörder die Leiche vor dieses Haus gelegt hat. Als wollte er den Verdacht auf Costa lenken. Er mag ja noch so schwul sein, aber ein solcher Esel? Und haben wir einen Verdächtigen als Ersatz für den, auf den uns der Beichtvater gebracht hat?«

»Ja.«

»Verflixt, Recader, dann spucken Sie es endlich aus.«

Der Inspektor schwieg einen Moment. Sein Kommissar sollte erkennen, dass er nicht auf den Kopf gefallen war.

»Irgendwie habe ich das Gefühl, als ob Sie das schon wüssten, Herr Kommissar.«

Nun verfiel der Kommissar in Schweigen. Zuerst zeichnete sich der Anflug eines Lächelns auf seinem Gesicht ab. Dann nahm er die Füße vom Tisch und stand auf. Das Lächeln verschwand, an seiner Stelle erschien ein missmutiger Ausdruck, die Augen wurden schmal, und schließlich war das ganze Gesicht eine zornige Grimasse. Der Inspektor konnte das Unwetter, das gleich über ihn hereinbrechen würde, schon vorausahnen.

»Verdammt, Recader, Sie haben irgendwie das Gefühl, ich wüsste es? Richtig geraten. Natürlich weiß ich es! Hören Sie? Und ob ich es weiß!« Er brüllte bereits, lief rot an und schob die Hemdsärmel bis über die Ellbogen hoch. »Wer soll es denn sonst gewesen sein, wenn nicht dieser Hurensohn von Gemeindepfarrer?«

Der Inspektor starrte ihn an und fragte sich verblüfft, wie er zu diesem Schluss gekommen sein mochte, sagte aber wohlweislich nichts. Er hatte den Donner vernommen, jetzt würde der Blitz niedergehen. Die Halsschlagader des Kommissars schwoll zusehends an. Seine Stimme wurde noch lauter, höher und kratziger:

»Und wissen Sie auch, warum ich das weiß?« Noch höher: »Wissen Sie, warum, verdammt noch mal, ich das weiß, Recader?« Fast schrill: »Warum sogar ein vertrottelter Soldat wie ich, der mit den Eiern denkt und nur was von Blutbädern versteht, das weiß?« Schweigen. »Weil nicht einmal Gott bestreiten wird, dass, wenn sich ein Verdacht, der auf einem Bekenntnis im Beichtstuhl beruht, als falsch erweist, ein solcher Frevel nur auf jemanden zurückzuführen ist, der einen anderen beschuldigen will, um sich selbst zu schützen.« Jetzt kam auch noch ein Sprühregen aus Speichel hinzu. »Und wenn das so ist, dann muss dieser Drecksskerl ein viel gefährlicherer Perverser sein als der, den wir bisher im Auge hatten, denn was sonst sollte das Motiv sein, wenn nicht die Widerwärtigkeiten dieses sittenlosen Packs?« Er schnappte nach Luft und begann zu husten.

Mit einem Mal empfand der Inspektor Sympathie für diesen abgehalfterten Offizier. Doch der Oberst nahm seinen Monolog wieder auf, und wie ein guter Schauspieler, der weiß, wann er die Spannung nicht mehr steigern kann, senkte er die Stimme jetzt fast zu einem Flüstern.

»Und damit habe ich Ihnen noch längst nicht alles gesagt, Sie Pflaume von einem Ermittler. Soll ich Ihnen verraten, warum ich so genau weiß, dass er der Schuldige ist? Weil Bischof Roderich, der Schweinehund, mich am Samstagabend um zehn Uhr angerufen und mir nahegelegt hat, den Fall zu den Akten zu legen. Und als ich diesem Lackaffen zur Antwort gab, er solle sich seinen Hirtenstab in den Hintern schieben, das sei unsere Angelegenheit, und wir täten, was wir tun müssten, kicherte er wie ein hysterisches Weib und nannte mich einen armen Tropf. Und wissen Sie auch, warum er kicherte, Sie Möchtegern-Inspektor? Nun, ich lag kaum im Bett, ohne Frau und ohne den Beistand eines Heiligen, als der Zivilgouverneur und Kopf der Nationalen Bewegung höchstpersönlich bei mir anrief und mir befahl – ich wiederhole: befahl –, die Ermittlungen umgehend einzustellen und sämtliche Unterlagen zu verbrennen oder zu vernichten. Seine Exzellenz der Zivilgouverneur legte auf, ohne gute Nacht zu sagen. Friss, Vogel, oder stirb. Meinen Glückwunsch, Inspektor, niemand hätte bessere Arbeit leisten können als Sie. Und wenn ich trotzdem brülle, dann nur, weil ich zu gern jemandem in die Eier treten würde, erschrecken Sie nicht, damit meine ich nicht Sie. Ich gratuliere Ihnen von ganzem Herzen. Also: Erheben Sie sich!«

Der Kommissar wirkte angeschlagen. Recader stand auf und nahm Haltung an. Er sah den Kommissar das Jackett anziehen, einige Schritte auf sich zu kommen, strammstehen und militärisch grüßen.

»Es ist mir eine Ehre, mein Vertrauen in Sie gesetzt zu haben, Inspektor Recader, eine wirkliche Ehre. Ich beglückwünsche Sie ehrlich und versichere Sie meiner Hochachtung, denn mehr kann ich Ihnen nicht bieten.«

»Ja, Senyor, danke, Senyor.«

»Und ich empfinde es als Schmach, als große Schmach, Ihnen diese Anweisung geben zu müssen: Beenden Sie sofort die Ermittlungen zu diesem Fall, vergessen Sie alles, was Sie wissen, und verbrennen Sie alle Dokumente und Berichte darüber. Verstanden?«

Der Kommissar gab seine soldatische Haltung auf und schloss Recader in die Arme. Dem Inspektor kamen fast die Tränen.

»An die Arbeit, also. Gibt es Akten, Beweise …?«

»Nein, Senyor.«

»Dann können Sie jetzt gehen.«

Der Inspektor wandte sich zur Tür und stockte mit einem Mal:

»Senyor, es gibt dieses Notizbuch, Senyor.«

Der Kommissar hob nicht einmal den Kopf.

»Inspektor«, im Kasernenhofton, »habe ich irgendetwas bezüglich eines Notizbuchs gesagt? Sind aus meinem Mund Silben gekommen, aus denen sich das Wort No-tiz-buch bilden ließe?«

»Nein, Senyor.«

»Also, Inspektor?«

»Zu Befehl, Senyor.«

»Wir werden diese Angelegenheit nie wieder erwähnen, denken Sie daran, nie wieder. Eine solche Schande gehört in ein tiefes Loch und unter Ätzkalk begraben.«

Der Inspektor ging hinaus, und als er eben die Tür hinter sich zuziehen wollte, hörte er den Kommissar noch sagen:

»Heben Sie es gut auf. Vielleicht werden Sie es eines Tages gebrauchen können.«

Auf dem Weg in sein Büro lächelte der Inspektor. Im Grunde war ihm ein Stein vom Herzen gefallen. Zwar hatte man ihm seinen Krimi vermasselt, aber er wusste auch, dass ihn dieser Fall seine Karriere gekostet hätte. Er setzte sich an seinen Schreibtisch und dachte an Maria Magís Worte: »So weit wird es nicht kommen, Llorenç, so weit wird es nicht kommen.«.

Ja, diese Frau war sehr schlau.

20

EINE NACHRICHT VERBREITET SICH

Mittwoch, 27. November 1940

»Úrsula, Úrsula, der Priester hat sich erhängt, die Haushälterin hat ihn in seinem Esszimmer gefunden. Úrsula, wo zum Kuckuck bist du?«

Neus hatte im Laden von Roser Grau Hülsenfrüchte und Zwiebeln eingekauft, als sich die Nachricht wie ein Lauffeuer verbreitete. Úrsula saß in der Küche und aß einen Kanten in Wein getauchtes Brot. Sie musste es ziemlich lange einweichen, ihre wenigen Zähne auf der linken Seite wackelten alle, und rechts hatte sie gar keine mehr, aber ein Stück Brot wegzuwerfen war schlimmer als jede Sünde. Der Wein machte altes Brot genießbarer und das Hirn klarer.

»Hast du mich nicht gehört? Man hat den Priester gefunden, aufgehängt an einem Eisenträger, er hatte sich in die Hose gepinkelt, und die Zunge hing ihm aus dem Mund.«

Ein Priester, der Selbstmord beging, war für Neus schon ein Widerspruch in sich, aber dass er sich obendrein in die Hose gemacht hatte, erschien ihr geradezu diabolisch. Sie sah Úrsula an, die zunächst nicht reagierte. Erst nach ein paar Sekunden hob die alte Amme misstrauisch den Kopf.

»Pfarrer Salvador? Das glaube ich nicht, Neus, Priestern ist es verboten, sich umzubringen.«

»Sie werden das mit aller Macht vertuschen, Úrsula, du wirst sehen. Aber Atanàsia hat heulend erzählt, er habe mit nasser Hose dagehangen, und in der Pfütze auf dem Boden habe ein Zettel gelegen. Den hat bisher nur der Bürgermeister gelesen, aber« – sie senkte die Stimme – »wie es heißt, steht darauf ein Geständnis.«

»Wenn das stimmt, was du sagst, möge Gott ihm vergeben. Der

arme Mann. So ein frommer Priester, und nun darf er weder in den Himmel noch in geweihter Erde ruhen.«

Sie zog ein bekümmertes Gesicht und begann, immer noch kauend, ein Gebet zu murmeln. Die schiefe Falte auf Úrsulas Stirn blieb glatt und vertiefte sich trotz ihrer Leichenbittermiene nicht. Neus betrachtete sie und hatte das dumpfe Gefühl, Úrsula sei von der Neuigkeit nicht halb so betroffen, wie sie tat.

FINALE

21
DIE ASCHE ERINNERT SICH

2001

»Achte auf den Druck. Wenn du siehst, dass er zu hoch wird und den eingestellten Wert übersteigt, rufst du sofort den Techniker an, damit er schnellstens herkommt.«

Joan steht wie angewurzelt da und starrt auf das Manometer der Presse. Vor wenigen Tagen hat sie derselbe Defekt über fünfzig Liter des besten Weines gekostet.

Senyora Costa schlendert weiter entlang der Gärbottiche durch die Bodega. Der Jetlag setzt ihr zu; auf der Fahrt vom Flughafen hierher wäre sie zweimal fast eingenickt. Vor Tank 41 steht ihr Önologe, ein ernster Mann mittleren Alters, dem seine Erschöpfung anzusehen ist. Die Weinlese ist fast abgeschlossen und er bestimmt am Ende seiner Kraft, denkt Maria.

»Hallo, Marcel. Ich muss dich mal kurz sprechen. Ich bin heute Morgen aus den Staaten zurückgekommen, wo der neue Jahrgang übrigens großen Anklang gefunden hat. Und jetzt habe ich einen Rundgang durch die Bodega gemacht und würde gern ein paar Dinge abklären, bevor ich nach Hause gehe. Wenn du hier fertig bist, erwarte ich dich in meinem Büro.«

»Ich brauche noch fünf Minuten.«

»Dann gehe ich schon mal vor.«

Ihr Schreibtisch ist aufgeräumt. So hat sie ihn hinterlassen. Im Scherz sagt sie gern, wo mentale Unordnung herrsche, sei logistische Ordnung unentbehrlich. Sie setzt sich und fährt den Rechner hoch. Dann öffnet sie ihre Aktentasche und entnimmt ihr eine Menge Papiere. Nachdem sie Mercé gebeten hat, Fotokopien von den mitgebrachten Unterlagen über den amerikanischen Markt zu machen und sämtliche Dokumente und Quittungen einzuscannen, die ihre Ausgaben belegen, sortiert sie die Visitenkarten und Prospekte ihrer neuen Kontakte in eine Ledermappe ein. Auf der einen Seite des Tisches stapelt sie die Werbebroschüren der Kellereien, die sie besucht hat, um sie sich später anzusehen; sie möchte Bescheid wissen über das, was die anderen machen. Um die Zeit zu nutzen, sieht sie auch gleich noch ihren Terminkalender für die nächsten Tage durch.

Als Marcel eintritt, fordert sie ihn auf, Platz zu nehmen, und kommt unumwunden auf die Dinge zu sprechen, die sie beschäftigen. So ist sie schon immer gewesen, ihre Leute kennen sie nicht anders: ohne große Vorreden direkt zur Sache.

»Marcel, wie weit sind wir mit der Gärung?«

»Wir liegen gut in der Zeit. Bei der Cariñena ist der Zucker schon niedrig und die Säure beinahe normal. Die Garnacha ist dieses Jahr sehr reif und wird länger brauchen, aber mit größeren Schwierigkeiten ist eigentlich nicht zu rechnen.«

»Das heißt, wenn wir mit der Gärung zügig vorankommen, können wir bald in Fässer umfüllen?«

»Ich denke, in spätestens vierzehn Tagen ist alles durch die Kelter.«

»Dann haben wir ein Problem, denn vorhin habe ich einen Blick auf die aus Frankreich eingetroffenen Fässer geworfen und festgestellt, dass sie uns entweder missverstanden oder sich geirrt haben. Über die Hälfte ist stark getoasted, und damit können wir, wie du weißt, nichts anfangen. Ich habe mir von Mercé die E-Mail mit unserer Bestellung zeigen lassen, ob wir vielleicht einen Fehler im Französischen gemacht haben, aber es war völlig korrekt: Wir haben alle mit mittlerem oder schwachem Toasting bestellt. Ich verstehe nicht, wie du sie annehmen konntest.«

»Ich habe sie nicht kontrolliert. Normalerweise kann man sich auf diese Leute verlassen. Bist du denn sicher?«

»Und ob. Du kannst sie dir ja nachher selbst ansehen, aber ohne mich, ich bin schlagkaputt, ich kann mich kaum noch auf den Beinen halten. Ich sage nur noch Mercé Bescheid, sie soll ihnen ein Fax mit Zustellungsnachweis schicken, dass sie die falsch gelieferten Fässer wieder abholen sollen.«

»Was eine Verzögerung von fünfundzwanzig bis dreißig Tagen bedeutet. Das wird zeitlich eng. Und wenn sie dir sagen, sie haben keine anderen vorrätig?«

»Marcel, ich bin sehr zufrieden mit deiner Arbeit als Kellermeister. Aber ich darf dich daran erinnern, dass ich dir nur eine Entscheidung aufzwinge, die du längst selbst hättest treffen müssen.«

»Entschuldige, Maria, ich habe es einfach nicht bemerkt. Tut mir leid.«

»Auch dafür bist du zuständig, Marcel. Du bist hier der Kellermeister und trägst die Verantwortung für den gesamten Ablauf. Du kannst so etwas nicht den Arbeitern überlassen, die keine Ahnung von den Röstgraden haben, die wir brauchen. Ich habe nichts dagegen, wenn du Aufgaben delegierst, sofern du immer die letzte Kontrolle durchführst.«

Marcel schweigt.

»Entschuldige, Marcel, ich brauche dich, und du weißt viel mehr als ich. Aber seit ich die Geschäftsführung dieser Kellerei übernommen habe, gibt es hier eine Unternehmensphilosophie, der wir zu folgen haben, eine schnurgerade Linie in die Zukunft. Was ich damit sagen will, ist, dass die zahllosen Entscheidungen, die es bei der Herstellung eines Weines zu treffen gilt, angefangen bei der Bodenbeschaffenheit bis hin zur Qualität der Maische, alle darauf ausgerichtet sein müssen, diese Linie weder zu unterbrechen noch von ihr abzuweichen. In Pous und der Abadia haben wir Weinberge, die einen hervorragenden Most geben, was uns Winzer und Sommeliers im weiten Umkreis bestätigen. Und das sollten wir dann aber auch nutzen. Wir können erstklassige Weine herstellen, Produkte dieser Gegend, die man nicht mit übermäßig geröstetem Holz zu maskieren braucht. Wir hatten schwaches Toasting vereinbart, um das reiche Aroma nicht zu beeinträchtigen und die Tannine nicht überzubetonen. Mir ist schon klar, dass wir mit dem gesamten Prozess in Verzug geraten, wenn wir jetzt auf neue Fässer warten müssen. Aber dann ist das eben so. Sind wir uns einig?«

»Du hast recht, verzeih mir. Die Traubenlese ist immer mit viel Stress verbunden, und am Ende weiß man nicht mehr, wo einem der Kopf steht, und wird nachlässig ...«

»Marcel, ich bitte dich. Das weiß ich doch, und vielleicht dürfte ich auch gar nicht so mit dir reden. Ich bin zu erledigt, um objektiv zu sein oder meine Worte auf die Goldwaage zu legen. Vergib mir, wenn ich zu weit gehe, aber jetzt, wo du richtig müde bist, beginnt die kritischste Phase des ganzen Prozesses, und eine falsche Entscheidung kann die ganze bisherige Arbeit zunichtemachen.«

Marcel lächelt, steht auf und sagt nur noch:

»Maria, du hast vollkommen recht, ich habe verstanden, aber mach mir nicht noch mehr Schuldgefühle.«

Maria verlässt die Bodega und steigt in den Lexus. Wäre nicht das Gepäck im Kofferraum, fände sie es albern, für hundertfünfzig Meter das Auto zu nehmen, aber sie ist fix und fertig.

Als sie aus dem Aufzug tritt, der sie direkt in ihr Appartement bringt, trifft sie dort Dolors beim Putzen an. Obwohl es halb vier ist, fragt Dolors, ob sie ihr etwas zu essen machen soll.

»Nein, danke, Dolors, von diesen Zeitverschiebungen, der Fliegerei und dem Essen ist mein Magen ganz durcheinander. Ich will nur noch ins Bett. Sag meinem Vater, ich hätte mich erst mal hingelegt und käme dann zum Abendessen. Und wenn ich um acht noch nicht unten bin, rufst du mich.«

Kaum hat sie sich auf dem Bett ausgestreckt, fällt sie sofort in diesen bleiernen Schlaf, der einen nach zu langen Flügen überkommt. Und als vier Stunden später Dolors hartnäckig ihren Namen ruft, ist ihr Gehirn wie von einem Netz umschlossen, ihr Mund fühlt sich klebrig an, die Muskeln sind kraftlos, und beim Aufstehen taumelt sie leicht. Sie denkt, abgesehen vom Jetlag würde sie wohl auch einfach älter. Sie wäscht sich das Gesicht, reibt sich die Augen, zögert kurz und beschließt dann, die Feuchtigkeitscreme erst später vor dem Zubettgehen aufzutragen. Gewissenhaft begutachtet sie ihre Haut. Ein Tag wie dieser hinterlässt natürlich seine Spuren. Sie schlüpft in eine Jeans und geht hinunter ins Zwischengeschoss.

Ihr Vater erwartet sie am gedeckten Tisch.

»Hey, wie geht es dem Herrn des Hauses? Entschuldige, dass ich nicht gleich reingeschaut habe, aber ich fühle mich wie gerädert.«

»Dolors sagte mir schon, dein *Tscheckleck*, wie sie es nennt, sei diesmal besonders schlimm. Hattest du keine gute Reise?«

»Doch, es lief alles wie geschmiert. Im Grunde bin ich selbst schuld, weil ich direkt von Los Angeles nach Hause wollte, ohne einen Tag Zwischenstopp in New York einzulegen. Das Umsteigen, die Zeitzonen, das schlechte Essen, immer zur Unzeit, und sobald du eingenickt bist, wirst du geweckt, weil die nächste Landung ansteht oder dir irgendwas angeboten wird ... Nie wieder!«

»Du musst es gemächlicher angehen lassen.«

»Ja, das Gefühl habe ich auch. Mit der Gemächlichkeit einer Sechzigjährigen.«

»Na, hör mal, du wirst doch einem Greis von über neunzig Jahren nicht die Beschwerlichkeiten deiner sechzig aufzählen wollen.«

»Schon recht. Damit willst du wohl andeuten, dass es gerade erst anfängt, mit mir bergab zu gehen.«

»Ganz genau, also verschone mich mit Klagen über deine Alterserscheinungen.«

»In Ordnung, wie fühlst du dich denn?«

»Wenn ich hier sitze und lese, nachdenke oder fernsehe, fühle ich mich großartig. Wenn ich aufstehe und eine Runde durchs Haus drehe, einen Blick in die geschlossenen Räume werfe, mir unten den alten Salon anschaue und das, was von der Küche noch übrig ist, in das Zimmer gehe, das jahrelang mein Schlafzimmer war, dann komme ich ganz zittrig wieder hier oben an, und die Beine versagen mir fast den Dienst. Aber wenn ich meinen verwegenen Tag habe und hinaus auf die Straße gehe, um mich auf eine der Steinbänke zu setzen und Leute zu grüßen, die mich nicht mehr kennen, oder es wage, ein Stückchen spazieren zu gehen, dann bin ich bei meiner Rückkehr nur noch ein klappriger alter Mann, der sich das Ende herbeiwünscht.«

Maria schaut ihn liebevoll an und erinnert sich, wie er fünfzig Jahre zuvor gewesen war, mit Anfang dreißig wie ein großes Kind.

Stark, zärtlich, verspielt. Es muss hart sein, dem Hohn der Erinnerung standzuhalten. Diese muss schwer auf seinen Schultern lasten, vor allem, weil er im Kopf so klar ist. Am Nullpunkt wirst du geboren, und zum Nullpunkt kehrst du zurück. Du weißt, wann du den Nullpunkt hinter dir lässt, aber nicht, wann und wie du wieder zurückkehren wirst. Gedankenverloren fragt sie sich, an welcher Stelle ihres Lebens der Gipfel erreicht war und der Abstieg begonnen haben mochte. Wann hat sie aufgehört zu leben und angefangen zu sterben? Úrsula sagte schon seit vielen Jahren, sie sterbe vor sich hin. Wann geht es damit los? Mit fünfzig? Womöglich schon mit vierzig? Noch früher?

»Maria, woran denkst du?«

»An die Bank vorm Haus.«

»Die Bank? Für einen Augenblick hast du ausgesehen, als wärst du weggeschlafen, oder zumindest weggeträumt.«

»Papa, das Wort weggeträumt gibt es nicht. Das steht ganz bestimmt in keinem Wörterbuch.«

»Da höre sich mal einer diese Schlaumeierin an, eine zur Managerin verkommene Frau Dr. phil.! Worüber habt ihr euch denn unterhalten, die Bank und du?«

»Ich weiß nicht, nachdem ich deine Geschichte gelesen habe, werde ich ganz ehrfürchtig, wann immer ich das Haus verlasse und sie dort stehen sehe, ungerührt vom Lauf der Zeit, von uns …« Maria will nicht über den Tod reden. Lieber improvisiert sie. »Es klingt vielleicht blöd, aber es ist, als hätte ich jetzt so etwas wie Respekt vor ihr. Sie mag ein unbeseeltes Ding sein, wie die behaupten, die uns für beseelt halten, aber wenn ich an ihr vorbeigehe, habe ich das Gefühl, die Bank beobachtet mich, mein kleines kurzes Leben, die Aufregungen, die mich Tag für Tag antreiben und doch so sinnlos sind. Sie muss mich lächerlich finden, ein Glied mehr in der absurden Kette, mit der unsere Familie an dieses Haus gefesselt ist. Dieser alte Stein hat viel Zeit gehabt, uns zuzuschauen, eine Generation nach der anderen haben wir uns ihm mit all unserem Ehrgeiz, unseren Hoffnungen, unserer Niedertracht, unserer Grausamkeit offenbart. Fast schäme ich mich, daran vorbeizugehen, Papa.«

»Los, iss, und dann ab ins Bett.«

»Gemeiner Sack, ich versuche mich hier in geistigen Höhenflügen, und du, ein zum Schriftsteller verkommener Knecht, musst mich mit deiner Eifersucht auf den Boden der Tatsachen zurückreißen. Aber ich mag dich, Papa. Das weißt du. Na, dann lassen wir uns mal Dolors' Fleischbrühe schmecken, die wird uns die Seele wärmen ...«

»Die wir ja angeblich haben.«

»Zumindest ist das eine schönere Bezeichnung als zerebraler Mischmasch aus Ribonukleotiden.«

»Oje, Maria, du solltest unbedingt schlafen gehen.«

»Den Gefallen tu ich dir nicht. Wir nehmen uns selbst, Dolors, danke. Willst du noch? Ein paar von den dicken Nudeln? Du wirst mich weiter ertragen und dich mit mir unterhalten müssen, denn jetzt bin ich hellwach. Sogar Dolors weiß, dass man bei Tscheckleck nachts nicht schlafen kann. Du musst also leider durchhalten.«

»Damit habe ich bekanntlich kein Problem. Wenn Úrsulas Rechnung stimmt, brauche ich nur noch etwa eine halbe Stunde Schlaf.«

»Ach ja, Úrsula. Jetzt, da ich sie ein bisschen besser kenne, bedaure ich, sie nicht mehr erlebt zu haben.«

»Du hast sie knapp verpasst. Sie starb kurz nachdem Maria – was für ein Kuddelmuddel mit all den Marias – dich zur Welt gebracht hatte. Ihr Tod war ihrer Persönlichkeit sehr angemessen. Ich wohnte bereits oben, wie ein Gutsherr.« Er grinst. Maria blickt ihn an. Ihr Vater hat schon immer etwas von einem Halbstarken gehabt, findet sie. »Bis deine Mutter im vierten Monat war, bin ich zwar jeden Abend zu ihr ins Bett gekrochen, aber nicht eingezogen. Sie hatte mich auch nie darum gebeten. Und im Nachhinein glaube ich, sie wollte dadurch vor allem mir das Leben erleichtern. Trotzdem hatte ich den Wunsch, während der Schwangerschaft an ihrer Seite zu sein, ihr beizustehen. Damals fand ich noch, Kinder seien Sache beider Eltern, was im Grunde Unsinn ist. Wir Väter sind Nebenakteure, die Hauptlast tragt ihr Frauen ... Und jetzt habe ich meinen Faden verloren … Wo waren wir? Ah ja, ich brachte also meine Klamotten nach oben, und von diesem Moment an war ich für Úrsula nur noch Senyor Llorenç. Und meine Mutter durfte meine Wäsche nicht mehr waschen, weil die der Herrschaft Úrsulas Aufgabe war. Ich weiß nicht, ob es irgendein besonderes Datum war, jedenfalls kam sie eines Tages herauf, sah aus wie immer, hinkte nicht stärker als gewöhnlich und wirkte auch sonst nicht hinfällig. Sie trat vor uns hin – Maria hatte dich auf dem Arm –, wartete, bis wir sie ansahen, und sagte so steif und förmlich, wie sie nur konnte: ›Senyor Llorenç, mein geliebtes Kind, ich glaube, morgen sterbe ich.‹ Sie machte eine Pause, die wir nicht zu unterbrechen wagten, so feierlich schien sie uns, und fuhr dann fort: ›Ich will keine Priester und keine Zeremonien. Ich möchte grau angezogen werden. Wenn möglich, aber nur, wenn es keine Umstände macht, würde ich gern neben Senyora Blanca und Senyor Andreu die ewige Ruhe finden. Das ist alles, was ich noch zu sagen habe. Und, Kind, ich kenne dich, wehe, du versuchst, mein Ableben zu verhindern.‹

Dabei beließ sie es. Sie nahm dich in die Arme, gab ulkige kleine Laute von sich, um dich zum Lachen zu bringen, kniff dich in die Wange, gab dir einen Kuss und wandte sich ab. Wir standen da wie gelähmt. Als wir uns ansahen, lächelte keiner von uns, beide wussten wir, dieser Abschied war endgültig. Auf der Schwelle drehte sie sich noch einmal um und sagte: ›Kind, ich sehe, dass du glücklich bist. Ich kann leichten Herzens gehen.‹ Und damit verschwand sie.

Am folgenden Tag brachte deine Mutter dich mit all deinen Sachen in die Küche und richtete sich dort mit dir ein, für den Fall, dass sie irgendwie hätte eingreifen können. Úrsula benahm sich, als fühlte sie sich nicht beobachtet, und hantierte den ganzen Vormittag herum. Um zwölf Uhr mittags sagte sie zu deiner Mutter: ›Ich gehe nach oben und staube den Klavierdeckel ab, jetzt, wo die Sonne scheint, sehe ich mehr.‹ Deine Mutter brach in Tränen aus wie ein kleines Mädchen. Jetzt wurde es ernst. Wir sagten Neus, wir würden in der Küche essen, um Úrsula im Auge zu behalten. Úrsula sagte, sie wolle nichts essen, so sei sie besser vorbereitet. Nachdem sie uns serviert hatte, bat sie deine Mutter, dich eine Weile halten zu dürfen. Neus räumte die halbvollen Teller ab, und Úrsula sagte, den Abwasch übernehme sie. Wir sahen ihren Rücken, während sie vor dem Spülbecken stand und flink die dünnen Ärmchen bewegte. Anschließend richtete sie mit selbstverständlicher Geste ihren Dutt, sah uns an und sagte entschieden: ›Ich gehe.‹

Niemand folgte ihr. Wir blieben alle in der Küche, und wie du dir vorstellen kannst, waren Neus, Caterina und deine Mutter in Tränen aufgelöst. Die Einzige, die nicht weinte, warst du. Genau eine Stunde später meinte deine Mutter: ›Neus, geh und sag dem Pfarrer, er soll die Totenglocke läuten.‹ Meine Mutter antwortete erschrocken: ›Ohne nachzusehen, ob sie wirklich tot ist?‹ ›Neus! Geh zum Pfarrer und sag ihm, er soll die Totenglocke läuten.‹

Meine Mutter, die es gewohnt war zu gehorchen, bekreuzigte sich, als sie an Úrsulas Tür vorbeiging, traute sich aber nicht, das Zimmer zu betreten. Wir blieben in der Küche, und als Neus wieder hereinkam, begann die Glocke langsam zu schlagen. Wir saßen alle nur da, sprachen kein Wort und warteten einfach. Die Totenglocke verklang, deine Mutter stand auf und sagte: ›Kleiden wir sie an.‹ Die drei Frauen gingen hinaus, und ich durfte nicht mitkommen, weil es Dinge gab, die Männer nicht sehen sollten.

Wir begruben sie am nächsten Tag. Ich weiß nicht, wie deine Mutter es bewerkstelligt hatte, dass sie in der Familiengruft beigesetzt werden konnte, denn in der damaligen Zeit durfte niemand ohne Messe oder Trauerzeremonie auf dem Friedhof beerdigt werden. Die riesige Gruft der Roderichs war wie ein breiter Gang, in dem die Gräber paarweise angeordnet waren, rechts die Frauen, links die Männer, keine Ahnung, warum. Die neueren Grabsteine waren die von Großmutter Roderich und ihrem Narcís, der von Blanca Basses befand sich an zweiter Stelle neben dem von Andreu, und so weiter und so fort, ich weiß nicht, wie viele Generationen. Deine Mutter ließ zwischen den beiden eine weitere Grube ausheben und die Ursuline Paquita Farrés Grau dort bestatten. Ich erinnere mich, als wäre es gestern gewesen, wie deine Mutter zum Schluss sagte: ›Hier ist ihr Platz.‹«

Marias Augen schimmern feucht.

»Unglaublich. Weißt du, wenn ich deine Geschichten höre, kommt es mir so vor, als wären diese Menschen ... anders gewesen, besonders, aus heutiger Sicht fast exotisch. Unter den Leuten, die ich kenne, gibt es niemanden mit so vielen ... Eigentümlichkeiten? ... wie Úrsula. Weißt du, die Geschichte, die du mir zum Lesen gegeben hast«, lachend präzisiert sie, »die zu lesen du mich genötigt hast, hilft mir womöglich, meine eigene innere Geografie zu begreifen. Ich habe meine Erinnerungen und Erfahrungen, meine selbst gebildeten Urteile und Vorurteile, meinen Bezug zu diesem Haus mit seiner überladenen Einrichtung, den unsäglichen Bildern und massenweise nutzlosem Kram, der mir vermutlich vieles erzählt hat, ohne dass ich es mitbekommen habe. Wie ein riesiges Puzzle, das zusammenzusetzen mich, nebenbei bemerkt, nie gereizt hatte. Und auf einmal ist mir, als hätten dank deiner Geschichte jetzt alle Teile in meinem Kopf ihren Platz, wie die Alte gesagt hätte. Jedes für sich sagte mir gar nichts, doch in der Gesamtheit lassen sie mich besser verstehen, wer ich bin.«

»Gut, dann war es ja zu etwas nütze. Übrigens solltest du mal anfangen, die Alte Großmutter nennen. Du musst dich irgendwann mit ihr versöhnen.«

»Genau, und soll ich vielleicht auch noch den Arm zum Römergruß recken? Allerdings muss ich zugeben, dass ich sie nach diesem überzuckerten Bild, das du von ihr gezeichnet hast, mit etwas anderen Augen sehe ... Aber Vorsicht, für eine Faschistin halte ich sie immer noch. Sicher hat sie schwere Zeiten durchgemacht, wie jeder andere auch, hätte ich fast gesagt, aber das wäre nicht wahr. Sie hat es viel besser gehabt als die meisten anderen. Aber immerhin hilft mir deine Erzählung zu verstehen, warum Großmutter ..., Moment, noch hast du nicht gewonnen ..., warum die Alte sich in Weltanschauungen flüchtete, die ihr die Gunst der Mächtigen garantierte, denn von ihren Überzeugungen einmal ganz abgesehen, fühlte sie sich in diesen Kreisen auch als Frau beschirmt. Meine Mutter verachtete diese Ansichten später und spuckte darauf, dennoch wusste auch sie, ihren Vorteil daraus zu ziehen. Und wenn ich es ganz genau nähme, nur für dieses eine Mal, müsste ich zugeben, dass ich ja selbst davon profitiere, so hämisch ich meine Vorfahren auch kritisieren mag.«

Llorenç lächelt, weil er seine Tochter diese Dinge sagen hört und weil sie beide diesen Moment teilen, zusammen am Tisch sitzen und einander Einblicke in innere Bereiche gewähren, die sie bislang unter Verschluss gehalten haben. Marias Müdigkeit ist verflogen, sie fühlt sich wohl.

»Großmutter hatte sich in einen untypischen Mann verliebt. Sie hatte keinen handfesten Patriarchen gewählt und sich ihm unterworfen, damit er sie beschützte. Ebenso wenig hatte sie in einer Großstadt Zuflucht gesucht. Sie lebte standhaft in ihrer Heimat, und liebte einen Mann, den sie aus eigensinnigen Gründen schätzte. Mein Großvater Narcís musste das Bedürfnis seiner Frau nach abstrakten Freiräumen gespürt haben, und obwohl sie fast nichts gemeinsam hatten, bemühte er sich, ihr das nötige Rüstzeug zu geben, damit sie ihren eigenen Weg gehen konnte und sich nicht mit dem gesellschaftlich vorgegebenen begnügen musste. Er starb zu früh und hatte nicht die Zeit, alle Fenster aufzureißen.«

»Siehst du, du gehst noch weiter als ich.«

»Und das wundert dich an deiner Tochter.«

»Nein, nein, es macht mich nur neidisch«, sagt er augenzwinkernd. »Aber sprich weiter, was sagst du zu deiner Mutter?«

»Meine Mutter verliebte sich in einen Schwu… nein, in einen Zwitter. Einen, der die gängigen Kategorien sprengt, der weder ein richtiger Homosexueller noch ein testosterongesteuerter Frauenaufreißer ist. Der gute Llorenç schlägt sich auf keine der beiden Seiten, nascht mal hier, mal dort. Bei Licht besehen sind das die Gefährlichsten, sie passen in keine Schublade, sie sind ein Angriff auf die Moral. Meine Mutter verliebte sich also in einen gemeingefährlichen Menschen, und um ihre Gelüste zu befriedigen, setzte sie sich über alle geltenden Normen hinweg und ging das Wagnis dieser Liebe ein. Sagen wir, sie wurde durch Sex zur Rebellin, und dir erging es vermutlich ähnlich. Und nachdem sie sich einmal entschieden hatte, lebte sie mit allen Konsequenzen und ließ sich weder von Bischöfen noch von Mordtaten davon abbringen. Ich kann es ihr, ehrlich gesagt, nicht verdenken.«

»Und wie ist das mit dir?«

»Mit mir? Papa, du bist gemein. Ich bin nie imstande gewesen, mich zu verlieben, jemanden ernsthaft zu lieben, aus Angst, meine Freiheit zu verlieren. Ich habe es nicht so gemacht wie die anderen beiden, ich bin das Risiko nicht eingegangen. Von den drei Marias tauge ich am wenigsten. Oder vielleicht liegt es auch einfach daran, dass ich die Wahl hatte und sie nicht. Ich habe meinen Begierden nachgegeben, wenn mir danach war; vielleicht erzähle ich dir eines Tages davon, du wärst sicher verblüfft. Ich bereue nichts. Ich habe meine Freiheit ausgekostet, und wenn ich manchmal meinen Preis dafür bezahlen musste, habe ich das mit Freuden getan. Na ja, einer erscheint mir schon hoch, denn um die Wahrheit zu sagen, als ich Anfang dreißig war, schrie mein Körper nach einem Kind. Aber ich wollte meine Ansprüche nicht herunterschrauben, und heute vermisse ich eine weitere Maria, die hier herumwuselt, uns nervt und sich mit ihren Pubertätsproblemen in unsere geriatrischen Beschwerden einmischt.«

»Schon, aber es geht uns auch so gut.«

»Hast du eigentlich darunter gelitten, keinen Vater zu haben?«

»Offen gestanden, nicht wirklich. Nur wenn die anderen Kinder mich beim Spielen oder in der Schule deswegen hänselten. Es war, als würden sie mir vorwerfen, nur einen Arm zu haben. Und als wir älter wurden, behandelten sie mich wie den Sohn einer Hure. Wenn ich mir einen Vater wünschte, dann nur, um diesen Schwachsinn nicht ertragen zu müssen. Aber im Alltag, nein, da habe ich ihn nie vermisst.«

»Merkwürdig, oder?«

»Ja, mag sein, aber so war es. Als ich als Heranwachsender dann meine sexuelle Deviation ... nein, wie hast du gesagt? ... meine sexuelle Variation entdeckt habe und unbedingt einen Schuldigen brauchte, dachte ich durchaus, der fehlende Vater könnte ...«

»Und heute, Papa, was denkst du heute über deine Homosexualität?«

»Das, was du und all die jungen Leute denken, die sich von einer Menge Humbug befreit haben. Nur wenn ich zu lange darüber nachdenke, packt mich die Wut ... Verdammt noch mal, ich wurde zu früh geboren. Heutzutage könnte ich meine Veranlagung ungeniert ausleben, ohne Minderwertigkeitskomplexe, Gewissensbisse, Ängste ... Zum Teufel, ja, es stinkt mir ungemein, dass der Zufall mich ein Jahrhundert zu früh auf die Welt gebracht hat.«

Beide schweigen eine ganze Weile und starren blicklos ins Leere, dann wendet sich Llorenç an seine Tochter und sieht sie zärtlich an.

»Na los, geh schlafen.«

»Papa, ich mag hundemüde aussehen, aber ich bin kein bisschen schläfrig. Weißt du, seit ich deine Geschichte zu Ende gelesen habe, bedaure ich, dass du nicht weiterschreibst.«

»Du hast recht.«

»Wie meinst du das?«

»Sie ist noch nicht fertig.«

»Das läuft jetzt hoffentlich nicht auf dasselbe Spielchen hinaus, das du vor fünfzig Jahren mit Recader gespielt hast.«

»Doch.«

»Und wie willst du sie beenden?«

»Glaubst du, du hältst noch eine Stunde durch?«

»Na klar. Auch zwei. Los, sag mir, wie es ausgeht, den wahren Schluss.«

Llorenç greift über den Tisch nach dem Leuchter, der seit jeher auf der gegenüberliegenden Ecke steht, zündet die Kerze an und rückt sie zwischen sich und seine Tochter.

»Sagen werde ich es dir nicht. Ich habe es schriftlich, Maria, und werde es dir vorlesen. Dem Stapel Papier, den ich dir gegeben habe, fehlen die letzten Seiten. Es sind nur zwei Blätter, und wenn ich sie dir vorgelesen habe, werde ich sie verbrennen.«

Aus Marias Gesicht ist das Lächeln verschwunden. Die Geschichte geht also weiter. Mit einem Mal fällt es ihr wie Schuppen von den Augen. Sie sieht, wie ihr Vater aufsteht und in die Bibliothek hinübergeht, und spürt das Rumoren einer dunklen Vorahnung, die sich nicht länger unterdrücken lassen will. Als er zurückkommt, hält er einen großen Umschlag aus braunem Papier in der Hand. Er bewegt sich mit kurzen Schrittchen und gekrümmten Beinen vorwärts, als versagten ihm die Knie den Dienst. Maria sieht, wie alt er ist, und sie weiß, alles, was er jetzt tut, tut er, um sich selbst – und womöglich auch ihr – Rechenschaft abzulegen. Ihr schwirrt der Kopf, alles ist zu offensichtlich. Ihr Vater setzt sich neben sie, er wirkt traurig. Der Umschlag war für eine Maria bestimmt, nicht sie, sondern ihre Großmutter Maria Roderich. Der aufgedruckte Absender ist ein verschnörkeltes Logo: Enric Pagès Albons, Notar.

»Papa, sag bloß, du hast all die Jahre den Umschlag aufgehoben, in dem einmal die Eigentumsurkunde der Principal steckte.«

»Ja, du bist zweifellos hellwach.« Er zieht einige Bögen aus dem Umschlag. »Warte, lass mich sehen, welches die erste Seite ist.«

»Gib her, Papa, ich kann selbst lesen.«

»Ich glaube aber, es ist meine Pflicht …«

»Du hast keine Pflichten mir gegenüber, aber sieh mal, du sprichst zu leise, du bekommst schlecht Luft, und wenn du mir etwas Wichtiges mitteilen willst und es obendrein nur ein einziges Mal sagen willst, lese ich es lieber selbst. Ich werde laut lesen, dann ist es, als würdest du es mir vorlesen.«

Llorenç zögert, er wirkt konfus, weil er einen lange gehegten Plan aufgeben soll. Schließlich nimmt er die Lesebrille ab, die er immer an einer Schnur um den Hals trägt, und murmelt resigniert: »Meinetwegen.«

Das Papier ist nicht alt, er hat es erst kürzlich beschrieben. Llorenç macht sich zum Zuhören bereit. Maria stützt die Ellenbogen auf den Tisch, als könnte sie so besser lesen, und mit einem Mal hält sie die Schriftstücke in die Kerze. Die Flamme erfasst beide Blätter gleichzeitig, und im Handumdrehen sind sie verbrannt.

Als ihr Vater begreift, was sie tut, bleibt er ruhig sitzen; er weiß, dass er nichts daran ändern kann. Er sieht der Einäscherung seines letzten Geheimnisses zu, seine Tochter hält nur noch zwei kleine Fetzen in der Hand, die sie auf dem Fuß des Kerzenständers ablegt, um sich nicht die Finger zu verbrennen. Er wendet ihr das Gesicht zu, schaut sie aus feuchten Augen an. Er kann sie nichts fragen.

»Papa, du brauchst mir nicht zu erklären, dass du derjenige warst, der den Priester umgebracht hat. Das ist mir schon seit Tagen klar.« Llorenç lächelt sie an, während ihm ein paar Tränen über die Wangen rinnen. Es macht sie traurig, ihn so zu sehen, dennoch beharrt sie:

»Dir mag es ein Bedürfnis sein, Papa, aber ich will nicht, dass du dich für irgendetwas rechtfertigst.«

Llorenç wischt sich mit dem Zeigefinger über die Wange.

»Der Absatz über die Reue stand auf dem zweiten Blatt.«

Ihre Blicke treffen sich mit verständnisinniger Wärme. Maria betrachtet ihn fasziniert. Vor ihr sitzt ein Mann, dem sie soeben ein sorgsam vorbereitetes Ritual verdorben hat, mit dem er ihr ein grausames Verbrechen gestehen wollte, und jetzt lächelt er nicht nur, sondern lässt sie ohne jeden Groll gewähren. Der geborene Überlebende. Wieder einmal hat ihn das Leben zum Überleben gezwungen.

»Und auf dem ersten?«

»Die Vorbereitungen, wie es sich abgespielt hat, die Art und Weise ...«

»Hör auf, Papa, ich will die Details gar nicht wissen. Ich sähe mich mit Ungeheuerlichkeiten konfrontiert, die ich heute gar nicht mehr beurteilen kann. Einzelheiten ertrage ich nicht. Doch drei oder vier Fragen an dich hätte ich, um ein paar Dinge zu verstehen, die mir wichtig sind.«

»Ich kann mir schon denken, welche das sind, und die Antwort lautet in jedem Fall: ja.«

»Papa, ich habe keine Lust zum Rätselraten. Ich würde gern wissen, ob Mama ...«

»Deine Mutter hat mir geholfen. Wir haben es gemeinsam getan.«

»Das habe ich mir gedacht. Ich hatte immer den Eindruck, dass sie dich wahnsinnig liebte.«

Llorenç lächelt.

»Das ist wahr, ja. Aber abgesehen davon war sie wesentlich listiger als ich, weißt du? Ich wäre freiwillig niemals ins Pfarrhaus gegangen.

Der Ekel und der Hass, den ich diesem Mann gegenüber empfand, waren schlimmer als die Angst, dass er mir den Mord an Ricard zur Last legen könnte. Ich weiß nicht. Ich ahnte, dass es böse enden würde, wenn ich hinginge. Aber deine Mutter war anderer Meinung und wollte mich vom Gegenteil überzeugen. Sie fand, die Verhältnisse müssten ein für alle Mal geklärt und die erpresserischen Absichten des Priesters im Keim erstickt werden. Sie war sicher, ihn durch ihre bloße Anwesenheit von jeglichem Versuch abhalten zu können. Doch als wir dann dort waren, lief die Sache aus dem Ruder.«

»Lass gut sein, Papa. Immerhin habt ihr euch so gut angestellt, dass niemand dahintergekommen ist, für mich ist das das Einzige, was zählt. Du sitzt heute hier vor mir, und Mama starb friedlich in ihrem Bett. Ihr habt es also ganz richtig gemacht.«

Llorenç blickt sie an und kämpft gegen die Atemnot, die ihn immer befällt, wenn er sich zu sehr aufregt. Die Partie ist an einem kritischen Punkt angelangt, und er hadert, ob er alle seine Karten aufdecken oder das Spiel abbrechen soll.

Doch er beschließt, zu Ende zu spielen. Mit vollem Einsatz. Zu lange hat er auf diesen Augenblick gewartet, und jetzt will er keinen Rückzieher machen.

»Jetzt hör mir gut zu, Maria. Das Kuriose an der Sache ist, dass man sehr wohl dahintergekommen ist.«

Mit einem Mal scheint der Raum von dröhnender Stille erfüllt. Llorenç schaut Maria an und wartet auf ihre Reaktion, wohl wissend, dass er mit diesen Worten sämtliche Mutmaßungen seiner Tochter über den Haufen geworfen hat. Ihm ist klar, wie überrascht, wie maßlos überrascht sie sein muss, und er kann in ihren Augen sehen, wie es in ihrem Kopf arbeitet.

»Erzähl keinen Scheiß, Papa. Das kannst du mir nicht weismachen. Wenn das wahr wäre, würden wir jetzt nicht hier sitzen. Undenkbar, dass ihr im ersten Jahr der Franco-Diktatur, als man Leute ohne Gerichtsurteil und ohne viel Federlesen umgebracht hat, ausgerechnet mit dem Mord an einem Priester ungeschoren davongekommen seid!«

»Siehst du, wie wichtig das erste Blatt war, das du verbrannt hast?«

»Ach komm, wirf mir das jetzt nicht vor. Muss ich daraus schließen, dass euer Plan nicht aufgegangen ist und ihr euch doch nicht so gut angestellt habt?«

»Wir haben so viele Beweise hinterlassen, als wollten wir unser Werk signieren.«

»Wie echte Dilettanten, also? Verdammt, Papa, ich hätte euch für klüger gehalten.«

»Keine voreiligen Schlussfolgerungen, mein Schatz. Und sprich nicht im Plural. Was ist nun, darf ich endlich erzählen?«

Maria amüsiert sich königlich.

»Ja, aber erspare mir bitte das Blut.«

»Für dich mache ich alles schön sauber. Wie gesagt, bevor du mich mal wieder unterbrochen hast, weigerte ich mich also entschieden, ins Pfarrhaus zu gehen. Beim Mittagessen sprach ich erneut mit deiner Mutter darüber, und sie beschwatzte mich, wir müssten das Problem beherzt angehen, weil es sonst wie ein Damoklesschwert über uns hinge. Sie redete mir ein, mich schon allein durch ihren gesellschaftlichen Rang schützen zu können. Wenn sie dem Priester zu verstehen gäbe, dass sie über seine Beziehung zu Ricard im Bilde war, würden wir ihn in die Enge treiben und den Spieß umdrehen, denn dann wären wir es, die ihn in der Hand hätten.«

»Und damit hatte sie vollkommen recht, oder?«

Llorenç gibt keine Antwort. Er überlegt, ob er eine weitere Karte aufdecken soll.

»Ja, mein Kind. Sie hatte recht. Und ich habe mich einwickeln lassen wie ein Idiot.«

Maria sieht ihn nachdenklich an und hat allmählich den Verdacht, das Ende der Partie würde noch auf sich warten lassen.

»Papa, würdest du endlich zur Sache kommen?«

»Nein. Diesmal wirst du Geduld haben müssen, denn ich werde es dir so erzählen, wie ich es für richtig halte.«

Maria winkt verdrossen ab, sie holt tief Luft und macht sich bereit, ihn anzuhören.

In Llorenç' Augen glimmt ein übermütiger Funke. Er beginnt im Tonfall eines Märchenerzählers, der weiß, dass er seine Zuhörer mit einer erstaunlichen Geschichte überwältigen wird. In Wahrheit genießt er diesen Moment in vollen Zügen.

»Nun ja, deine Mutter und ich führten ein langes Gespräch. Ich war ganz und gar nicht dafür, dass sie ihre Position und ihren Namen riskierte. Schließlich ging es um mein intimes Problem, für dessen Folgen ich allein geradestehen musste, koste es, was es wolle. Aber, weißt du, abgesehen von ihren guten Argumenten gab es noch etwas, das mich einlenken ließ. Ganz einfach: Ich hätte ihr niemals etwas abschlagen können. Weder hatte man mir beigebracht, noch hatte ich je gelernt, mich ihr zu widersetzen. Seit meinem zweiten Lebensjahr stand ich in ihren Diensten, und neben der Liebe, die ich für sie empfand, hemmte mich meine Ehrfurcht vor ihrem Stand. Sie war die Senyora. Meine Gebieterin, und wenn ihr Bett auch noch so warm war, änderte das nichts an diesem Grundsatz. Am Ende ließ ich mich überreden, ein wenig beschämt, wie ich gestehen muss. Indem ich nachgab, hatte ich das Gefühl, nicht Manns genug zu sein, um allein klarzukommen. Jedenfalls verbrachten wir den Nachmittag damit, uns auf die Begegnung mit dem Priester vorzubereiten, uns zurechtzulegen, was wir sagen und wie wir ihm drohen wollten. Alles war gut eingefädelt, und wir waren uns unserer Sache sicher. Sogar als Úrsula mit dem Beutel kam ...«

»Papa, jetzt hör aber auf! Úrsula auch? Was hatte die denn damit zu tun? War etwa die ganze Familie eine verschworene Mörderbande?«

»Meine Liebe, das ist kein englischer Krimi, eher italienischer Neorealismus. Und der Ausgang mag interessant sein, aber mehr grotesk als raffiniert. Nur Geduld, du wirst es schon noch verstehen. Ich jedenfalls habe mir nichts weiter dabei gedacht, als um neun Uhr abends Úrsula den Beutel brachte, zum einen war ich es ja gewohnt, dass ihr auf der Principal nie etwas entging, und zum anderen kannte ich Marias Neigung, sich vor jeder wichtigen Entscheidung mit ihr zu besprechen.«

»Und was bitte befand sich in diesem ominösen Beutel?«

»Ein Seil, ein Messer und ...«

»Was wird das? Eine Burleske?«, fällt ihm Maria mit einem kleinen Auflachen ins Wort. »Du lieber Himmel. Und habt ihr sie gefragt, wozu das gut sein sollte?«

»Halt dich fest. Das Seil, ›um ihn bei Bedarf zu fesseln‹, das Messer, ›weil man ja nie wissen kann‹, und ein Fläschchen Melissengeist ›für den Fall, dass uns der Mut verlässt‹.«

Maria starrt ihn mit offenem Mund an, dann prustet sie los. Llorenç nickt vergnügt und muss einen Hustenanfall niederringen. In seinem Alter ist einem nichts mehr ernst, nicht einmal der Tod. Aber diese Geschichte wirkt wie ein Jungbrunnen.

Es dauert eine Weile, bis Maria sich wieder beruhigt hat. »Das darf ja wohl nicht wahr sein.«

»Das ist noch nicht alles«, er blickt sie keck an. »Als wir um Mitternacht das Pfarrhaus erreichten, war die Tür geschlossen, aber nicht verriegelt. Das war ein Zeichen, dass der Priester auf mich wartete. Als er die Tür öffnete und deine Mutter sah, konnte er einen Ausdruck des Missfallens nicht unterdrücken, behielt jedoch die Fassung. Er fragte, was uns um diese Zeit zu ihm führe, erkundigte sich, ob wir Hilfe brauchten, der alte Duckmäuser, und bat uns herein. Ich fühlte mich verpflichtet, das Wort zu ergreifen, und sagte, wir seien zusammen hergekommen, weil Maria Bescheid wisse über mich, über Ricard und über ihn. Bei diesem ›über ihn‹ lief er rot an, und es war offensichtlich, dass er ausrasten würde. Eine Frage von Sekunden. Er begann, mich zu beleidigen, keifte mich an, was mir einfalle, ihn so zu verleumden und auf eine Stufe mit zwei Schwulen zu stellen, und ob ich mit meiner eigenen Perversion nicht genug hätte, sondern auch noch die Würde anderer in den Dreck ziehen müsse. Er schrie und keuchte, vollkommen außer sich, redete von Gewissen, Fegefeuer, Entartung, Buße, Strafe ... Der Wutausbruch näherte sich seinem Höhepunkt, als deine Mutter unvermittelt ein paar Schritte auf ihn zuging und sich zwischen ihm und mir postierte. Ich konnte ihr Gesicht nicht sehen, aber es muss furchterregend gewesen sein, denn der Priester verstummte schlagartig, gerade als er das Wort ›Abschaum‹ brüllte. Mit weit aufgerissenen Augen starrte er Maria an. Und durch die plötzliche Stille hallte die Stimme deiner Mutter:

›Wie mit Ricard, Hochwürden, genau wie damals mit Ricard. Du scheinheiliger Hurensohn, du wiederholst dich! Mit denselben Grimassen zählst du dieselben Laster auf wie an dem Tag, als du Ricard vor meiner Mutter, Gott und der Welt in Grund und Boden verdammt hast, während du es in Wahrheit gar nicht abwarten konntest, ihm zwischen die Beine zu langen. Verborgen unter dieser Soutane besudelst du deine Existenz jeden Tag mit Feigheit, Heuchelei … Ich war fünfzehn, aber ich erinnere mich noch gut: ›Wer eine solche Sünde begeht, dem soll das Feuer der Hölle die Geschlechtsteile verschmoren.‹ Schweinehund. Judas. Und fünfzehn Jahre später vergiftest du das bisschen Seele, das dir geblieben ist, noch immer mit Lügen. Und dazu erdreistest du dich ausgerechnet vor mir, die ich selbst gehört habe, wie du Ricard in seinem Zimmer um Liebe angebettelt hast, während der arme Kerl seinen Koffer packte, um nach Frankreich zu fliehen. Weißt du das noch? Ich habe alles mitbekommen und erinnere mich an jedes Detail. Jetzt hör gut zu, was ich dir zu sagen habe: Wehe, du rührst meinen Mann an, bedrohst ihn oder versuchst, ihn zu erpressen, denn sollte ihm je etwas zustoßen, werde ich Wort für Wort der Polizei erzählen, wie du dich in jener Nacht Ricard gegenüber ausgekotzt hast, während er dich mit Verachtung strafte.‹

In diesem Moment hob der Priester den Arm und holte gegen deine Mutter aus, und das war auch der Moment, in dem …«

»… ihr ihn getötet habt. Mehr will ich gar nicht wissen. Verstehst du, Papa? Ich will nicht wissen, wie ihr es getan habt.« Maria gibt sich keine Mühe, ihre Erregung zu verbergen. »Was mich interessiert, ist, wie sie euch auf die Schliche gekommen sind, was euren Plan durchkreuzt hat und warum ihr nicht vorausschauender wart.«

Llorenç schaut sie an. Sie bekommt es noch nicht auf die Reihe.

»Wie gesagt, wir hatten so viele Spuren hinterlassen, dass wir fest damit rechneten, am nächsten Tag verhaftet zu werden. Als die Polizei ins Dorf kam, erwarteten wir sie schon.«

»Italienischer Neorealismus, dass ich nicht lache, mir klingt das eher nach Schmierentheater.«

»Nun, dramatisch war es durchaus, aber ob wirklich so unbedarft, das sei erst mal dahingestellt.«

»Ihr habt also am nächsten Tag die Polizei erwartet.«

»Ja, Atanàsia erzählte jedem, der es hören wollte – und Úrsula gierte förmlich danach –, die Polizei sei kurz vor Mittag eingetroffen. Sie kamen zu viert, der ›unvermeidliche Inspektor Recader‹, wie sich die Haushälterin des Pfarrers ausdrückte, zwei Uniformierte und ein mürrischer älterer Mann, der es offenbar gewohnt war zu befehlen. Atanàsia berichtete, sie habe sie eingelassen, sei dann aber aus dem Haus geschickt worden. Sie hätten sie vom Ort des Geschehens verbannt, ohne sich von ihr herumführen zu lassen, und den Riegel vorgeschoben, damit ihnen niemand hinterherschnüffelte. Kurz nachdem die Uhr eins geschlagen habe, seien sie wieder herausgekommen und hätten die beiden Uniformierten als Wachposten vor der Tür zurückgelassen. Die Inspektoren seien zum Haus des Bürgermeisters gegangen, wo man sie zum Mittagessen erwartete. Als sie zum Pfarrhaus zurückkehrten, sei der ältere, der, der das Sagen hatte, ganz rot im Gesicht gewesen, weil der Wein des Bürgermeisters, das sei in Pous ja allgemein bekannt, einem entweder zu Kopf stieg oder den Magen umdrehte. Sie hätten sich wieder eingeschlossen, und nach einer Weile habe man den alten Polizisten über den gesamten Kirchplatz wettern hören, zur Hälfte seien es Flüche gewesen und die andere Hälfte habe man kaum verstanden, weil er Kastilisch und sehr schnell gesprochen habe.

Nachdem Úrsula uns erzählt hatte, was ihr von Atanàsia unter dem Siegel der Verschwiegenheit anvertraut worden war, kleideten deine Mutter und ich uns an, um ordentlich auszusehen, wenn sie kämen und uns nach Rius mitnähmen.«

»Aber Papa, wieso wart ihr denn so sicher, dass sie kommen würden?«

»Nun ja, unter anderem hatte deine Mutter auch Úrsulas Beutel zurückgelassen. Der war mit dem Emblem der Principal bestickt, das Inspektor Recader sofort erkannt haben musste.«

»Sag bloß. Für so dämlich hätte ich Mama nicht gehalten.«

»War sie vielleicht gar nicht. Jedenfalls erfuhren wir von Caterineta, dass die Polizisten das Pfarrhaus verlassen hatten. Neus hatte sie angewiesen, Schmiere zu stehen und sofort Bescheid zu sagen. In weniger als fünf Minuten waren sie da.«

»Das muss ein beklemmender Moment gewesen sein, oder?«

»Für mich schon. Mir stehen noch heute die Haare zu Berge, wenn ich daran denke, wie der Mann da hing ...«

»Papa, bitte!«

»Entschuldige, ich meine, ich war so verstört und angewidert von mir selbst, dass es mir völlig gleichgültig war, was mit mir geschehen würde.«

»Erzähl weiter. Sie läuteten also, und dann?«

VORLÄUFIGE LÖSUNG IM MORDFALL LA PRINCIPAL
ERZÄHLUNG

Úrsula öffnete ihnen mit der Natürlichkeit einer erfahrenen Schauspielerin. Maria und Llorenç saßen in der Mitte des Sofas und blickten ihnen entgegen, während die Amme sie hereinführte, als handelte es sich um geladene Gäste. Úrsula ging voran, hinter ihr Kommissar Fresnos, gefolgt von Inspektor Recader. Úrsula sah aus, als wäre sie auf dem Weg in den Limbus, Oberst Fresnos' Miene verhieß Unheil, und Inspektor Recaders Gesicht war vollkommen ausdruckslos. Vor dem Paar angekommen, zog sich Úrsula zurück, während Llorenç und Maria aufstanden, um ihnen die Hand zu geben. Der Inspektor trug ein Paket im Arm und erwiderte die Geste nicht. Der Oberst hielt die Hände auf dem Rücken, betrachtete die beiden einen Moment lang angelegentlich und wandte sich dann ostentativ ab, entfernte sich einige Schritte und blieb vor einer marmornen Engelsfigur stehen. Der Inspektor riss das Pfarrhauspapier ab, in das das Paket gewickelt war, sah Maria an und sagte: »Sie haben ihren Brotbeutel vergessen.«

Die Augen des Inspektors fixierten die Senyora, die unerschütterlich seinem Blick standhielt. Er griff in den Sack, holte das Messer heraus und warf es verächtlich auf den Stuhl neben sich. »*Wie wir feststellen konnten, haben Sie das nicht gebraucht.*« *Es entstand ein langes Schweigen. Derweil studierte Oberst Fresnos das Gemälde einer Jagdszene, allem Anschein nach voller Bewunderung. Hin und wieder schnaufte er geräuschvoll, erhob sich auf die Zehenspitzen und spannte wippend das Gesäß an. Der Inspektor fuhr fort:*

»*Nach Inaugenscheinnahme des Tatortes und dem Gespräch mit Herrn Costa vor drei Tagen, bei dem er selbst erklärt hat, am gestrigen Abend den Pfarrer besuchen zu wollen, liegt wohl klar auf der Hand, wer der Täter ist.*«

»*So eine Frechheit!*«, *erscholl die Stimme von Oberst Fresnos, der kurz vor dem Explodieren war, die Augen jedoch nicht von dem Jagdbild abwandte. Recader wartete ab, falls der Kommissar von Rius noch etwas hinzuzufügen hätte, doch als nichts weiter zu vernehmen war als das Ratschen des Streichholzes, mit dem Fresnos seine Ideales anzündete, sprach der Inspektor weiter:* »*Wir haben keine fünf Minuten gebraucht, um den Schuldigen auszumachen. So viele Spuren, wie Sie gelegt haben, müssen Sie uns für ziemliche Stümper halten. Das ist eindeutig der Beutel, in dem Sie für gewöhnlich das Brot aufbewahren, und das Messer, das sich darin befand …*«

»*Das ist meine Sache*«, *mischte sich Úrsula vom anderen Ende des Saales ein.*

»*Ruhe!*«, *zischte Fresnos, der bereits schnaubte wie ein Nashorn, kurz bevor es zum Angriff übergeht, und Úrsula anstarrte, als wollte er sie aufspießen.*

Der Inspektor, höflich wie immer, blieb einen Moment stumm, damit der Kommissar sich aussprechen konnte. Dieser sagte keinen Ton, und Recader setzte seine Darlegung in neutralem Ton fort, als ginge ihn das alles nichts an, wobei er Maria jedoch nicht aus den Augen ließ. Er gaffte sie unverfroren an. Llorenç, der dies längst bemerkt hatte, packte allmählich der Zorn.

»*Ein gutes Küchenmesser, fest in Zeitungspapier verpackt. Außerdem ist der Abschiedsbrief des Erhängten in so akkurater Schönschrift verfasst, dass er weniger nach den letzten Worten eines Verzweifelten als vielmehr nach dem Schulaufsatz eines wohlerzogenen Fräuleins aus-*

sieht. Ich glaube kaum, Senyora Magí, dass ich Sie um eine Schriftprobe für einen grafologischen Vergleich bitten muss.«

Senyora Magí machte keine Anstalten, ihm zu antworten, und der Inspektor zog das schwarze Büchlein aus der Tasche, schlug die letzte beschriebene Seite auf.

»*Darüber hinaus haben Sie die Notiz mit dem Geständnis des Priesters genau unter die Leiche gelegt. Nun ist es aber keine gängige Praxis unter Selbstmördern, sich mit einem Zettel in der Hand zu erhängen, nicht zuletzt, weil das beim Hantieren mit der Schlinge hinderlich wäre. Normalerweise legen sie die Nachricht an eine Stelle, an der sie ins Auge fällt. Das wäre nicht nur glaubhafter gewesen, sondern hätte auch den Beamten erspart, sie aus der Urinpfütze fischen zu müssen.*«

Er blätterte um.

»*Des Weiteren haben Sie den Stuhl wieder ordentlich an seinen Platz zurückgestellt, so weit entfernt von dem Ort, an dem das Seil festgebunden war, dass es gar nicht bis dorthin reichte. Eine Position, die eher für den Salto mortale eines waghalsigen Trapezkünstlers als für den Todessprung eines Selbstmörders geeignet gewesen wäre. Zu erwähnen ist auch noch die Beule am Kopf des Opfers, die zweifellos von einem Schlag mit der Flasche seines eigenen Süßweines herrührt. Sie haben mitten auf die kahle Tonsur gezielt, statt auf eine dichtbehaarte Stelle, wo es nicht sofort erkennbar gewesen wäre. Die Beule ist so auffallend von der Tonsur umrahmt, als sollte unmissverständlich darauf hingewiesen werden, dass kein halbbetäubter Mensch sich die Schlinge selbst um den Hals legen kann. Meiner Vermutung nach war es Senyora Magí, die den Schlag mit der Flasche ausgeführt hat, weil nur ein kräftiger Mann den Priester festhalten konnte.*«

»*So eine Frechheit*«, maulte noch einmal der Oberst und stützte, von Úrsula unruhig beäugt, die Unterarme auf den makellosen Lack des Klavierdeckels.

Der Inspektor sah weiterhin Maria an. Unverwandt. Eher bewundernd als vorwurfsvoll, wie es die Angelegenheit eigentlich zu erfordern schien.

»*Und statt das Schloss zu zerstören, um einen Raubmord vorzutäuschen, schiebt einer von ihnen im Hinausgehen auch noch brav den*

Schlüssel unter der Tür hindurch, damit klar ersichtlich ist, dass den Eindringlingen die Tür von innen geöffnet wurde und es sich um manierliche Leute aus gutem Hause handelt.«

»Heiliger Bimbam. Was für eine Frechheit«, wiederholte der Oberst vom Klavier aus, wo er sich, jetzt in die Kurve des Flügels gelehnt, auf die Zehenspitzen stellte, die Fersen zusammendrückte und rhythmisch das Gesäß anspannte.

Der Blick des Inspektors ruhte unablässig auf der Frau. Llorenç, halb misstrauisch, halb konsterniert, begann, in Recaders Worten eine unterschwellige Botschaft zu erahnen, die er noch nicht zu entziffern vermochte, und auch die Tatsache, dass der Inspektor ständig Maria anstarrte, schien Teil dieser Botschaft.

»Wie Sie sich denken können, sind wir angesichts der erdrückenden Beweislast zu dem Schluss gelangt, dass wir schwerlich jemanden finden dürften, der schuldiger wäre als Sie. Wir sind Ihnen dankbar, insbesondere Ihnen, Senyora Magí. Wir haben alles verstanden. Der Herr Kommissar und ich sind hier, um Sie beide wegen des Mordes an Salvador Vendrell festzunehmen.«

Die Beamten warteten auf die Wirkung ihrer Worte. Oberst Fresnos sah trotz des stetigen Rasselns seiner teerverklebten Bronchien sehr zufrieden aus. Das Schweigen wurde von Llorenç' Stimme unterbrochen:

»Herr Inspektor, Herr Kommissar, der Mörder bin ich.«

Fast bedauernd wandte der Inspektor den Blick von der Frau und richtete ihn langsam auf den jungen Mann.

»Natürlich sind Sie der Mörder, Herr Costa.«

»Damit will ich sagen, dass meine Frau nichts getan hat, sie hat mich nur begleitet, um zu verhindern, was am Ende dann doch geschah.«

»Tja, Herr Costa, ich halte Sie für durchaus fähig, das zu glauben.«

Der Inspektor sah Llorenç an, als hätte er es mit einem Schwachsinnigen zu tun. Llorenç schielte aus dem Augenwinkel zu Maria hinüber, doch die beachtete ihn nicht; sie fixierte den Inspektor. Und plötzlich schwante ihm, dass sich schlagartig ein Fenster öffnen, ein Sonnenstrahl seinen Geist erleuchten und er das Unbegreifliche durchschauen würde.

»Ja, Herr Costa, obwohl Sie jemanden ermordet haben, bleiben Sie trotz allem ein Unschuldslamm. In dem kleinen Schauspiel, das Sie *für uns inszeniert haben, Senyora Magí, gibt es ein Detail, das inmitten all der anderen Unsinnigkeiten besonders ins Auge springt.« Er hielt kurz inne. »In dem Beutel wurden Spuren des Stricks gefunden, das ergibt Sinn. Außerdem befand sich darin das Messer für alle Fälle.« Am liebsten hätte der Inspektor Úrsula zugeblinzelt. »Und dann haben wir noch ein merkwürdiges Fläschchen gefunden, das mir sehr nach Melissengeist aussah.«*

Úrsula fuhr auf und rief laut von ihrem Platz aus: »Das war meine Idee!«

Der Inspektor konnte ein Schmunzeln nicht unterdrücken, wenn er sich jetzt umgedreht und die gute Úrsula gefragt hätte, wofür sie es in den Beutel gesteckt habe, wäre ihre Antwort bestimmt gewesen: für den Fall, dass die beiden kalte Füße bekämen. Nein, sein Kriminalroman würde definitiv keiner nach englischer Art. Dieses Land war zu borstig und zu heiß für kriminelle Feinheiten, das fand er schon immer.

Doch sein Lächeln gefror, als sich donnernd Kommissar Fresnos' Stimme erhob:

»Bringen wir es endlich zu Ende, Recader.« Er kam ein paar Schritte näher. »Sie beide sind Mörder. Sie sind ... Perverse, und ich lasse mich nicht weiter darüber aus, weil Sie, sehr zu meinem Leidwesen, eine Dame sind.«

»Sie hat nichts ...«

»Halten Sie den Mund, Sie Idiot.«

Llorenç kam sich schon seit einer ganzen Weile vor wie ein Idiot. Er fühlte sich nicht gekränkt, sondern schickte sich an, das zu tun, wozu man ihn erzogen hatte, seit er als Zweijähriger auf die Principal gekommen war: das Unwetter über sich ergehen zu lassen. Und dieses brach jetzt los.

»Sie sind nicht nur schwul, sondern obendrein ein Idiot und ein Pantoffelheld.«

Obwohl Llorenç all das gar nicht abgestritten hätte, blickte ihn der Kommissar grimmig an.

»Hat die kleine Schwuchtel denn noch immer nichts kapiert?«, sagte Fresnos mit gespielter Verwunderung.

Es waren nicht die Worte, die Llorenç in diesem Moment empörten. Was ihn auf die Palme brachte, war, dass Fresnos ihn nicht einmal ansah, während er ihn beleidigte, sondern den Inspektor und Maria, als setzte er deren Zustimmung als selbstverständlich voraus.

Der Kommissar trat entschlossen auf den jungen Mann zu, er wurde noch röter, ging auf die Zehenspitzen, als wollte er Schwung holen, und während er wieder diese wippende Bewegung mit dem Gesäß machte, versetzte er ihm eine gewaltige Ohrfeige mit dem Handrücken. Er schäumte. Es folgte ein Fausthieb, noch einer, und als es aussah, als käme jetzt der tödliche Schlag, wandte er sich unvermittelt ab. Er ging wieder zum Klavier, hielt sich mit beiden Händen daran fest, hustete ein paar Ideales ab und zwang sich zur Ruhe. Der Inspektor stand ratlos da. Mit einem Mal drehte sich der Kommissar um und tat das Einzige, was er sicher beherrschte: Befehle erteilen.

»Inspektor, ich warte auf dem Platz. Erledigen Sie den Rest unverzüglich und exakt nach meinen Anweisungen.«

Als er sich vom Klavier abstieß, begegnete er Úrsulas strafendem Blick.

»Und Sie, was glotzen Sie mich so an, wenn ich fragen darf?«

»Sie hinterlassen mir lauter Fingerabdrücke auf dem Klavierdeckel.«

Der Kommissar ging auf sie zu. Alle fürchteten das Schlimmste. Abrupt blieb er vor ihr stehen, packte sie bei den Oberarmen, zog sie an sich und küsste sie sacht auf die Stirn.

»Inspektor, beenden Sie das hier. Wie angeordnet.«

Úrsula, vermutlich gerührt, folgte ihm, um ihn zur Tür zu geleiten. Das Standesbewusstsein verlor man auf der Principal nicht so leicht.

»Papa, warte mal kurz, ich sehne mich schon seit einer Weile nach einem Bier. Möchtest du ein Glas Wasser?«

Llorenç schüttelt den Kopf. Während Maria aufsteht und zu dem kleinen Getränkekühlschrank geht, der in eine Kommode eingebaut ist, kann Llorenç sich die Frage nicht verkneifen:

»Ahnst du, worauf es hinausläuft?«

»Du meinst den Schluss des Krimis? Ja, ich glaube schon, aber ich will nicht raten. Wenn ich mich nicht irre, kommt jetzt der Soloauftritt des Inspektors, der eine Riesenschwäche für Mama hat und diesem belgischen Detektiv nacheifert. Übrigens läuft ab und zu mal eine Serie mit dem im Fernsehen, und wenn ich ehrlich sein soll, finde ich sie langweilig.«

Maria setzt sich wieder, in der Hand einen vor langer Zeit in Baden-Baden erstandenen Bierkrug, und Llorenç holt Luft, um weiterzuerzählen. Obwohl er sich gut hält, sieht man ihm seine Ermattung an. Bevor er seinen Faden wieder aufnehmen kann, bemerkt Maria unvermittelt:

»Sag mal, Papa, wir sitzen hier quietschvergnügt, während du mir beschreibst und ich mir anhöre, wie ihr einen Priester umgebracht habt, und ich habe weder den Eindruck, dass du unter Gewissensbissen leidest, noch fühle ich mich abgestoßen von dem, was du mir da erzählst. Wo bleibt unsere Moral?«

Llorenç kratzt sich am Hals und blickt zur Decke.

»Ich habe mein Leben lang beobachten können, wie die Moral stets ihr Mäntelchen nach dem Wind hängt und dabei immer wieder Leben zerstört, Gefühle vernichtet und der Macht dient. Trotzdem habe ich eine Moral, ich meine, ich halte mich an eine Moral, die ich als meine empfinde.«

»Ja, aber das klingt auch nach einer Ausrede, um alles tun zu dürfen, wonach einem gerade ist, wenn wir jedem das Recht auf seine eigene Moral zugestehen …«

»Nein, keine Ausrede, ein Anspruch, der manchmal sehr hoch sein kann. Ich denke, die relative Freiheit, die wir genießen, hat in der Gesellschaft zu einer neuen Moral geführt, die nach und nach die ersetzt hat, auf die Religion und Staatsmacht bis dahin das Monopol besaßen. Zwar lässt mich die kirchliche Moral noch immer nicht schwul sein, aber dafür schützt mich die gesellschaftliche Moral, inzwischen sogar per Gesetz. Und obwohl ich mich von der bürgerlichen Moral gar nicht so weit entfernt sehe, habe ich dennoch einen Menschen getötet.«

»Einen, der sich die Moral immer nach Belieben zurechtgebogen hatte und am Ende dich beseitigen wollte. Puh, Papa, komm, nichts wie raus aus diesem Sumpf. Mach da weiter, wo ich dich unterbrochen habe, du warst gerade so schön in Fahrt. Úrsula bringt Kommissar Fresnos also zur Tür …«

ENDGÜLTIGE AUFKLÄRUNG,
REKONSTRUIERT AUS DER ASCHE EINES
IN EINEM POUSER
GUTSHAUS VERBRANNTEN SCHREIBENS

Als der Kommissar und Úrsula den Raum verlassen hatten, standen die Senyora, der Inspektor und Llorenç reglos da, erstarrt wie auf einem Foto. Erst als man die Tür ins Schloss fallen hörte, entspannte sich die Miene des Inspektors. Ruhig ging er zu demselben Sessel, in dem er vor einigen Tagen bei seinem Gespräch mit Llorenç Costa gesessen hatte. Er nahm Platz und schlug die Beine übereinander, während das Liebespaar stehenblieb und sich nicht zu rühren wagte. Recader bewegte sich ohne Hast, wie jemand, der eine Aufgabe zu erledigen hat und weiß, wie er sie angehen muss.

Er ließ ein paar Sekunden verstreichen, schnippte eine weiße Fluse vom Hosenbein und sagte, ohne aufzublicken:

»Sie dürfen sich setzen.«

Dieses »dürfen« war für Llorenç normal, er war es gewohnt, für alles um Erlaubnis zu fragen; die Senyora hingegen wäre Recader am liebsten ins Gesicht gesprungen. Trotzdem gehorchten beide, fügsam und in banger Erwartung.

Der Inspektor hob den Blick von seinem Notizbuch und wandte sich Llorenç zu, sah ihn an und nannte ihn beim Namen.

»Herr Costa, Sie sind der Mörder von Pfarrer Salvador. Bestreiten Sie das?«

»Nein, Herr Inspektor«, erwiderte der junge Mann.

»Sehr schön, so werden wir schneller fertig. War er besinnungslos, bevor Sie ihn aufgehängt haben?«

»Ich weiß nicht, Herr Inspektor. Als ich ihn aufgehängt habe, schien er tot zu sein.«

»Ich kann Ihnen versichern, dass er das nicht war. Sonst hätte er sich nicht in die Hose gemacht. Hat Ihnen jemand dabei geholfen?«

»Nein, Herr Inspektor.«

»Damit bestätigen Sie also, dass Senyora Magí nicht an der Tat beteiligt war?«

»In keiner Weise, ich habe es ganz allein getan.«

»Fantastisch.«

Der Inspektor lächelte offenherzig.

»Sehen Sie, Herr Costa, wenn das, was Sie da sagen, der Wahrheit entspräche, hätten Sie Ihr Leben verspielt, das sollte Ihnen klar sein. Mit Ihrem Geständnis und meinen Beweisen kämen Sie vors Kriegsgericht, und das Todesurteil wäre Ihnen gewiss. Das Militär fackelt nicht lange. Andererseits wäre das im Grunde nicht einmal notwendig. Da es sich bei dem Opfer um einen Priester handelt und ein Skandal vermieden werden sollte, hätte ich das Einverständnis der zuständigen Behörde, Sie an irgendeinem beliebigen Ort eigenhändig zu erschießen und in den Straßengraben zu werfen.«

Obwohl es dem Inspektor klüger schien, nicht zu sehr in die Einzelheiten zu gehen, konnte er sich nur schwer mäßigen.

»Tatsächlich wäre es kein großer Aufwand für mich, und es gäbe viele gute Gründe dafür. Sie sind ein Mörder, und darauf steht die Todesstrafe. Außerdem haben Schwule wie Sie meiner Meinung nach auf dieser Welt nichts verloren. Das sagt die Moral, an die ich glaube. Und obendrein müsste ich dann nicht mehr eifersüchtig sein, weil eine so schöne Frau in Sie verliebt ist, Herr Costa.« Er grinste unverschämt. »Sie sind ein schuldiges Unschuldslamm, Herr Costa. Und, das muss ich Ihnen leider auch sagen, ein sehr schlechter Lügner. Wenn das hier alles vorbei ist und Sie noch am Leben sind, sollten Sie mehr üben.«

Plötzlich wandte er sich an Maria und sagte mit unverhohlenem Spott:

»Senyora Magí, Sie müssen mich Ihrem Liebsten erklären lassen, was er noch nicht begriffen hat, aber vielleicht zu ahnen beginnt. Und wenn

Sie gestatten, möchte ich Sie dabei um Ihre Hilfe bitten. Ich glaube, das hat Herr Costa verdient.«

Maria fühlte sich merkwürdig ruhig. Sie drehte sich zu ihrem Geliebten um und sah ihm tief in die Augen; sie wollte ihn spüren lassen, dass sie ihm gehörte, ohne jeden Zweifel, und schickte sich an, die Fragen des Inspektors zu beantworten, ohne den Blick von dem Mann zu wenden, den sie liebte.

»Haben Sie den Abschiedsbrief geschrieben?«

»Ja.«

Sie sah Llorenç weiter an.

»Und Sie haben ihn absichtlich in Ihrer eigenen Handschrift geschrieben?«

»Ja.«

Llorenç empfand Marias Blick wie eine warme Welle, und zugleich fragte er sich, was hier eigentlich vorging.

»Haben Sie ihn auch auf den Boden gelegt?«

Sie nickte. Der Polizist legte eine Pause ein, er blätterte eine Seite weiter in seinem Notizbuch.

»Nicht dass es von besonderer Bedeutung wäre, aber waren Sie es, die dem Priester die Flasche übergezogen hat?«

»Ja, das war ich.«

»Und Sie haben auch den Stuhl an die falsche Stelle gerückt.«

»Auch das.«

»Haben Sie den Beutel mit dem Messer und dem Melissengeist zurückgelassen?«

»Ja.«

»Und das alles, Senyora Magí, haben Sie vorsätzlich getan.«

»Ja.«

»Natürlich. Und schließlich waren Sie es, die den Schlüssel unter der Tür hindurchgeschoben hat, damit er im Inneren des Pfarrhauses gefunden würde.«

»Ja.«

»Und das alles haben Sie nur getan, damit Ihre Anwesenheit bei der Ausübung des Verbrechens außer Zweifel steht?«

»Ja.«

»Und Sie sind selbstverständlich bereit, vor jedem Tribunal auszusagen.«

»Wo und vor wem auch immer«, erklärte sie mit fester Stimme.

Inspektor Recader klappte sein Büchlein zu. Alles war klar, und die Lösung lag auf der Hand. Erneut richtete er das Wort an Llorenç, mit ruhigem Blick und ohne eine Spur von Ironie.

»Herr Costa, verstehen Sie jetzt? Senyora Magí hat Sie begleitet, um so viele Hinweise wie nur irgend möglich zu hinterlassen, die ihre Beteiligung an dem Mord belegen, und ich würde sogar so weit gehen zu behaupten, dass Sie allein die Tat niemals begangen hätten. Und das ist schwerwiegend, denn dadurch ist Senyora Magí nicht nur Komplizin, sondern Anstifterin. Bestimmt hat sie gestern alles darangesetzt, dass Sie den Priester umbringen. Und hätte ich jetzt die Muße, das, was sich im Pfarrhaus abgespielt hat, Schritt für Schritt nachzuvollziehen, würde mir jede einzelne Geste Senyora Magís recht geben.«

Llorenç fühlte sich der Situation nicht gewachsen. Ihm war schlagartig ein Licht aufgegangen. In seinem Kopf kreisten furchtbare Bilder, die alles, was der Inspektor gesagt hatte, bestätigten. Dieser wandte sich wieder an Maria.

»Und damit wären wir beim springenden Punkt der ganzen Geschichte. Jedes Gericht würde Sie dieses Mordes für gleich schuldig befinden wie Herrn Costa. Sie sind ebenfalls eine Mörderin.«

Er verstummte, als wollte er dem Wort Gelegenheit geben, auch den letzten Winkel im großen Salon der Principal zu erreichen und sich darin breitzumachen. Maria blieb gelassen. Llorenç dagegen kämpfte wie ein Ertrinkender gegen einen Strudel widerstreitender Gefühle. Er fühlte sich klein, ausgenutzt, geliebt, verachtet ...

»Ich könnte mir vorstellen, dass es Sie zutiefst befriedigt, wenn ich Sie eine Mörderin nenne, nicht wahr?«

Maria bedachte ihn mit einem Blick, dem keine Antwort zu entnehmen war. Der Inspektor brauchte sie auch nicht zu hören.

»Herr Costa, jetzt, da Sie es beinahe verstehen, werden Sie nicht böse. Diese Frau liebt Sie so sehr, dass sie alles, was sie ist und hat, aufs Spiel setzt, um Sie zu retten. Und wenn man von den moralischen Aspekten einmal absieht, hat sie das glänzend hinbekommen. Nur dass sie Sie

dafür belügen musste. Sie sind ein toter Mann, Herr Costa, jedes Kriegsgericht wird Sie standrechtlich erschießen lassen. Obwohl ich gestehen
muss, dass Sie es in Wahrheit nie vor ein Kriegsgericht geschafft hätten,
und das hatte die schlaue Maria ... Senyora Magí gleich erfasst. Begreifen Sie, Herr Costa? So weit wäre es nie gekommen, denn da es sich um
eine Schwulenaffäre handelt, in die ein Priester verwickelt war, hätten
wir Sie sofort erledigt, um einen Eklat zu vermeiden. Oder aber, das
wäre die feinere Art, wir hätten Sie wegen irgendeines politischen De-
liktes angeklagt und Sie mit den anderen auf einen ›Spaziergang‹ mitgenommen.«

Wieder sah er Maria an.

»Alles das hatte Senyora Magí bedacht. Einerseits hielt sie es für
zweckmäßig, den Priester beiseite zu schaffen, um nicht seinen Erpres-
sungen und Perversionen ausgesetzt zu sein. Andererseits wusste sie,
wenn wir unsere Ermittlungen fortsetzten, hätte er Sie früher oder später des Mordes an Ricard Nebot bezichtigt, um sich selbst reinzuwa-
schen, was ihm dank der Rückendeckung eines hohen kirchlichen Wür-
denträgers vermutlich auch gelungen wäre. Das hätten Sie genauso
wenig überlebt. Und aus all diesen Gründen, Herr Costa, sah sie sich
gezwungen, eine Strategie zu entwickeln, um Ihnen den Hals zu retten.«

Er bewegte sich auf seinem Stuhl, ließ die Beine aber übereinander-
geschlagen und richtete sich an Llorenç.

»Darum beschloss sie, die eigentliche Protagonistin der Untat zu sein,
und unmissverständlich klarzustellen, dass man, wenn man Llorenç
Costa hinrichtet, auch Maria Magí hinrichten muss. Und die Nichte
eines Bischofs wird man nicht los, indem man ihre Leiche einfach in den
Straßengraben wirft. Sie konnte sich darauf verlassen, dass wir uns die
Entscheidung für einen skandalösen Mordprozess zweimal überlegen
werden. Ein Gerichtsverfahren gegen die Nichte eines Bischofs, die nicht
zögern würde, die Ihnen und uns bekannten Schweinereien unter sämtlichen Teppichen hervorzukehren, ist heutzutage undenkbar. Es wäre
eine unsägliche Blamage für ein Regime, das der Kirche so eng verbunden ist. Ausgeschlossen. Mit ihr könnten wir unmöglich so kurzen Prozess machen wie mit Ihnen. Die wohlhabende Klasse, die ja das Vater-

land voranbringen muss, würde es nicht hinnehmen, wenn die Staats-
gewalt gegen eines ihrer distinguierten Mitglieder vorginge, ohne wirk-
lich triftige Gründe zu haben, und eben diese könnten und dürften nie-
mals öffentlich werden.«

Für einen kurzen Moment schienen sich Recaders Züge zu entspan-
nen. Er suchte nach einem guten Schluss für seine Ansprache.

»Ja. Gestern waren Sie so gut wie tot, Herr Costa, aber dank der
vielen Hinweise, die Senyora Magí am Tatort hinterlassen hat, sind
Sie heute wieder auferstanden.«

Langsam erhob sich der Inspektor. Er sah aus, als hätte er eine Auf-
gabe erfüllt und nähme sich nun die nächste vor. In fast feierlicher Hal-
tung stand er hoch aufgerichtet da und schaute mit reglosem Gesicht von
einem zum anderen.

»Senyora Maria Magí, Senyor Llorenç Costa, ich habe den inoffiziel-
len Befehl, den Fall abzuschließen und Sie nicht festzunehmen. Wir
werden es bei der Selbstmordthese belassen und haben alles arrangiert,
damit kein Zweifel daran aufkommt. Sobald ich Ihnen jetzt den Rü-
cken zuwende, werden wir diese Angelegenheit nie wieder erwähnen.«

Die beiden Männer sahen Maria an. Sie hielt die Augen auf den
Inspektor gerichtet und verzog keine Miene, während sie im Stillen ver-
suchte, die neue Situation mit ihren Risiken und Möglichkeiten zu er-
fassen. Sie wollte nicht zeigen, wie glücklich sie war. Am liebsten wäre
sie diesem Inspektor, der sie so perfekt interpretiert hatte, um den Hals
gefallen. Sie hatte das Bedürfnis, ihren Liebsten in die Arme zu schlie-
ßen; sie wusste, dass er sich verletzt, wahrscheinlich erniedrigt fühlte,
aber er war hier, an ihrer Seite, lebendig, frei, und die Zukunft in sei-
nen Händen.

»Senyora Magí, lassen Sie mich Ihnen sagen, dass ich trotz der Um-
stände nichts dagegen hätte, Ihnen die Hand zu küssen.«

Und nach kurzem Schweigen, Marias Hand noch immer in der sei-
nen, wandte er sich ein letztes Mal an Llorenç:

»Sie sind zu beneiden.«

Damit machte er kehrt und ging durch den Saal, wobei er sich noch
einmal gründlich umsah, wehmütig vielleicht, weil er das alles wohl
kaum jemals wiedersehen würde. Als er den Raum zur Hälfte durch-

quert hatte, erschien Úrsula und versuchte aus schmalen Augenschlitzen zu ergründen, wie die Sache ausgegangen war. Sie würde es später erfahren, zuerst musste der Herr Inspektor zur Tür gebracht werden; sie schritt voraus, als müsste sie ihm den Weg zeigen. Schweigend gingen sie die dreifach gewundene, teppichbedeckte Treppe hinunter. Der Inspektor ließ den Blick über die vielen Gemälde rundum an den Wänden wandern. Er erinnerte sich, wie ihn dieser Treppenaufgang beim ersten Mal beeindruckt hatte. Die Principal war eine spektakuläre Kulisse für das Debüt eines Kriminalisten. Er hatte Glück gehabt, fand er. Mag sein, dass Agatha Christie mehr herausgeholt hätte, aber niemals hätte sie die Geschichte so enden lassen. Ohne Gerechtigkeit, ohne Moral, ohne Reue, ohne Strafe. Er dagegen verließ dieses Haus mit einem Glücksgefühl und fragte sich, warum. Die Antwort, die er darauf fand, versetzte tief in seinem Inneren eine Saite in Schwingung. Möglicherweise bestanden sein Ehrgeiz und sein Genuss vor allem darin, ein guter Ermittler zu sein; ob er auch ein rechtschaffener Mann war, scherte ihn nicht so sehr. Dieser Gedanke hallte in seinem Kopf wider, während er die letzten Stufen hinunterging, und er behagte ihm nicht. In irgendeinem Moment seines Lebens hatte sich etwas verdreht, und das, was nur Mittel zum Zweck sein sollte, war zum eigentlichen Ziel geworden. Traurig, aber wahr. Vielleicht war es im Krieg passiert, vielleicht erst kürzlich, während der Säuberungsaktionen der vergangenen Monate ... Jedenfalls gefiel es ihm nicht, er gefiel sich selbst nicht, weil er sich so befriedigt fühlte, einen Fall gelöst zu haben, ohne Gerechtigkeit walten zu lassen.

Versunken in diese Überlegungen sah er Úrsula langsam die Tür öffnen. Er konnte nicht anders, er musste sie einfach gernhaben, die Ursuline Paquita; wann immer er an sie dachte, lächelte er unwillkürlich. Auf der Schwelle drehte sich die Amme bedächtig zu ihm um und blieb im Gegenlicht unter dem Türrahmen stehen. Hinter den engen Lidspalten konnte er ihre Augen kaum erkennen, hörte sie aber mit ihrer eigentümlichen Stimme sagen:

»Herr Inspektor, werden wir das heil überstehen?«

Lluís Recader trat auf sie zu, ergriff ihre Hand, drückte einen Kuss darauf, sah ihr dann in die Augen und antwortete:

»Es ist überstanden, Úrsula, es ist bereits überstanden.«

Damit ging er davon.

Úrsula schloss die Tür und sank auf einen der beiden Stühle, die den Schirmständer flankierten. Ihr alter Körper hielt derartigen Gemütswallungen nicht mehr stand. Dieses Haus hatte ja schon vielen Stürmen getrotzt, dachte sie, aber wenn der hier vorüber war, hatte die heilige Basilissa es sich redlich verdient, dass ihr die Principal einen neuen Altar stiftete, und zwar einen möglichst prunkvollen. Notfalls würde sie ihre eigenen Ersparnisse drauflegen. Sie ruhte sich fünf Minuten aus und stapfte dann schwerfällig wieder hinauf in den großen Salon.

Es war niemand dort. Das Liebespaar lag sicherlich schon im Bett und feierte leidenschaftlich die neue Freiheit. Sie nahm ein weiches Kissen vom Sofa und ließ sich in Andreus Schaukelstuhl nieder. Sie war todmüde und setzte sich sehr vorsichtig, damit der Stuhl ihr keinen Streich spielte. Als sie es sich gemütlich gemacht hatte, lehnte sie den Kopf an und ließ ihn leicht nach rechts sinken, so fühlte sie sich am wohlsten. Am liebsten würde sie für immer so sitzenbleiben.

Während sie über das nachdachte, was sie eben erlebt hatte, glitt ihr Blick über die Möbel. Sie schienen plötzlich neuer auszusehen, farbiger, lebendiger. Dann schaute sie auf das Klavier, dicht neben sich, glänzend, imponierend. Und mit einem Mal bemerkte sie genau in der Kurve des Korpus auf dem schwarzen Lackdeckel die fettigen Abdrücke von Kommissar Fresnos' Fingern. Ein Schauder lief ihr über den Rücken.

Die alte Amme lächelte vor sich hin. Heute würde sie nicht mehr aufstehen.

INHALT

ERSTER TEIL

1. Im Schaukelstuhl 9
2. Der Besuch 21
3. Im Mas Gran 49
4. Eine Steinbank, eine Leiche 71
5. Der alte Zwist 85
6. Die Macht der Begierde 117
7. Ein besonderer Abend 129
8. Bodega Vall Costa 149
9. Die Asche eines Symbols 155

ZWEITER TEIL

10. Vertraulichkeiten 165
11. Begräbnis mit Gespenstern 183
12. Ein Schluck Süßwein 193
13. Das große Geheimnis 205
14. Ein erhellendes Gespräch 211
15. Vor sich hin sterben 223
16. Das Rot eines Scheitelkäppchens 227
17. Im Pferdestall 233
18. Die Karten kommen auf den Tisch 245
19. Das Spiel ist aus 271
20. Eine Nachricht verbreitet sich 279

FINALE

21. Die Asche erinnert sich 283